Gabrisch
Universaldienst in Deutschland

GABLER EDITION WISSENSCHAFT

Christoph Gabrisch

Universaldienst in Deutschland

Neukonzeption für einen liberalisierten Telekommunikationsmarkt

Mit einem Geleitwort
von Prof. Dr. Hans-Hermann Francke

DeutscherUniversitätsVerlag

Die Deutsche Bibliothek - CIP-Einheitsaufnahme

Gabrisch, Christoph:
Universaldienst in Deutschland : Neukonzeption für einen
liberalisierten Telekommunikationsmarkt / Christoph Gabrisch.
Mit einem Geleitw. von Hans-Hermann Francke.
- Wiesbaden : Dt. Univ.-Verl. ; Wiesbaden : Gabler, 1996
(Gabler Edition Wissenschaft)
Zugl.: Freiburg, Univ., Diss., 1996

Der Deutsche Universitäts-Verlag und der Gabler Verlag sind Unternehmen der
Bertelsmann Fachinformation.

Gabler Verlag, Deutscher Universitäts-Verlag, Wiesbaden
© Betriebswirtschaftlicher Verlag Dr. Th. Gabler GmbH, Wiesbaden 1996
Lektorat: Claudia Splittgerber / Annette Werther

Höchste inhaltliche und technische Qualität unserer Produkte ist unser Ziel. Bei der Produktion und
Auslieferung unserer Bücher wollen wir die Umwelt schonen: Dieses Buch ist auf säurefreiem und
chlorfrei gebleichtem Papier gedruckt.

Die Wiedergabe von Gebrauchsnamen, Handelsnamen, Warenbezeichnungen usw. in diesem
Werk berechtigt auch ohne besondere Kennzeichnung nicht zu der Annahme, daß solche Namen
im Sinne der Warenzeichen- und Markenschutz-Gesetzgebung als frei zu betrachten wären
und daher von jedermann benutzt werden dürften.

ISBN 978-3-8244-6421-0   ISBN 978-3-322-95418-3 (eBook)
DOI 10.1007/978-3-322-95418-3

GELEITWORT

Zu den wesentlichen Argumenten der öffentlichen Regulierung von Telekommunikationsmärkten gehört die Sicherung der Bereitstellung sogenannter "Universaldienste". Darunter versteht man ein Mindestangebot an Telekommunikationsdienstleistungen für die Öffentlichkeit, für die bestimmte Qualitätsmerkmale festgelegt werden und zu denen alle Nutzer zu einem relativ geringen Preis Zugang haben sollen.

Die öffentlich regulierte Bereitstellung des Universaldienstes wird mit allokativen und distributiven Argumenten begründet. Während diese Pflicht zum Universaldienst bisher dem staatlichen Monopolisten Bundespost bzw. DBP-Telekom übertragen war, wird nach der Privatisierung der Post sowie der Liberalisierung der Telekommunikationsmärkte eine Neuordnung der Pflicht zum Universaldienst erforderlich, wenn sie überhaupt beibehalten werden soll.

Die vorliegende Dissertation von Herrn Dr. Gabrisch befaßt sich mit den ökonomischen und institutionellen Problemen der Neukonzeption des Universaldienstes in einem liberalisierten deutschen Telekommunikationsmarkt. Im Mittelpunkt der Untersuchung stehen dabei die Darstellung der historischen Entwicklung des institutionellen Regulierungsrahmens und die Analyse allokativer und distributiver Rechtfertigungen der staatlichen Bereitstellung des Universaldienstes, der Möglichkeiten der Erhaltung desselben in einem liberalisierten privatisierten Telekommunikationsmarkt sowie der diesbezüglichen Finanzierungszwänge und -modelle.

Die Forschungsergebnisse von Herrn Dr. Gabrisch stellen die aktuellen Probleme der Neukonzeption des Universaldienstes im zu liberalisierenden deutschen Telekommunikationsmarkt umfassend und teilweise wegweisend dar. Dabei profitieren die Überlegungen von Herrn Dr. Gabrisch auch von Anregungen, die sich für das Institut für Finanzwissenschaft II der Universität Freiburg aus einer engen Zusammenarbeit mit dem von der **Gottlieb Daimler- und Karl Benz-Stiftung** geförderten Kolleg "Sicherheit in der Kommunikationstechnik" ergaben. Der **Gottlieb Daimler- und Karl Benz-Stiftung** sei dafür noch einmal nachdrücklich gedankt.

Prof. Dr. H.-H. Francke

V

VORWORT

Der Börsengang der Deutschen Telekom AG im November 1996 hat weite Teile der Öffentlichkeit erstmalig auf die Veränderungen im deutschen Telekommunikationsmarkt aufmerksam gemacht. Strenggenommen ist jedoch die materielle Privatisierung des staatlichen Monopolunternehmens für die Zukunft des Marktes nicht entscheidend. Für die Endnutzer von Telekommunikationsleistungen viel entscheidender ist die Öffnung des Marktes für neue Anbieter sowie die Qualität des regulatorischen Regelwerks für den künftigen Wettbewerb.

Dieses Regelwerk wurde - von der breiten Öffentlichkeit weitgehend unbeachtet - in den Gremien des Ministeriums für Post und Telekommunikation und des Deutschen Bundestages erarbeitet und im Sommer 1996 als Telekommunikationsgesetz (TKG) verabschiedet. Ein zentrales Anliegen der Gesetzgebung war es, den traditionellen Infrastrukturauftrag der Deutschen Bundespost unter dem international üblichen Begriff "Universaldienst" sicherzustellen. Der Gesetzgeber mußte hierzu Ziele und Inhalte des Universaldienstes vor dem Hintergrund der technischen Entwicklungen neu definieren und wettbewerbskompatible Instrumente für seine Durchsetzung entwickeln.

Die vorliegende Arbeit entwickelt für dieses Vorhaben eine ökonomisch rationale Politikempfehlung, die anschließend mit der tatsächlichen Gesetzgebung verglichen wird. Sie umfaßt damit die Suche nach geeigneten ökonomischen Instrumenten sowie die Antwort auf die gesellschaftspolitisch relevante Frage nach den Inhalten eines Universaldienstes im heutigen Informationszeitalter.

Ich verdanke die Anregung zu dieser Arbeit meinem Doktorvater Prof. Dr. Hans-Hermann Francke, der mir bei der Bearbeitung dieses facettenreichen Themas die Freiheit einräumte, innerhalb eines vereinbarten Korridors die Schwerpunkte der Untersuchung weitgehend selbst zu bestimmen. Auf diese Weise habe ich zwei sehr erfüllte Jahre selbständigen Arbeitens erlebt. Dafür möchte ich ihm an dieser Stelle noch einmal herzlich danken.

Zu besonderem Dank bin ich auch dem Land Baden-Württemberg verpflichtet, das mir ein Doktoranden-Stipendium bewilligt hat. Mit dieser finanziellen Unterstützung habe ich konzentriert und vor allem rasch arbeiten können.

Schließlich danke ganz herzlich meinen Kommilitonen, mit denen ich die großen und kleinen Probleme meiner Arbeit besprechen konnte. Hervorheben möchte ich Jutta Merkt, Felix Zimmermann, und Hariolf Wenzler, die mir in zahlreichen Diskussionen fachliche Anregungen und vor allem freundschaftliche Unterstützung gaben.

Dr. Christoph Gabrisch

INHALTSVERZEICHNIS

LISTE DER ABBILDUNGEN

LISTE DER TABELLEN

LISTE DER ABKÜRZUNGEN

ADC	Access Deficit Contribution
BMPF	Bundesministerium für das Post- und Fernmeldewesen
BMPT	Bundesministerium für Post und Telekommunkation
BT	British Telecom
DBP	Deutsche Bundespost
DECT	Digital European Cordless Telecommunication
DPG	Deutsche Postgewerkschaft
ECPR	Efficient Component Pricing Rule
ETSI	European Telecommunications Standards Institute
EU	Europäische Union
EuGH	Europäischer Gerichtshof
EVU	Elektrizitätsversorgungsunternehmen
EWGV	Vertrag zur Gründung d. Europäischen Wirtschaftsgemeinschaft
FAG	Fernmeldeanlagengesetz
FAZ	Frankfurter Allgemeine Zeitung
FRA	Fixed Radio Access
GSM	Global System for Mobile Communication
Hbl.	Handelsblatt
ISDN	Integrated Services Digital Network
LA	Lifeline Assistance
LEC	Local Exchange Carrier
LURR	Low User Rental Rebate Scheme
LUS	Low User Scheme
OFTEL	Office of Telecommunications
ONP	Open Network Provision
PCN	Personal Communications Network
PostStruktG	Poststrukturgesetz
PostVerfG	Postverfassungsgesetz
PostVwG	Postverwaltungsgesetz
POTS	Plain Old Telephone Services
PPI	Post-Politische Informationen
PSTN	Public Switched Telephone Network
PTO	Public Telephone Operator
PTT	Public Telephone and Telegraph
SZ	Süddeutsche Zeitung
TKG	Telekommunikationsgesetz
UnvV	Universaldienstleistungsverordnung
USF	Universal Service Fund
USO	Universal Service Obligation
VANS	Value Added Network Services
WIK	Wissenschaftliches Institut für Kommunikationsdienste
ZögU	Zeitschrift für öffentl. und gemeinwirtschaftliche Unternehmen

EINLEITUNG

1. Die Problemstellung

Seit Anfang der achtziger Jahre wandeln sich weltweit die technischen, ökonomischen und politischen Rahmenbedingungen der Telekommunikation. Das Aufkommen neuartiger Dienste, die gestiegene und diversifizierte Nachfrage sowie das erwachende Interesse der Politik an der Deregulierung der "Boombranche" Telekommunikation haben den Sektor tiefgreifend verändert.

Im November 1994 reagierte der Rat der Europäischen Union auf die geänderten Rahmenbedingungen mit dem Beschluß, alle noch bestehenden Monopole in der Telekommunikation bis spätestens zum 1. Januar 1998 aufzuheben. In diesem Beschluß kommt die Überzeugung zum Ausdruck, daß Größenvorteile des Angebotes, die bisher noch für die Monopolisierung der Netzinfrastruktur sprachen, nunmehr gegenüber anderen Faktoren wie Dienstevielfalt und Anreizen zur effizienten Produktion an Bedeutung verloren haben.

Die anstehende Liberalisierung betrifft in Deutschland die verbliebenen Monopole der Deutschen Telekom AG für den Telefondienst und für das Errichten und Betreiben von Fernmeldenetzen für die Öffentlichkeit. In der Bundesrepublik wird damit ein völlig neues Kapitel staatlicher Einflußnahme auf den Telekommunikationssektor aufgeschlagen. Adressat telekommunikationspolitischer Aufgaben ist künftig nicht mehr das weisungsgebundene staatliche Monopolunternehmen, sondern eine Vielzahl privatwirtschaftlicher Unternehmen auf einem wettbewerblich orientierten Markt.

Mit dem Wegfall staatlich garantierter Alleinrechte in der Telekommunikation ändern sich neben dem Adressatenkreis der Regulierungsinstanz auch die ökonomischen Rahmenbedingungen für das traditionell wichtigste politische Ziel im Fernmeldewesen, das Universaldienstziel. Dieses Ziel, jedermann den Zugang zum Telefonnetz zu ermöglichen, unabhängig von seinem Wohnort oder seinem Einkommen, wurde in der Vergangenheit durch die pauschale Subvention der Gebühren für Installation, Anschluß und Ortsgespräche zu erreichen versucht. Zur Finanzierung dieser Subvention fanden unter dem Dach des Monopols erhebliche Quersubventionen zwischen ertragreichen und defizitären Geschäftsfeldern statt.

Die Marktliberalisierung bedeutet das Ende der traditionellen Universaldienstpolitik. Der künftige Preiswettbewerb wird zu kostenorientierten Telefontarifen führen, welche die traditionelle Finanzierungsquelle des Universaldienstes austrocknen. Die Regulierungsinstanz für den deutschen Telekommunikationssektor steht daher vor dem Problem, die traditionellen Universaldienstziele auf eine grundlegend geänderte Marktsituation zu übertragen und neue wettbewerbskompatible Instrumente für ihre Durchführung zu entwickeln. Gleichzeitig wirft der technische Fortschritt in der Telekommunikation die Frage auf, welche der zahlreichen innovativen Dienste und Anwendungen im Zeitalter der Datenautobahn künftig zur Minimalversorgung des Universaldienstes gehören sollen.

Die künftige Ausgestaltung des Universaldienstes in der Bundesrepublik spielt - neben wettbewerbspolitischen Regulierungsvorgaben - eine entscheidende Rolle für die

1

Strategiewahl der künftigen Konkurrenten der Telekom AG und für die Etablierung funktionstüchtigen Wettbewerbs in dem bislang durch staatliche Monopole gekennzeichneten Sektor. Die Erfahrungen im liberalisierten Ausland unterstreichen, daß die Wahl des Universaldienst-Instrumentariums ganz erheblichen Einfluß auf die Wettbewerbsintensität des Marktes und letztlich auf die gesamtwirtschaftliche Wohlfahrt hat. In den USA und in Großbritannien, wo seit mehr als zehn Jahren Erfahrungen mit liberalisierten Telekommunikationsmärkten gesammelt werden konnten, wird angesichts der wachsenden Probleme derzeit an einer umfassenden Reform der Universaldienst-Finanzierung gearbeitet. Die deutsche Regulierungsinstanz, die bei der Neukonzeption des Universaldienstes auf diese Erfahrungen aufbauen kann, profitiert damit quasi vom im internationalen Vergleich späten Zeitpunkt der Liberalisierung.

Die Neukonzeption des Universaldienstes für den deutschen Telekommunikationsmarkt steht im Zentrum der vorliegenden Arbeit. Vor dem Hintergrund theoretischer Überlegungen und internationaler Anwendungserfahrungen werden die konkreten Voraussetzungen für die künftige Universaldienstpolitik in der Bundesrepublik Deutschland herausgearbeitet. Auf Grundlage dieser Diagnose wird eine aus ökonomischer Sicht rationale Politikempfehlung an die deutsche Regulierungsinstanz entwickelt. Diese Politikempfehlung wird anschließend mit der sich im Frühjahr 1996 abzeichnenden gesetzlichen Regelung des Universaldienstes in Deutschland verglichen und auf Unterschiede und Gemeinsamkeiten hin überprüft.

2. Eingrenzung des Untersuchungsgegenstandes

Die künftigen Regulierungsaufgaben des Bundesministeriums für Post und Telekommunikation (BMPT) lassen sich grob in vier Aufgabenbereiche gliedern: Regulierung zum Zweck der Marktöffnung und damit der Festlegung des Wettbewerbsbereichs, Regulierung zum Schutz des Kunden, Regulierung zum Schutz des privaten Wettbewerbs vor dem dominanten Anbieter und Regulierung zum Zweck der Verfolgung infrastruktureller Universaldienstziele (Vgl. Abb. 0.1).

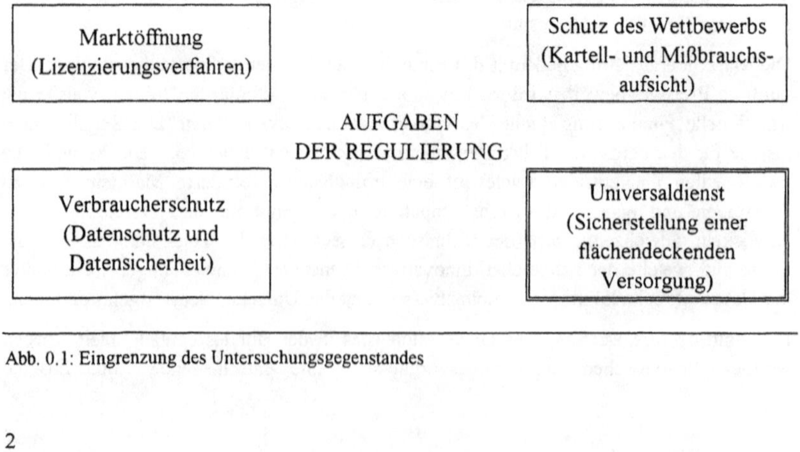

Marktöffnung (Lizenzierungsverfahren)	Schutz des Wettbewerbs (Kartell- und Mißbrauchsaufsicht)
AUFGABEN DER REGULIERUNG	
Verbraucherschutz (Datenschutz und Datensicherheit)	Universaldienst (Sicherstellung einer flächendeckenden Versorgung)

Abb. 0.1: Eingrenzung des Untersuchungsgegenstandes

Die vorliegende Arbeit konzentriert sich auf die Beschäftigung mit der Sicherstellung eines Universaldienstes. Dabei handelt es sich um ein Mindestangebot an Telekommunikationsdienstleistungen für die Öffentlichkeit, für die eine bestimmte Qualität festgelegt ist und zu denen alle Nutzer unabhängig von ihrem Wohn- oder Geschäftsort zu einem erschwinglichen Preis Zugang haben sollen.

Im Interesse einer kompakten Abhandlung des Universaldienstthemas wird auf die anderen Regulierungsaufgaben nur eingegangen, sofern sie für die Neukonzeption des Universaldienstes relevant sind. Dies gilt für Fragen der Marktöffnungs- und Wettbewerbspolitik, deren bisherige und sich abzeichnende Vorgaben in die Erörterung der künftigen Universaldienstpolitik einfließen. Außen vor bleiben die Verbraucherschutzprobleme im Sinne der Qualitätsregulierung in den Bereichen Datenschutz und Datensicherheit auf öffentlichen Netzen. Sie werden als lösbar bzw. als gelöst betrachtet.

3. Quellenlage

Die deutschsprachige Literatur hat in der Vergangenheit das Universaldienstthema vorwiegend im Zusammenhang mit den zahlreichen sonstigen, zum Teil telekommunikationsfremden Auflagen der Deutschen Bundespost behandelt. Von einigen Ausnahmen abgesehen, wird der Universaldienst in der deutschsprachigen Literatur erst seit dem Beschluß des Europäischen Ministerrates und dem Inkrafttreten der Postreform II im Jahr 1994 als eigenständiges Thema behandelt. Für die theoretische Abhandlung des Universaldienstthemas wurden daher vorwiegend Quellen aus dem liberalisierten Ausland herangezogen, wo der "universal service" seit Anfang der achtziger Jahre Gegenstand akademischer und gesellschaftlicher Diskussionen ist.

In der Bundesrepublik basierte die Durchführung des Infrastrukturauftrags der Deutschen Bundespost traditionell auf der Interpretation des "öffentlichen Auftrags" im Fernmeldewesen durch Regierung und Postverwaltung. Operationale Zielvorgaben des öffentlichen Auftrags existierten ebenso wenig wie detaillierte Informationen über den Grad der Zielerreichung. Auch heute noch sind zahlreiche Informationen über den deutschen Telekommunikationsmarkt nicht erhältlich. Dies gilt vor allem für das künftige Ausmaß der Tarifstrukturveränderungen sowie für sozio-demographische Angaben über derzeitige Nicht-Anschlußteilnehmer des Telefonnetzes.

Diese Angaben sind für die Neukonzeption des Universaldienstes jedoch unentbehrlich. Aus diesem Grund wurden zu diesen Themen Interviews mit Mitarbeitern der Deutschen Telekom AG, dem Regulierungsreferat des BMPT, dem Verband der Postbenutzer e.V. sowie dem Wissenschaftlichen Institut für Kommunikationsdienste in Bad Honnef durchgeführt.

4. Aufbau der Arbeit

In Kapitel 1 über den **Hintergrund der Reform des deutschen Fernmeldewesens** werden Aufstieg und Fall des staatlichen Post- und Fernmeldemonopols in Deutschland erörtert. Die Erörterung umfaßt neben der normativ-ökonomischen Argumentation historische, technische, politische und polit-ökonomische Argumente, die prägenden Einfluß auf die deutsche Telekommunikationspolitik hatten und auch weiterhin haben. Die Darstellung der geänderten Rahmenbedingungen der deutschen Telekommunikation verdeutlicht gleichzeitig, wodurch Wettbewerb in diesem Sektor möglich wurde und von welcher Ausgangslage die Neukonzeption des Universaldienstes auszugehen hat.

In Kapitel 2 wird die **Entwicklung des regulatorischen Rahmens bis 1998** dargestellt. Nach der Zusammenfassung der Ergebnisse der Postreformen I und II wird der geänderte Regulierungsrahmen nach der Neuordnung von 1994 vorgestellt. Mit den neu definierten Zielen, Instrumenten und Akteuren der Regulierungspolitik im Telekommunikationsbereich wird der institutionelle Rahmen beschrieben, der für die Neukonzeption der Universaldienstpolitik bestimmend ist.

Nach der umfassenden Darstellung der aktuellen deutschen Telekommunikationslandschaft in den ersten beiden Kapiteln werden in Kapitel 3 die **theoretischen Grundlagen sowie die traditionelle Ausgestaltung des Universaldienstes** erörtert. Auf Grundlage der Analyse der konstituierenden Prinzipien des Universaldienstkonzepts werden aus der Fülle politischer Auflagen des Infrastrukturauftrags der DBP die Elemente der traditionellen Universaldienstpolitik in Deutschland identifiziert und auf ihre Zielerreichung hin untersucht.

Kapitel 4 handelt vom **Universaldienst in einem liberalisierten Umfeld.** Zunächst werden die Rahmenbedingungen des Marktes dargestellt, mit denen die Regulierungsinstanz nach der Liberalisierung zu rechnen hat. Hierzu zählen kostenorientierte Tarifstrukturen, der steigende Bedarf an subjektbezogenen Fördermaßnahmen sowie das Problem der Zuweisung der Universaldienstverpflichtung auf einen oder mehrere Anbieter. Im anschließenden Hauptteil werden Verfahren zur Ermittlung und Finanzierung der Universaldienstlast vorgestellt und auf ihre Eignung für die Verhältnisse in der Bundesrepublik überprüft. Die praktische Relevanz der theoretischen Ableitungen wird anhand der anschließenden Beschreibung von Universaldienstkonzepten in drei liberalisierten Auslandsmärkten verdeutlicht.

Kapitel 5 ist dem **Universaldienst im deutschen Telekommunikationsmarkt** gewidmet. Zunächst wird die zu erwartende Universaldienstlast im deutschen Markt evaluiert, indem der Umfang der künftigen Grundversorgung, die Produktivitätsreserven der Deutschen Telekom AG sowie sonstige kostenrelevante Faktoren in die Untersuchung einbezogen werden. Die hieraus abgeleitete Politikempfehlung wird anschließend mit der sich im Frühjahr 1996 abzeichnenden gesetzlichen Regelung für die Universaldienstpolitik in Deutschland verglichen.

Während die wichtigsten Untersuchungsergebnisse jeweils am Ende der Kapitel resümiert werden, enthält die **Schlußbemerkung** eine Stellungnahme zu der sich abzeichnenden gesetzlichen Regelung und einen Ausblick auf offene Fragen.

I. HINTERGRUND DER REFORM DES DEUTSCHEN FERNMELDEWESENS

A. Traditionelle Begründungen für das staatliche Monopol im deutschen Fernmeldewesen

Der deutsche Gesetzgeber hat zu keinem Zeitpunkt eine explizite Begründung für das staatliche Bereitstellungsmonopol im Post- und Fernmeldewesen gegeben.[1] Das Postverfassungsgesetz sprach lediglich von der "besondere[n] Bedeutung des Nachrichtenwesens für den Staat" und dem Ziel der "gleichmäßige[n] Bedienung der gesamten Volkswirtschaft."[2] In Art. 87 Art. 1 GG wurde u.a. die Bundespost zu den Gegenständen bundeseigener Verwaltung gezählt, und in § 1 Abs. 1 Postverwaltungsgesetz wurde die Verwaltung des Post- und Fernmeldewesens zu einem Teil der Bundesverwaltung bestimmt. Mit der Zuweisung der ökonomischen Aufgaben im Post- und Fernmeldewesen auf den staatlichen Träger wird private Betätigung neben dem staatlichen Träger per Gesetz verboten.[3]

Die Suche nach Argumenten für das staatliche Bereitstellungsmonopol im Fernmeldewesen führt auf historische, technische, ökonomische, ideologische und polit-ökonomische Erkenntnispfade, die im einzelnen vorgestellt werden. Es findet sich hierbei ein Nebeneinander von positiven und normativen Erklärungsansätzen.

1. Historische Gründe

a) Monopolistische Bereitstellung über fünf Jahrhunderte hinweg

Der exklusive Auftrag zum Aufbau einer ständigen Postverbindung von Innsbruck nach Mechelen, den der spätere Kaiser Maximilian I von Habsburg der Familie Taxis im Jahr 1490 übertrug, war der erste Ausdruck einer Monopolzuweisung im Postwesen.[4] Seit diesem Zeitpunkt ist die Postgeschichte geprägt von dem Bemühen, dieses Monopol gegenüber der Konkurrenz privater Anbieter und untergeordneter Regierungseinheiten zu behaupten. Es sollte bis ins ausgehende 19. Jahrhundert dauern, ehe im damaligen Deutschen Reich jede Form privater Konkurrenz erfolgreich unterdrückt werden konnte.[5]

Die bis in die jüngste Vergangenheit übliche Organisationsform des Postwesens, die monopolistische Bereitstellung durch den Staat (und nicht durch ein privates Unternehmen wie das Haus Taxis) geht auf die Gründung der Preußischen Post im Jahre 1614 zurück.

---

1   Vgl. a. Herrmann (1986), S. 100, der davon spricht, daß die Legalbegründungen so allgemein gehalten sind, daß sie zur Legitimierung staatlichen Eigenhandelns nicht taugen.

2   BT-Drucksache. Nr. 1/3479, S. 100 zitiert nach Herrmann, (1986). S.182.

3   Vgl. Herrmann (1986), S. 183.

4   Vgl. Kaupp (1991), S. 332. Einen Überblick über die Geschichte der Deutschen Post bietet die Habilitationsschrift von Ernst Herrmann: Herrmann (1986), S. 87-98; Noam (1992), S. 7ff. und 69ff. sowie die dort angegebene Literatur.

5   Vgl. Noam (1992), S. 4.

Zu Beginn des 19. Jahrhunderts wurde die neu aufkommende Telegraphie - unter Hinweis auf ihre militarische Bedeutung - rasch unter das Monopoldach des Postwesens gezogen. Auch das im Jahr 1876 erfundene Telefon wurde schnell in das neugegründete Post- und Fernmeldemonopol integriert. Offizielles Ziel dieser Maßnahme war die Sicherstellung der Telefonversorgung in dünn besiedelten Regionen, die bei wettbewerblich organisierter Bereitstellung unversorgt bleiben würden. Die Geschichte sollte allerdings zeigen, daß die Versorgung ländlicher Regionen gerade nicht zu den Starken monopolistischer Fernmeldeanbieter gehörte.[6]

b) Das private Monopol der Familie Taxis

Der Auftrag des Kaisers Maximilian an das Haus Taxis bezog sich ursprünglich nur auf den regelmäßigen Transport von staatlichen Dokumenten durch das Reich, für den der Kaiser ein jährliches Beförderungsentgelt entrichtete. Die Einrichtung ständiger Postverbindungen weckte jedoch bald private Nachfrage, insbesondere seitens der Bank- und Handelshäuser, die ihre Briefe den Taxis-Kurieren mit auf den Weg gaben.

Mit zunehmender privater Nachfrage stiegen die Gewinne der Taxisschen Post und damit das Interesse von regionalen Fürstentümern und reichsfreien Städten am Aufbau eigener Postorganisationen. Da Konkurrenz die hohe Profitabilität des Monopolanbieters bedroht hätte, sah sich Kaiser Rudolf II von Habsburg im Jahre 1595 gezwungen, das zu tun, was 400 Jahre später alle europäischen Regierungen tun würden; er rief eine Expertenkommission zur Reform des Postwesens ein.[7] Die Kommission, besetzt mit Vertretern des Hauses Fugger und großer Handelshäuser, bestätigte in ihrem Abschlußvotum den exklusiven Charakter des "kaiserliches Post-Regal" genannten Monopolrechts der Taxis-Familie. Die Kommission empfahl zudem, kaiserliche Staatsdokumente kostenlos transportieren zu lassen und sämtliche Ausgaben durch Gebühren für Privatbriefe zu finanzieren.

Diese Postreform, die später noch durch umsatzabhängige Zahlungen an den Kaiser ergänzt wurde, legte nach Ansicht von Ernst Herrmann[8] den Grundstein für diensteinterne Quersubventionen, die bis in unsere Tage hinein zur Legitimation des Monopols herangezogen wurden.

Das kaiserliche Monopol des privaten Anbieters Taxis wurde in der Folge sowohl massiv kritisiert - die Gliedstaaten des Kaiserreiches beklagten die mangelnde Qualität (Unzuverlässigkeit) und die überhöhten Tarife der Leistungen - als auch ständig durchbrochen, da zahlreiche lokale und regionale Postdienste fortbestanden. Die Gliedstaaten nutzten die hoheitliche Verfügungsgewalt über ihr regionales Straßennetz (über das der Postdienst fahren mußte) und gründeten ihre eigenen Dienste auf den

---

6   Vgl. die Ausführungen in Kapitel 3 Abschnitt C 2 "Der Weg zur flächendeckenden Versorgung".

7   Vgl. Noam (1992), S. 9.

8   Vgl. Herrmann (1986), S. 88f.

profitablen Teilstrecken. Im heutigem Sprachgebrauch begannen sie "Rosinen zu picken", d.h. zum Nachteil des Monopolisten in die ertragreichen Geschäftsfelder einzubrechen.[9]

Mit der Neuordnung des Reiches und dem relativen Machtgewinn der an die 300 Gliedstaaten nach Ende des 30jährigen Krieges wurde die Aufrechterhaltung des kaiserlichen Monopols immer schwieriger, da mit der kaiserlichen Macht auch die Grundlage der Macht des Hauses Taxis schwand. Im Jahr 1866 wurde das Ende der Taxisschen Post durch preußische Truppen besiegelt, die den Hauptsitz der Taxis in Frankfurt einnahmen und das Unternehmen gegen Zahlung eines Entgelts in die Norddeutsche Bundespost (vormals Preußische Post) übernahmen.

c) Von der Preußischen Post zur Deutschen Bundespost (DBP)

Die im Jahr 1649 gegründete Preußische Post[10] erwies sich als Goldgrube für den preußischen Staatshaushalt. Dank der effektiven Absicherung des Monopols durch den funktionierenden Behördenapparat[11] konnte die Preußische Post Umsatzrenditen von 50 bis 70 Prozent[12] erzielen.

Zur Absicherung der hohen Gewinne wurden Konkurrenzanbietern anderer Staaten oder Städte hohe Auflagen gemacht (etwa Transitgebühren für den Verkehr durch Preußen, Verbot des Pferdewechsels). Doch auch im 18. Jahrhundert wurde ökonomisch gedacht und gehandelt; die Posttarife konnten nicht beliebig weit angehoben werden, ohne daß die Nachfrage im elastischen Bereich zurückging und/oder die Umgehung[13] des preußischen Staatsgebietes rentabel wurde.

Der 1870 zum Generalpostdirektor der Norddeutschen Bundespost ernannte Heinrich von Stephan[14] schuf angesichts dieser Erfahrungen 1874 die Grundlagen des späteren Weltpostvereins sowie der 1885 gegründeten Internationalen Fernmeldeunion ITU. Beide Vereinigungen dienten der internationalen Koordination im Post- und Fernmeldewesen, und schufen damit gleichzeitig die Grundlage für internationale kartellähnliche Vorgaben für Tarife und Qualität der jeweiligen Dienste, die das inländische Monopol nach außen gegen Bypass absicherten.

Die besondere Leistung von Stephans war die Integration des vormals getrennt verwalteten Telegrafenwesens im Jahre 1876 und des neu aufkommenden Telefons unter dem gemeinsamen Dach der Postverwaltung, die nach 1876 Reichspostamt hieß. Zur Begründung hieß es, das Telefon sei kein Endgerät für Privatkunden, sondern nur eine

---

9   Kurioserweise waren es damals staatliche Stellen (Landesfürsten), die beim privaten Anbieter Rosinen pickten. In der Diskussion zu den Postreformen von 1989 und 1994 waren die Vorzeichen genau umgekehrt.

10 Zur Gründung vergleichbarer staatlicher Postorganisationen kam es auch in Kursachsen, Braunschweig-Lüneburg, Mecklenburg und Oldenburg. Vgl. Herrmann (1986), S. 89.

11 "The power of the absolutist state made it possible to increase rates that a century before would have been unsustainable because of competition." Noam (1992), S. 13.

12 Vgl. Stephan (1859), S. 297-299, zitiert nach Noam (1992), S. 11.

13 im heutigen Sprachgebrauch: Bypass-Aktivitäten.

14 Im Jahre 1885 wurde Stephan in den Adelsstand erhoben.

besondere Art der bereits monopolisierten Telegrafie und damit alleinige Aufgabe der Postverwaltung.[15]

1881 wurde das erste Telefonnetz von Emil Rathenau mit 8 Anschlüssen in Berliner Postämtern eröffnet, dem sich ab 1882 auch private Teilnehmer anschließen durften. 1892 wurde das umfassende Fernmeldemonopol der Post im Gesetz über das Telegrafenwesen verankert. Dort hieß es "Fernsprechanlagen sind in den Telegrafenanlagen inbegriffen".[16] Das staatliche Einheitsmodell im Fernsprechwesen, die sog. Stephan'sche Einheitspost wurde anschließend von fast allen anderen europäischen Staaten übernommen.

In Württemberg, das ebenso wie das Land Bayern noch bis zum Ende des ersten Weltkriegs Reservatrechte zur Verwaltung ihres Post- und Telegrafenwesens beibehielt, begann zu dieser Zeit die American Bell Telephone Company in der Hoffnung auf eine württembergische Lizenz mit dem Verlegen von Telefonkabeln in Stuttgart.[17] Am Ende obsiegte jedoch auch in Württemberg das staatliche Monopol, das den weiteren Verlauf der deutschen Fernmeldegeschichte fortan allein prägte.

Anfang des 20. Jahrhunderts wurden auch die neu aufkommenden Medien Rundfunk (im Jahr 1924) und Fernsehen (im Jahr 1934) in das Fernmeldemonopol der Deutschen Reichspost einbezogen. Am 1. April 1950 wurde die Hauptverwaltung für das Post- und Fernmeldewesen als Bundesministerium für das Post- und Fernmeldewesen in die Verwaltung des Bundes übernommen. Artikel 87 GG erhob das Fernmeldewesen zur Staatsaufgabe, die in bundeseigener Verwaltung zu erfüllen sei; im Fall der Deutschen Bundespost (DBP) in Form eines Sondervermögens.

Die institutionelle Kontinuität, die trotz der häufigen Umfirmierungen der staatlichen deutschen Post bewahrt wurde, zeigt sich in der Herkunft der rechtlichen Grundlage des deutschen Post- und Fernmeldewesens. Das bis ins Jahr 1989 gültige Fernmeldeanlagengesetz (FAG) hat in wesentlichen Teilen die Bestimmungen des Weimarer Gesetzes über Fernmeldeanlagen vom 14.1.1928 übernommen. Letzteres ging wiederum aus dem Gesetz über das Telegrafenwesen des Deutschen Reiches (vom 6.4.1892) hervor.[18] Das FAG war infolge dieser Kontinuität nach Ansicht von Herrmann so "heillos veraltet, daß es strenggenommen rechtsstaatlichen Anforderungen an eine gesetzliche Grundlage für die Ordnung des Fernmeldewesens nicht mehr genügte."[19]

Der historische Rückblick verdeutlicht,

1. wie früh die prägenden Charakteristika des Postwesens herausgebildet wurden,

2. daß fiskalische Interessen und keine wohlfahrtstheoretischen Überlegungen bei der Monopolzuweisung im Vordergrund standen,

---

15 Vgl. Grande (1989), S.7.

16 RGBl. S. 467, zitiert in Herrmann (1986), S. 93.

17 Vgl. Noam (1992), S. 14.

18 Vgl. Jäger (1994), S. 24.

19 Im Jahre 1892 war das Telefonieren innerhalb von 300 Orten und zwischen einigen Großstädten gerade erst möglich geworden. Vgl. Herrmann (1986), S. 36.

3. daß der Ruf nach mehr Wettbewerb im Post- und Fernmeldewesen so alt ist wie die erste Vergabe exklusiver Brieftransportrechte im späten Mittelalter und schließlich,

4. daß die Absicherung des staatlichen Monopols gegenüber Konkurrenz erst vor rund 100 Jahren unter der durchgreifenden Exekutive des Deutschen Reichs komplett erreicht wurde.

Damit liefert der historische Rückblick eine Erklärung für die Entstehung der staatlichen Monopole im Post- und Fernmeldewesen. Er liefert hingegen keine Begründung, warum diese Ausgestaltung bis in die jüngste Vergangenheit beibehalten wurde. Für das Fernmeldewesens werden in den folgenden Abschnitten A2 bis A5 die traditionellen ökonomischen, politischen, politökonomischen und technischen Argumente untersucht.

2. Ökonomische Argumente

"In dem berühmten Spielfilm Casablanca gibt der Polizeichef jedesmal, wenn etwas nicht zu stimmen scheint, die Order, "die üblichen Verdächtigen zu verhaften". Ähnlich verfahren auch Ökonomen sobald es den Anschein hat, daß Märkte bei der effizienten Allokation von Ressourcen versagen. Hier heißen die "üblichen Verdächtigen": Monopol, öffentliche Güter, Externalitäten, Informationskosten und Nichtexistenz von Märkten."
(Harvey S. Rosen)[20]

a) Marktversagen auf Telekommunikationsmärkten

Ökonomen haben sich - getreu obigen Zitats - dem Phänomen der staatlichen Einflußnahme im Fernmeldewesen mit dem Instrument der Marktversagenstheorie genähert.[21] Diese Theorie untersucht Umstände, die staatliche Eingriffe in das wettbewerbliche Marktgeschehen rechtfertigen. Die Theorie kommt zu dem Ergebnis, daß staatliche Eingriffe in den Fällen gerechtfertigt - aber nicht zwingend erforderlich - sind, in denen Branchenbesonderheiten Wettbewerb verhindern oder der wettbewerbliche Marktprozeß zu Ergebnissen führen würde, die von den üblicherweise erwarteten positiven Wirkungen des Wettbewerbs abweichen. [22]

Als Leitbild für die Bestimmung solcher Marktfehler dient das traditionelle Konzept der Wohlfahrtstheorie, demzufolge ein über Konkurrenzmärkte koordiniertes Handeln von Individuen unter idealen Voraussetzungen zu einer effizienten (d.h. Pareto-optimalen) Ressourcenallokation führt. Staatseingriffe in das Marktgeschehen erscheinen aus Sicht dieser Theorie gerechtfertigt, wenn gegen bestimmte Voraussetzungen des Modells der vollständigen Konkurrenz verstoßen wird und der Markt bei der Lösung des Allokationsproblems zu versagen droht.

---

20 Rosen (1992), S. 110, in der Vorbemerkung zum Kapitel "Kategorien des Marktversagens"

21 Einen Überblick über die ökonomische Diskussion zu den Alleinrechten im Fernmeldewesen bietet Wieland (1988), S. 236ff. mit zahlreichen Nachweisen.

22 Vgl. u.a. Blankart (1994), S. 64-69; Fritsch/Wein/Evers (1993); Külp (1984); Richter (1993) und Soltwedel (1986), S. 4ff.

Da praktisch in allen realen Marktsituationen gegen die idealisierenden Annahmen des vollkommenen Marktes verstoßen wird, darf die Theorie nicht im Sinne einer mechanistischen Rechtfertigung von Staatseingriffen verstanden werden. Die Theorie besagt nur, in welchen Bereichen potentieller Bedarf für staatliche Markteingriffe besteht. Die Frage, ob aus einem diagnostizierten Marktversagen ein staatlicher Eingriff folgen kann oder gar folgen muß, ist im Rahmen der vorliegenden Arbeit unerheblich.[23] Entscheidend ist vielmehr, ob in der Telekommunikation Marktversagen als notwendige Voraussetzung ökonomisch begründeter Einflußnahme des Staates überhaupt vorliegt.

Das Marktversagen im Telekommunikationssektor wurde traditionell begrundet mit dem Vorliegen von Externalitäten, Größenvorteilen und irreversiblen Investitionen.

b) Externalitäten

In einem Telekommunikationssystem existieren Externalitäten der Nutzung des Netzes (call externalities) und die des Netzes an sich (network externalities). Positive **Nutzungsexternalitäten** entstehen dadurch, daß jeweils zwei Gesprächspartner Nutzen aus dem Gespräch ziehen, aber nur einer von beiden die Gesprächsgebühren zahlt. Obwohl hierdurch der Nutzen des Angerufenen im Konsumkalkül des Anrufers nicht enthalten ist, rechtfertigt diese Externalität noch keine staatliche Korrektur der Marktergebnisse. Sie kann privat internalisiert werden, durch die stochastische Verteilung von empfangenen und gemachten Anrufen oder aber durch sogenannte R-Gespräche.[24]

Die **Netzexternalität** entsteht dadurch, daß ein zusätzlicher Anschlußteilnehmer den Nutzen des Netzes für alle Teilnehmer erhöht, da er die Anzahl potentieller Kommunikationspartner erhöht. Der Versuch, diese positive Externalität privat zu internalisieren, scheitert an den hiermit verbundenen (hohen) Transaktionskosten. Eine staatliche Korrektur der Marktergebnisse erscheint gerechtfertigt, da die Angebots- oder Nachfragekurven nicht die kompletten Kosten und Nutzen der jeweiligen Marktseite repräsentieren. Die aus theoretischer Sicht wohlfahrtsoptimale Anwendung der Grenzkostenpreisregel würde in diesem Fall zu gesamtwirtschaftlich unerwünschten Tauschergebnissen führen.[25]

Hierbei gilt es allerdings zu berücksichtigen, daß die positive Netzexternalität im wesentlichen nur in der Aufbauphase eines Netzes auftritt, in der die Interdependenz der Nachfrage nach Anschlüssen besonders hoch ist. Bei steigender Teilnehmerzahl verliert diese Externalität an Bedeutung, bis schließlich der Ausspruch von Alfred Kahn gilt: *"People who don't have a phone I don't want to talk to".*[26] Es wäre daher sinnvoll, in der Aufbauzeit eines Netzes einen unter den Kosten liegenden Preis für einen Anschluß

---

23 Zum Richtungsstreit zwischen positiver und normativer Interpretation der Marktversagenstheorie vgl. Blankart (1994), S. 65f.

24 Littlechild sieht die Möglichkeit zur privaten Internalisierung praktisch nur bei kleinen Gesprächsteilnehmerkreisen (etwa innerhalb der Verwandtschaft). Vgl. Littlechild (1977), S. 44-45

25 Vgl. u.a. Knieps/Weizsäcker (1989); Littlechild (1975), S. 661f.

26 zitiert nach Noam (1992), S. 114.

zu berechnen und erst in späteren Phasen kostendeckende oder leicht über den Kosten liegende Gebühren zu erheben.

Als Rechtfertigung für die komplette Monopolisierung des Marktes, für die stärkste Form staatlicher Einflußnahme in den Markt also, lassen sich positive Netzexternalitäten somit nicht verwenden. Echtes Marktversagen aufgrund von Netzexternalitäten ist nach Ansicht von Liebowitz/Margolis[27] ohnehin ein äußert seltenes und in der Literatur völlig überbewertetes Phänomen. Sie verweisen auf zahlreiche Märkte, die trotz z.T. beträchtlicher Netzexternalitäten funktionieren (etwa den Markt für Computer-Betriebssysteme). Eine hinreichende Begründung für die Monopolisierung des Marktes aus Netzexternalitäten kann ihrer Meinung nach so gut wie nie abgeleitet werden.

c) Der Telekommunikationssektor als natürliches Monopol

Lange Zeit hindurch galt der Telekommunikationssektor aufgrund der zugrundeliegenden technischen und ökonomischen Besonderheiten als Lehrbuchbeispiel eines natürlichen Monopols. Das wohlfahrtstheoretische Konzept vom natürlichen Monopol unterstellt - abweichend von den Bedingungen des vollkommenen Marktes - Größenvorteile und versunkene Kosten beim Angebot der Leistung. Ihre Existenz führt dazu, daß das betreffende Gut im Extremfall am kostengünstigsten von einem Anbieter angeboten wird.

(1) Größenvorteile

Größenvorteile treten dann auf, wenn mit wachsender Ausbringungsmenge die langfristigen Durchschnittskosten abnehmen. In leitungsgebundenen Netzen entstehen Größenvorteile durch verhältnismäßig hohe fixe Investitionskosten sowie durch Dichte- und Bündelungsvorteile. Ein Großteil der Investitionen in Telekommunikationsnetze sind **fixe Kosten**; die Tiefbauarbeiten für die Verlegung eines Hausanschlusses etwa fallen unabhängig von der Höhe der späteren Nutzung an. Ein Anstieg der Nutzung führt daher solange zu sinkenden Durchschnittskosten, bis die Kapazitätsgrenze des Anschlusses erreicht ist.

Im Ortsnetzbereich treten Größenvorteile vor allem in Form von **Dichtevorteilen** auf, d.h. hier nehmen die langfristigen Durchschnittskosten mit steigender Versorgungsdichte ab. Die Begründungen für relative Kostenvorteile in dichtbewohnten Regionen lauten:

- daß pro Anschluß weniger Tiefbauarbeiten durchzuführen sind als in ländlichen Regionen (die Leitungen benachbarter Kunden verlaufen in gemeinsamen Kabelschächten), was die Bereitstellungskosten senkt,[28]
- daß die Vermittlungsanlagen in unmittelbarer Nähe zum Kunden installiert werden können, wodurch die Anschlußkabel durch (kostengünstigere) Vermittlungskapazität ersetzt werden, und
- daß es in dichtbewohnten Regionen aufgrund wahrscheinlichkeitstheoretischer Überlegungen zu Kosteneinsparungen kommt, da nicht für jeden Teilnehmer ununterbrochen eine freie Leitung bereit gehalten werden muß. Je größer eine

---

27   Vgl. Liebowitz/Margolis (1994), S. 149.

28   Vgl. Wieland (1988), S. 241f.

Vermittlungsstelle ist, desto genauer kann die erforderliche Leitungskapazität kalibriert werden, da die zur Abfederung von Spitzenlasten notwendige Reservekapazität bei steigendem Anschlußvolumen relativ weniger ins Gewicht fällt [29]

Im Fernnetz treten Größenvorteile vor allem in Form von **Bündelungsvorteilen** auf, d.h. bei zunehmender Kapazität einer Leitung steigen die damit verbundenen Kosten nur unterproportional.[30] Im Extremfall führen Bündelungsvorteile dazu, daß die gesamte Kommunikation zwischen zwei Vermittlungsstellen mit jeweils nur einem Kabel bewältigt werden kann.[31]

Größenvorteile in Telekommunikationsnetzen führen zu über die gesamte Marktnachfrage hinweg sinkenden Grenzkosten. Anders als auf einem vollkommenen Markt kann die Nachfrage daher am kostengünstigsten durch einen einzigen Anbieter bedient werden. Den Zusammenhang zwischen Größenvorteilen und natürlichen Monopol beschreibt Kahn mit den Worten:

"The critical and - if properly defined - allembracing characteristic of natural monopoly is an inherent tendency to decreasing unit costs over the entire extent of the market. This is so only when the economies achievable by a larger output are internal to the individual firm - if, that is to say, it is only as more output is concentrated in a single supplier that unit costs will decline."[32]

Für den deutschen Telekommunikationssektor liegen keine Untersuchungen über den tatsächlichen Umfang der Größenvorteile vor.[33] Die Hypothese vom natürlichen Monopol der ehemaligen Bundespost wurde stets *"aufgrund intuitiver Plausibilität"*[34] formuliert. Die wichtigsten Untersuchungen stammen aus den USA und Kanada. Deren Ergebnisse schwanken von starken Größenvorteilen bis hin zu schwachen Größennachteilen.[35] Die Aussagekraft dieser Untersuchungen wird durch eine Anzahl inhaltlicher und

---

29   "Der Anteil der für Spitzenlasten vorzuhaltenden Reservekapazität dürfte umso geringer sein, je höher das Gesprächsaufkommen ist, weil sich zufällige Schwankungen im Falle einer Vielzahl von Gesprächen eher ausgleichen." Fritsch/Wein/Evers (1993), S. 126.

30   Dabei gilt die empirisch ermittelte Zwei-Drittel-Regel, wonach die zusätzlichen Verkabelungskosten bei zunehmendem Anschlußvolumen unterproportional steigen. Vgl. Fritsch/Wein/Evers (1993), S. 125.

31   Vgl. den Überblick bei Blankart/Knieps (1988).

32   Kahn (1970/71), Band 2, S. 119. Dieselbe Charakteristik weist ein subadditiver Kostenverlauf bei Mehrproduktunternehmen auf. Auch hier kann ein Anbieter die gesamte Nachfrage am billigsten bedienen (selbst wenn seine Kosten nicht über den gesamten Nachfragebereich sinken). Vgl. Braeutigam (1988), S. 1294f.

33   dies beklagt u.a. Jäger (1994), S. 60.

34   Kronberger Kreis (1987), Tz. 26.

35   Knieps (1993), S. 11 und (1990), S. 75 zitiert die Ergebnisse ökonometrischer Studien von AT&T und Bell Canada, die Skalenelastizitäten von 0,98 bis 1,24 bzw. 0,85 bis 1,4 ausweisen. Nadiri/ Schankerman (1981) ermittelten Skalenelastizitäten von rund 1,8, die jedoch im Zeitablauf zurückgingen. AT&T (1976) kommt zu Ergebnissen von 0.74 bis 2.08. Dobell et al. (1972) sowie Fuss/Waverman (1977) fanden deutlich niedrigere Werte für Bell Canada (0.85-1.11). Vgl. a. Meyer et al. (1980).

methodischer Probleme geschwächt, wie etwa der fehlenden Kenntnis der globalen Kostenfunktion, dem Problem der Isolierung einzelner Bestimmungsfaktoren oder der Zuordnung der Skalenerträge zu einzelnen Netzkomponenten.[36]

Es wird davon ausgegangen, daß die Größenvorteile und die damit verbundenen Effizienzgewinne durch das Angebot eines Monopolanbieters in Ortsnetzen größer sind als im Fernnetz, wo die Bündelungsvorteile tendenziell schneller ausgeschöpft sind. Spätestens wenn im Zuge des allgemeinen Nachfragewachstums die bestehenden Fernverbindungskapazitäten ausgeschöpft sind, könnten die erforderlich werdenden parallelen Verbindungen auch von neuen Netzanbietern bereitgestellt werden.[37]

Die Existenz von Größenvorteilen innerhalb von Ortsnetzen rechtfertigt für sich genommen weder die Monopolisierung aller Ortsnetze, zwischen denen zu keinem Zeitpunkt Verbundvorteile bestanden, noch die Monopolisierung des gesamten Marktes. Mit den Worten von Eli Noam:

> *"The examples of the United States, Canada, Denmark, and Finland prove that a widespread horizontal integration of the local exchange areas is not required. Even if it were, one must ask, why these economies end miraculously at the national frontier. Has there ever been a national monopolist that asked a major neighbour to take over its system in order to reap the benefit of economies of scale?"[38]*

Sinkende Durchschnittskostenverläufe aufgrund von Größenvorteilen rechtfertigen erst in Verbindung mit der Existenz versunkener Kosten eine wettbewerbspolitische Sonderbehandlung des Sektors.

(2) Versunkene Kosten

Unter versunkenen Kosten (sunk costs) werden verwendungsspezifische Investitionen verstanden, die bei Markteintritt getätigt und bei einem späteren Marktaustritt mangels Verwendungsalternative als wertlos abgeschrieben werden müssen. Sie stellen Marktaustrittskosten dar, die in das Entscheidungskalkül jedes Anbieters eingehen, der neu auf den Markt kommen möchte. Im Bereich der Telekommunikation werden die Tiefbauinvestitionen, deren Anteil an den Gesamtaufwendungen des Netzaufbaus traditionell auf 60 Prozent geschätzt wird, als versunken betrachtet, da einmal vergrabene Kabel nach dem Marktaustritt nicht in Regionen/Verwendungen umgewidmet werden können.[39]

Während Größenvorteile im Bereich der gegebenen Nachfrage den Wettbewerb *im* Markt unmöglich machen, erschweren sunk costs den Wettbewerb *um* den Markt. Der Wettbewerb um den Markt gilt nach der neoklassischen Theorie der contestable

---

36 Vgl. Knieps (1990); S. 75; Knieps (1993), S. 10 und Neumann (1984b), S. 57.

37 Vgl. Blankart/Knieps (1988); Fritsch/Wein/Evers (1993), S.169.

38 Noam (1992), S. 31.

39 Aufgrund der Digitalisierung der Netze wird ein langfristiger Rückgang dieses Anteils auf 20% prognostiziert. Vgl. Berger/Blankart/Picot (1990) Stichwort <Größenvorteile>.

markets[40] als wettbewerbskompatibles Disziplinierungsinstrument eines Monopolisten, der seine Monopolposition etwa der Wahrnehmung von Größenvorteilen verdankt Hohe sunk costs schranke die Möglichkeit dieses Wettbewerbs ein und stellen damit einen wichtigen Grund für die staatliche Monopolisierung des Marktes dar

d) Die gesetzliche Monopolisierung des Marktes

Das gleichzeitige Vorliegen von Größenvorteilen und sunk costs rechtfertigt aus Sicht der Marktversagenstheorie die Schaffung eines staatlich regulierten Monopols, da ansonsten ruinöse Konkurrenz zu befürchten ist.[41]

Das Argument der **ruinösen Konkurrenz** zielt auf das Verhindern gesamtwirtschaftlicher Ressourcenverschwendung durch Kostenduplizierung, da die Zulassung von Wettbewerb annahmegemäß zu einem Ausleseprozeß führen muß, an dessen Ende nur das größte Unternehmen am Markt bestehen bleibt, das die meisten Größenvorteile realisieren konnte.[42] Am Ende eines solchen Ausleseprozesses führen hohe sunk costs außerdem dazu, daß der Monopolist ohne Furcht vor Marktzutritt gesamtwirtschaftlich überhöhte Monopolpreise verlangen kann, da er über das Drohpotential verfügt, bei Marktzutritt seine Preise bis auf das Niveau seiner Grenzkosten zu senken. Der Neuanbieter dagegen wird nur dann in den Marktzutritt investieren, wenn der erwartete Preis langfristig seine gesamten Kosten deckt.[43]

Kritiker des Monopolregimes halten dagegen, daß es in der Praxis zu keiner verschwenderischen Kostenduplizierung kommen muß, da Marktneulinge Produktdiversifizierung betreiben bzw. nur mit Kostenvorteilen anbieten würden.

Tatsächlich hat das Monopolregime in Deutschland selbst Kostenduplizierung gefördert, indem es die erheblichen nicht-öffentlichen Netzkapazitäten etwa der Deutschen Bahn oder der Elektrizitätswirtschaft durch das Zusammenschaltungsverbot mit dem öffentlichen Netz auf die interne Nutzung beschränkte.[44]

Die traditionelle ökonomische Begründung des staatlichen Monopols im Fernmeldewesen hängt damit sehr stark vom tatsächlichen Ausmaß der Externalitäten, Größenvorteile und sunk costs ab. Die technischen und ökonomischen Entwicklungen der letzten zwei Jahrzehnte sollten diese Charakteristika erheblich verändern. (Vgl. Abschnitt B dieses Kapitels).

---

40   Vgl. Baumol et al. (1982).

41   Vgl. Fritsch/Wein/Evers (1993), S. 123 und S. 134f.

42   Vgl. Braeutigam (1988), S. 1291f. Soltwedel (1986), S. 6f.

43   Die Monopolistendrohung kann aus strategischen Überlegungen heraus jedoch unglaubwürdig sein; Sinkende Preise würden den Monopolisten stärker schädigen als den Markteindringling. Vgl. Blankart/Knieps (1988) und Soltwedel (1986), S.7.

44   Vgl. Jäger (1994), S. 61.

3. Politische Gründe

a) Leitlinien der Gemeinwirtschaftslehre (GWL)

Zur Begründung des staatlichen Monopols wurden von der DBP traditionell Argumente vorgetragen, die auf Theorien der Gemeinwirtschaftslehre basierten.[45] Die zentrale Idee der Gemeinwirtschaftslehre[46] ist der Ruf nach staatlichen gemeinwohlorientierten Eingriffen in allen Bereichen, in denen der Markt, d.h. der Wettbewerb privater Unternehmen, keine befriedigenden Ergebnisse herbeiführt.[47] Aus Sicht der GWL gilt dies grundsätzlich in den Schlüsselindustrien mit Infrastrukturcharakter. Hier soll die Bereitstellung durch ein öffentliches Unternehmen erfolgen, das gezielt als Instrument der Wirtschaftspolitik im Interesse des "öffentlichen Auftrags" eingesetzt werden kann.[48]

Die Kontrolle privater Unternehmen mittels öffentlicher Bindung und Regulierung gilt den Vertretern der GWL als unzureichende Alternative.[49] Ein Vertreter der Deutschen Postgewerkschaft äußerte im Jahre 1994 dazu:

"... wir wagen zu bezweifeln, daß staatlicher Einfluß allein über Regulierungsmechanismen ausreichend gesichert werden kann. Da liegt unser Grunddissens. Wir meinen, daß wir Restbestände öffentlicher Tätigkeit brauchen... "[50]

Im Bereich des Fernmeldewesens ist das wichtigste wirtschaftspolitische Ziel die Sicherstellung des sogenannten Infrastrukturauftrags des öffentlichen Unternehmens.

b) Der Infrastrukturauftrag der DBP

Der Infrastrukturauftrag der DBP war zu keinem Zeitpunkt legal verankert, er wurde lediglich abgeleitet aus den "Bedürfnissen der Allgemeinheit"[51] und dem Prinzip der Daseinsvorsorge,[52] das den Staat zur Befriedigung lebenswichtiger Grundbedürfnisse der Bürger verpflichtet. Im Fall der Telekommunikation sollte der Staat das Grundbedürfnis

---

45   S.a. Lauxmann (1991); Gscheidle (1980); Neumann (1984b).

46   Zu den Grundlagen der Gemeinwirtschaftslehre vgl. Thiemeyer (1970) und (1975).

47   Staatliche Monopole gelten aus Sicht der GWL als vereinbar mit marktwirtschaftlichen Prinzipien, da sie nicht in Konkurrenz, sondern in einer Komplementärbeziehung zu den privaten Unternehmen stehen. Vgl. Cox (1988), S. 38ff.; Müller (1995), S. 80ff.; Plagemann (1988a) S. 5 sowie Pfeiffer/Wieland (1990), S. 40ff.

48   Vgl. zur sog. Instrumentalfunktion öffentlicher Betriebe Thiemeyer (1975), S. 58ff.

49   Thiemeyer lehnt die Regulierung privater Unternehmen ab, da sie "zu bürokratisch, zu schwerfällig und im Grunde viel zu teuer" sei. Vgl. Thiemeyer (1983), S. 407.

50   Michael Sommer in: Bauer (Hrsg.) (1992), S. 122.

51   Vgl. BMPF (1988), S. 2 und Neumann (1991), S. 83.

52   Dieser Begriff geht zurück auf Ernst Forsthoff, der in der 7. Auflage seines "Lehrbuch des Verwaltungsrechts" (1. Auflage 1938) mit Blick auf die große Zahl an Leistungsverhältnissen im Rahmen der sich ausdehnenden Daseinsvorsorge urteilt: "Die ganze Materie hat sich wesentlich freiwüchsig entwickelt." Forsthoff (1958) S. 320.

nach sozialen Kontakten durch Gewährleistung moderner Kommunikationsmittel befriedigen.[53]

Der Infrastrukturauftrag der DBP umfaßte - neben zahlreichen kommunikationsfremden Zielsetzungen[54] - die "flächendeckende Versorgung mit leistungsfähigen Telekommunikationsdiensten zu grundsätzlich einheitlichen Tarifen im Raum".[55] Die DBP sollte demnach ihre Infrastruktur ohne Rücksicht auf die jeweiligen Kosten im gesamten Bundesgebiet zu gleichen Konditionen (Qualität und Preis) anbieten.[56]

Der Infrastrukturauftrag im Fernmeldewesen rechtfertigte das staatliche Bereitstellungsmonopol im Fernmeldewesen, da er in seiner traditionellen Ausprägung nur im Monopolregime erfüllt werden konnte. Die gemeinwirtschaftlichen Argumente schließen damit aus dem Vorliegen politischer Zielvorstellungen im Fernmeldewesen auf die Notwendigkeit eines staatlichen Bereitstellungsmonopols.

Der Infrastrukturauftrag wurde mit raumordnungs- und verteilungspolitischen Argumenten begründet, die im folgenden vorgestellt und kritisch geprüft werden.

(1) Raumordnungspolitische Argumente

Raumordnungspolitisches Ziel des Infrastrukturauftrages der DBP ist gemäß Raumordnungsgesetz die flächendeckende Versorgung mit Telekommunikationsleistungen.[57] Sie soll die gleichmäßige Entwicklung aller Landesteile fördern und damit die Einheit und Zusammengehörigkeit des Staats- und Wirtschaftsgebietes stärken.[58] Vor allem sollen mit der überregionalen Vereinheitlichung der Lebensverhältnisse unerwünschte Ballungstendenzen von Industrie und Bevölkerung vermieden und die Strukturschwäche ländlicher Räume ausgeglichen werden.[59] Die Ministerkonferenz für Raumordnung weist zudem auf die ständig steigende infrastrukturelle Bedeutung des Fernmeldewesens als Industrieansiedlungskriterium für die regionale Entwicklung hin.[60]

---

53   Fangmann (1988), S. 59.

54   Das staatliche Bereitstellungsmonopol ermöglicht die politische Einflußnahme auf benachbarte Politikfelder. (Spezielle Subventionen für den Berlinverkehr der Post- und Fernmeldedienste oder die Bereitstellung von Lehrlingsausbildungsplätzen rund 50% über den eigenen Bedarf). Plagemann (1988b), S. 398, beziffert die Kostenbelastungen (Mindererlöse und Mehrausgaben) dieser betriebsfremden politischen Auflagen im Post- und Fernmeldewesen auf zusammen rund 2. Mrd. DM im Jahr 1987.

55   Cox (1993), S. 196. Zur Tarifeinheit im Raum vgl. auch Kapitel 3 Abschnitt B 2 "Die Leistungs- und Tarifpflichten der DBP".

56   Vgl. Thiemeyer (1983), S. 407 und 412f.

57   Vgl. die Übersicht bei Herrmann (1986), S. 101ff.

58   S.a. Blankart/Knieps (1993), S. 3.

59   "Von jeher betrachtete es der Staat als seine Aufgabe, für alle Landesteile wenigstens annähernd gleich gute Möglichkeiten zu schaffen und damit die Einheit und Zusammengehörigkeit des Staats- und Wirtschaftsgebietes zu stärken. Gleiche Bedingungen für die Inanspruchnahme von Postleistungen tragen dazu bei, diese Aufgabe zu erfüllen. (...)Übermäßige Industrie- und Menschenballungen gelten als unerwünscht, und deshalb sucht man die Standortungunst peripherer Räume auszugleichen, nicht nur zugunsten der dort ansässigen Unternehmen, sondern auch zugunsten der dort wohnenden Bevölkerung." Wegmann (1964), S. 53.

60   vgl. Volkers (1994), S. 33.

16

Das Errichten und Betreiben von flächendeckenden Kommunikationsnetzen wird zudem - ähnlich wie das Errichten von Straßen und Schienen - als **Infrastrukturleistung** betrachtet, und damit als eine Vorleistung für privates Wirtschaften. Solche Vorleistungen würden sich nicht durch das Spiel von Angebot und Nachfrage einstellen, da der weitere Ausbau dem unmittelbar geäußerten Bedarf ein Stück vorauseilen sollte. Gleichzeitig dient die Flächendeckung in allokativer Hinsicht der **Internalisierung der positiven Externalitäten** des Telekommunikationsnetzes. Ein wichtiges Instrument zur Zielerreichung ist der Kontrahierungszwang, d.h. die Pflicht der DBP, die Nachfrage nach Telekommunikationsanschlüssen und -diensten unabhängig vom geographischen Wohnort des Nachfragers zu befriedigen.

(2)   Verteilungspolitische Argumente

Die Versorgung der Bürger mit Telekommunikationsleistungen soll nicht nur flächendeckend, sondern auch zu einheitlichen Tarifen im Raum erfolgen. Die distributive Begründung zielt zum einen darauf ab, **Bewohnern ländlicher Regionen** durch bundeseinheitliche Tarife die politisch erwünschte Teilhabe am Telekommunikationsgeschehen zu ermöglichen. Da in ländlichen Gebieten die Bereitstellungskosten des Telefonnetzes höher liegen als in Ballungsgebieten, bedeuten bundeseinheitliche Tarife eine Begünstigung ländlicher Räume. Zum anderen dienen die bundesweit einheitlich unter den Bereitstellungskosten angesetzten Anschluß- und Grundgebühren dazu, den **Beziehern niedriger Einkommen** den Zugang zum Telekommunikationsnetz ermöglichen.

Die distributiven Ziele dienen ihrerseits der Verfolgung der raumordnungspolitischen und allokativen Ziele, da durch die Umverteilung eine (flächendeckende) Anschlußdichte induziert wird, die über dem Niveau bei marktmäßiger Bereitstellung und kostenorientierten Tarifen liegt. Die gleichzeitige Verfolgung dieses Zielkanons durch Kontrahierungszwang und Tarifeinheit im Raum ist nur durch ein Monopol zu realisieren (vgl. unten "Infrastrukturauftrag und Monopol").

Der Bedarf nach **staatlicher Bereitstellung** wird auf ideologischer Ebene abgeleitet:

> "[Es ist unsere Auffassung,] *daß ein bestimmter gesellschaftspolitisch erwünschter Grad der Infrastrukturversorgung in der Fläche nach Quantität und Qualität und zu bedarfswirtschaftlichen Tarifen im Rahmen des privatwirtschaftlich-marktwirtschaftlichen Systems nicht ohne weiteres gewährleistet ist."[61]*

(3)   Kritik an diesen Begründungen

Die Relevanz der allokativen und distributiven Argumente wird seit langer Zeit bezweifelt. So überschätzt die GWL nach Meinung zahlreicher Autoren[62] den

---

61   Cox (1993), S. 196. Ähnlich auch bei Wegmann (1964), S. 53.
62   Vgl. Jäger (1994), S. 67ff; Kronberger Kreis (1987), S. 209f.; Monopolkommission (1991) und Volkers (1994), S. 66.

raumordnungspolitischen Effekt einheitlicher Tarife im Raum, da der Anteil der Telekommunikationskosten an den monatlichen Ausgaben von Haushalten und Unternehmen viel zu gering ist.[63] Andere Preise, die das Budget viel stärker beeinflussen, etwa für Strom, Wasser, Grund- und Boden etc , weisen betrachtlichere regionale Unterschiede auf und sind für Standortentscheidungen viel wichtiger Zudem wäre es unter allokativen Gesichtspunkten besser, die negativen externen Effekte der Agglomeration durch Besteuerung der entsprechenden nachteiligen Aktivitäten zu behindern, anstatt andere Aktivitäten zu begünstigen.[64]

Das **Infrastrukturargument** vermag ebenfalls nicht zu überzeugen, da es die Frage nach staatlicher Einflußnahme mit der Frage nach staatlicher Bereitstellung einer Leistung verquickt. Seine argumentative Beliebigkeit führt Noam mit dem Beispiel ad absurdum, daß eine Regierung, die sich das allokative Ziel setzt, das Verhungern ihrer Bürger zu verhindern, hierfür nicht alle Supermärkte - womöglich im Monopol betrieben - bereitstellen muß.[65] Auch das Bankwesen ist ein Beispiel für die flächendeckende Entwicklung bedeutsamer Infrastruktur, für die kein Monopol erforderlich ist.

Das **distributive Argument** trägt ebenfalls nicht weit, da es nur für den Durchschnitt der Einkommensbezieher einer Region gültig ist. Die hieraus abgeleitete Umverteilungsmaßnahme ist zwangsläufig ungezielt, da sie alle Bewohner einer Region unabhängig von ihrem individuellen Einkommen subventioniert.[66] Zudem gilt es die Verteilungswirkungen zu beachten, die mit der Finanzierung dieser Subvention verbunden sind. Nach dem Grundsatz der Globalkostendeckung der DBP erfolgte diese Finanzierung nämlich ebenfalls aus dem Fernmeldebereich.

Daher ist es auch fragwürdig, ob die Tarifeinheit im Raum tatsächlich einen Beitrag zur Netzausdehnung leistet. Damit die Tarife des öffentlichen Unternehmens mehr Kunden an das Netz bringen als marktliche Tarife müssen sie nicht nur einheitlich, sondern auch günstiger sein. Ob die politisch definierte Gebührenstruktur diese Voraussetzung erfüllt, müßte für jeden Einzelfall empirisch überprüft werden. Nach Plagemann[67] sind die genauen Umverteilungswirkungen der Tarifeinheit im Raum jedoch weitgehend unbekannt und durchaus umstritten.

c) Infrastrukturauftrag und Monopol

Der traditionelle Infrastrukturauftrag im Fernmeldewesen konnte nur von einem staatlichen Monopol verfolgt werden, da es bei Zulassung von Wettbewerb zum Phänomen des Rosinenpickens gekommen wäre. Mit Rosinenpicken wird die Ausnutzung der Gewinnmöglichkeiten der politisch motivierten Gebührenstruktur durch neue Anbieter bezeichnet, die durch Preiskonkurrenz in den ertragreichen Geschäftsbereichen des Monopolisten die finanzielle Grundlage der politisch erwünschten

---

63 Das Gewicht der Fernsprechgebühren im Preisindex für Lebenshaltung beträgt Mitte der 80er Jahre nur 1,46 Prozent. Vgl. Kronberger Kreis (1987), S. 209.

64 Vgl. Neumann (1983), S. 396.

65 Vgl. Noam (1992), S. 60. Ähnlich auch Möschel (1989), S. 175,

66 Vgl. Neumann (1983), S. 396.

67 Plagemann (1988a), S.12.

Umverteilung angreifen ("Privatisierung der Gewinne, Sozialisierung der Verluste").[68] Die Liberalisierung des Fernmeldewesens hätte demnach entweder den Bankrott der DBP oder aber den Verzicht auf den Infrastrukturauftrag zur Folge gehabt. Die Beibehaltung des Monopols ist damit Ausdruck der politischen Ablehnung der Marktergebnisse.[69] Im Rahmen der Reformdebatte nahm dieses Argument - nicht nur in der Bundesrepublik - einen hohen Stellenwert ein.[70]

Die Zulassung von Wettbewerb wurde zudem mit dem Hinweis abgelehnt, daß beim Rosinenpicken der neue Anbieter selbst dann am Markt bestehen kann, wenn er zu höheren volkswirtschaftlichen Kosten produziert als der Monopolist. Die Monopolisierung wird daher auch mit der Ineffizienz des Marktzutritts begründet.[71] Dieses Argument ist jedoch ein intellektueller Purzelbaum, da aus allokativer Sicht die eigentliche Ineffizienz in der Abweichung der politisch manipulierten Preise von den zugrundeliegenden Kosten entsteht.[72]

Die gemeinwirtschaftlichen Argumente für das staatliche Bereitstellungsmonopol im Fernmeldewesen verquicken in unzulässiger Ziele und Instrumente staatlicher Politik. Aus dem Vorhandensein eines hoheitlichen Versorgungsauftrages im Infrastrukturbereich wird unmittelbar das staatliche Bereitstellungsmonopol abgeleitet, obwohl bei entsprechenden Vorkehrungen privatwirtschaftliche Organisationsformen mit geringeren ordnungspolitischen und allokativen Nachteilen denkbar wären. Zur Korrektur der Marktmängel stehen neben der staatlichen Bereitstellung eine Reihe anderer Instrumente bereit, etwa:

- das Einrichten besonderer Aufsichtsbehörden,

- die Bindung des Betriebs an staatliche Konzessionen,[73]

- die Genehmigungsbefugnis für Tarife und Nutzungsbedingungen,

- der Einsatz von direkten Transfers, Gutscheinlösungen, Steuer- oder Investitionsanreizen sowie

- die Gewährung von Abgabenermäßigungen bei einem Verhalten, das im öffentlichen Interesse liegt.[74]

---

68 Vgl. Jäger (1994), S. 66.

69 Vgl. die Ausführungen unter Abschnitt 4 c "Die gemeinwirtschaftlichen Argumente für das staatliche Bereitstellungsmonopol im Fernmeldewesen". Aus dieser Argumentation heraus ist das Monopolregime mit verteilungspolitischen Zielen unvereinbar. Nur das Monopolregime erlaubt die Formulierung infrastrukturpolitischer Ziele (Kontrahierungszwang und Tarifeinheit im Raum) zur Erfüllung versorgungspolitischer Ziele.

70 Jäger (1994), S. 66, bezeichnet dieses Argument als "letzte Verteidigungsbastion der Befürworter des Monopolregimes."

71 Vgl. Neumann (1983), S. 402f.

72 Baumol zeigte für den Fall einer Mehrproduktunternehmung, daß es auch bei kostenorientierten Gebühren des natürlichen Monopolisten zu ineffizientem Marktzutritt und zu einem gesamtwirtschaftlich nachteilhaften Zusammenbruch des Monopols kommen kann. Vgl. Baumol et al., (1982). Dieses abstrakte Modell konnte allerdings für die praktische Wirtschaftspolitik keine Relevanz gewinnen. Vgl. Shephard (1983).

73 Vgl. ausführlich: Thiemeyer et al. (1983).

74 Vgl. Neumann (1988). S. 75, der darauf hinweist, daß private Mobilfunkanbieter in England den Flächendeckungsauftrag bereits in 2,5 Jahren und nicht in den auferlegten 4 Jahren bewältigten.

Diese Instrumente sind aus effizienzorientierter Sicht überlegen, da sie allokations- und verteilungspolitische Aspekte gesondert behandeln und die allokativen Nachteile des Monopolregimes verhindern. Diese zeigen sich in den statischen Effizienzverlusten "falscher" Preise und den dynamischen Effizienzverlusten durch die Abschottung des gesamten Telekommunikationssektors von den Effizienzwirkungen des Wettbewerbs.[75]

d) Grundsätzliche Kritik an der gemeinwirtschaftlichen Schule

Die grundsätzliche Kritik an der GWL-Schule stellt die **Operationalisierbarkeit gemeinwirtschaftlicher Ziele** und die **Eignung staatlicher Monopolunternehmen** zur Erreichung dieser Ziele in Frage.

Die Spezifizierung eines **gemeinwirtschaftlichen Zielsystems** setzt voraus, daß das Gesamtinteresse der Staatsbürger ermittelt werden kann. Dieses Vorhaben scheitert jedoch an der mangelnden Stabilität kollektiver Entscheidungen, auf die bereits John Arrow hingewiesen hat.[76] Sogar Thiemeyer, der Vater der Gemeinwirtschaftslehre, erkennt an, daß *"alle Versuche einer allgemeingültigen Inhaltsbestimmung von Gemeinnützigkeit gescheitert sind."*[77] Der ehemalige Bundespräsident Theodor Heuss hat schließlich auf das *"gefährliche Stück Wort-Magie"* hingewiesen, *"das mit dem Begriff Gemeinwirtschaft verbunden* [sei] *und in dem das Element verwirrender Unschärfe liege"*.[78] Für Blankart ist es daher erstaunlich, *"daß keinerlei Konsequenzen aus diesem Scheitern gezogen werden. Vielmehr wird die Problematik der Zielfindung ausgeklammert und stattdessen die Instrumentalfunktion gemeinwirtschaftlicher Unternehmen in den Vordergrund gerückt"*.[79]

Aber auch die **Instrumentalfunktion** erscheint fragwürdig, da die Abweichung des Angebotsverhaltens öffentlicher Unternehmen vom Wirtschaftlichkeitsprinzip im Interesse politischer Zielvorgaben ineffektiv ist im Vergleich zu anderen Instrumenten. Beispielsweise ruft die mangelnde Zielgenauigkeit der pauschalen Subvention der Orts- und Grundgebühren allokative Ineffizienzen nach sich, die durch den Einsatz subjektbezogener Fördermaßnahmen vermieden werden könnten.[80]

Ein weiteres Problem sieht Blankart im Eigeninteresse der Akteure in den öffentlichen Unternehmen, das kontraproduktiv zu den aufgestellten Zielen sein kann. Ein Problem, das die GWL zu lösen versucht, indem sie es durch die Einführung des 'guten Menschen'

---

75 Vgl. Kapitel 3 Abschnitt C "Die Ergebnisse der bisherigen Ausgestaltung".

76 Vgl. Arrow (1963).

77 Thiemeyer (1973), S. 116. Ähnlich auch Wegmann (1964), S. 52: "Besondere 'gemeinwirtschaftliche Ziele' gibt es nicht. Gemeinwirtschaftlich kann in diesem Zusammenhang nur bedeuten, daß sie mit dem Instrument der gemeinwirtschaftlichen Tariffestsetzung verwirklicht werden sollen. Wie die allgemeinen politischen Ziele liegen sie nicht unverrückbar fest, sondern hängen von den jeweiligen Gesamtumständen ab und unterliegen der politischen Willensbildung des Volkes."

78 Bundespräsident Theodor Heuss in seiner Rede zum zehnjährigen Bestehen der Akademie für Gemeinwirtschaft in Hamburg am 14. Oktober 1958, zitiert nach Wegmann (1964), S. 20.

79 Blankart (1983), S. 21.

80 Vgl. Kapitel 3 Abschnitt C 4 "Gesamtwirtschaftliche Wohlfahrtseffekte von Quersubventionen".

wegdefiniert.[81] Von Weizsäcker kommt zu der Einschätzung, daß die GWL einfach keinen Anschluß gehalten hat an den aktuellen Stand der Forschung und nurmehr dazu dient, auf ideologischer Ebene Argumente für den Schutz staatlicher Monopole gegen wettbewerblichen Druck zu liefern.[82] Auch Plagemann verweist auf den ideologischen Charakter der GWL-Schule, die den Begriff "gemeinwirtschaftlich" stets im Sinne einer "sozial-ethischen Überlegenheit" verwendet.[83]

Grundsätzlich darf bei der ökonomischen Argumentation gegen die Instrumentalisierung der DBP für das Erreichen politischer Ziele allerdings nicht vergessen werden, daß auch effizienzorientierte Argumente auf bestimmten - in der Ökonomie verbreiteten - Wertvorstellungen basieren. Für die Befürworter staatlicher Bereitstellung werden diese Argumente nicht stichhaltig sein, wenn sie der staatlichen Bereitstellung per se einen hohen Eigenwert einräumen. Aus der Perspektive der GWL bedeutet die Aufhebung des Monopols einen unerwünschten Verlust staatlicher Lenkungsmacht im für die nationale Wirtschaft relevanten Kommunikationssektor. Aus ökonomischer Perspektive können lediglich Argumente gegen die empirische Relevanz dieser Befürchtungen ins Feld geführt werden, deren grundsätzliche Berechtigung können sie jedoch weder unterstützen noch widerlegen.[84]

Mit den Sonderregelungen des Monopolregimes gingen Privilegien bestimmter Gruppen einher. Das Interesse dieser privilegierten Gruppen am status quo sollte ein wichtiger Faktor dafür sein, daß der Monopolstatus im Fernmeldewesen trotz fehlender stichhaltiger Argumente solange aufrecht erhalten werden konnte. Auf diese Zusammenhänge wird der folgende Abschnitt eingehen.

4. Das Monopol aus polit-ökonomischer Perspektive

a) Zur positiven Theorie der Regulierung

Anthony Downs wird als Begründer der ökonomischen Demokratietheorie bezeichnet.[85] In einer parlamentarischen Demokratie entscheiden die Wähler nicht selbst über Sachfragen, sondern sie beauftragen hiermit gewählte Abgeordnete. Den Abgeordneten unterstellt Downs, daß sie als "politische Unternehmer" eigennützig im Interesse ihrer Wiederwahl agieren, der conditio sine qua non ihrer politischen Einflußnahme. Im Wettbewerb zu anderen politischen Unternehmern stehend, werden sie beim Zuschnitt ihrer Wahlprogramme diejenigen Maßnahmen bevorzugen, von denen sie sich eine hohe Wählergunst erwarten. Nach dieser Theorie kommt es immer dann zu regulierenden staatlichen Eingriffen, wenn die Anzahl der hierdurch Begünstigten die Anzahl der

---

81 Vgl. Blankart (1983), S. 23.

82 Vgl. von Weizsäcker (1988) S. 89.

83 Plagemann (1988a), S. 4.

84 "Indeed the single most powerful argument in defense of the traditional centralized system is a value preference for the principle of state ownership in infrastructure as distinguished from the scientific arguments that a monopoly is necessary for engineering and economic reasons." Noam (1992), S. 5.

85 Vgl. Downs, (1957).

Benachteiligten übersteigt Dabei kommt es auf die individuelle Wahrnehmung der Lasten und Vergünstigungen und weniger auf deren tatsächliches Ausmaß an

Ein verwandter Erklärungsansatz ist die ökonomische Theorie der Bürokratie, die staatliche Eingriffe mit dem Eigennutzstreben der beteiligten Behörden erklärt Den Behörden wird dabei budgetmaximierendes Verhalten unterstellt, da annahmegemäß mit wachsenden Ausgaben Macht und Ansehen der Behörde steigen.[86]

Politikwissenschaftliche Untersuchungen über die Beständigkeit des staatlichen Bereitstellungsmonopols im Fernmeldewesen[87] kamen zu dem Ergebnis, daß die Anzahl der Begünstigten des Monopolregimes ausreichend hoch und die Verteilung der resultierenden Nachteile so diffus gewesen ist, daß in dieser Interessenkoalition ein wichtiger Faktor für die Bestandigkeit des Monopols gesehen wurde. Die Interessenlagen der beteiligten Gruppen werden im folgenden vorgestellt.

b) Anbieterseitige Interessen am Fernmeldemonopol

Zu den anbieterseitig Begünstigten des Monopolregimes gehörten die Beschäftigten der Post und der Zulieferindustrie. Die DBP war Ende der achtziger Jahre mit über 560.000 Beschäftigten der größte Arbeitgeber der Bundesrepublik.[88] Zusammen mit etwa einer weiteren halben Million ehemaliger Beschäftigter sowie allen Familienangehörigen bildeten sie ein nicht unerhebliches Wählerpotential [89]

Durch den Beamtenstatus war den Beschäftigten die Sicherheit ihres Arbeitsplatzes sowie die Höhe ihres Einkommens garantiert. Die Deutsche Postgewerkschaft (DPG) als eine der größten Einzelgewerkschaften unter dem Dach des DGB[90] fürchtete mit Blick auf die Mitarbeiterproduktivität im liberalisierten Ausland bei einer Änderung des tradierten Monopolstatus massive Entlassungen.[91] Die DPG hatte aufgrund ihres hohen Organisationsgrades (nahezu drei Viertel des Personals der DBP) und ihrer Vertretung im Verwaltungsrat und in den Personalräten auf allen Ebenen der DBP erhebliches Gewicht im telekommunikationspolitischen Entscheidungsprozeß.[92]

Auch erscheint der Umstand bedeutsam, daß die gewerkschaftliche Vertretung in der Bundesrepublik stärker im herstellenden Gewerbe als im Angestelltenbereich vertreten ist. Deren Interesse an einer Marktliberalisierung zur Beschäftigungssteigerung etwa im Bereich der Mehrwertdienste fand daher weniger gewerkschaftlichen Rückhalt. Als traditionelle Anhänger der politischen Linken der Bundesrepublik vertraten die

---

86 Vgl. Blankart (1990), S. 215 und Müller/Vogelsang (1979), S. 110ff.

87 Vgl. etwa Grande (1989); Jäger (1994); Neumann/Wieland (1986); Schäfer (1993); Webber (1986) und Werle (1990).

88 Von den 515.000 Vollzeitstellen entfielen 220.000 auf den Paket- und Briefzustelldienst (gelbe Post), 196.000 auf das Fernmeldewesen (graue Post) und 39.000 auf die Postbank. Vgl. Pfeiffer/Wieland (1990), S. 12.

89 Vgl. Noam (1992), S. 23.

90 Vgl. Webber (1986), S.400.

91 Der Umsatz pro Mitarbeiter lag bei der DBP im Jahr 1987 mit US$ 95.400 bei etwa 61% des Vergleichswertes in den USA von US $ 162 300. Vgl. OECD (1995), Tabelle 7.7, S. 102.

92 Vgl. Webber (1986), S.400.

Gewerkschaften zudem die gemeinwirtschaftliche Auffassung, die Fernmeldeinfrastruktur dürfe nicht allein dem marktwirtschaftlichen Spiel von Angebot und Nachfrage überlassen werden.[93]

Die deutsche Herstellerindustrie hatte ebenfalls ein Interesse an der Beibehaltung des Monopolstatus der DBP. Für die - je nach Abgrenzung - 190.000 bis 290.000 Beschäftigten der Herstellerindustrie für Telekommunikationselektronik zeichneten sich im Falle einer Marktliberalisierung Entlassungen aufgrund der Herstellerkonkurrenz aus dem asiatischen Raum und den USA ab.[94]

Die deutsche Herstellerindustrie wurde traditionell durch die national orientierte Beschaffungspolitik der DBP begünstigt. Bei der Auftragsvergabe hatte die DBP eine Reihe politischer Vorgaben zu erfüllen, mit dem Ziel, inländische Beschäftigungsinteressen zu sichern und der inländischen Industrie eine Basis für den internationalen Konkurrenzkampf zu verschaffen. Das gab den Herstellern u.a. Gelegenheit, im Schutz des nationalen Beschaffungsmonopols technische Neuerungen zur Marktreife zu bringen, ehe sie auf den Weltmärkten angeboten wurden.[95] Da die DBP im Bereich der Fernmeldeelektronik ein Nachfragemonopol innehatte und nur wenige Unternehmen die gewünschten Produktmengen anbieten konnten, war der Wettbewerb auf dem Beschaffungsmarkt stark beschränkt.[96] Für die etwa 10 kleineren und mittleren Unternehmen, die Telefonapparate an die Bundespost lieferten, kam die Aufrechterhaltung des Monopols sogar einer Schicksalsfrage gleich, da sie vollständig auf die Belieferung der DBP eingestellt waren und keine alternativen Vertriebswege unterhielten.[97]

Aufgrund dieser Interessenlage überrascht es nicht, daß der Fachverband Fernmeldetechnik des Zentralverbands der Elektrotechnischen Industrie (ZVEI) als "Sprachrohr" der Herstellerindustrie entschieden für den Erhalt des telekommunikationspolitischen Status quo in der Bundesrepublik eintrat.[98]

c) Nachfragerseitige Interessen am Fernmeldemonopol

Nach Ansicht von Neumann und Wieland waren die durchschnittlichen Telekommunikationsnutzer über lange Zeit die entscheidende Kraft zur Beibehaltung des status quo im deutschen Fernmeldewesen. Genauer: es war die weitverbreitete Einschätzung der Politiker, breite Nutzerschichten würden sich im Falle eines radikalen Wechsels im Fernmeldewesen tendenziell als Verteilungsverlierer einstufen.[99] Der Status quo der

---

93   Vgl. Noam (1992), S. 23.

94   Vgl. Pfeiffer/Wieland (1990), S. 59.

95   Die Siemens AG konnte für ihre Vermittlungselektronik von der DBP Preise verlangen, die um den Faktor 4,5 über den Weltmarktpreisen von Siemens lagen. Vgl. Noam (1992), S. 24 und 330. S.a. Herrmann (1986), S. 207.

96   Als weitere Einschränkung traten die Patentrechte für Einrichtungen des einheitlichen Netzes auf. Der Patentinhaber der Einheitstechnik erhielt quasi ein Angebotsmonopol. Vgl. Herrmann (1986), S. 206.

97   Vgl. Webber (1986), S. 402.

98   Vgl. Abschnitt A 4 b) "Anbieterseitige Interessen am Fernmeldemonopol".

99   Vgl. Neumann/Wieland (1986), S. 121.

Umverteilungen unter dem Dach des Postmonopols galt als Ausdruck des bestehenden sozio-ökonomischen Konsenses der deutschen Sozialpolitik. Diese Einschätzung erhielt besonderes Gewicht dadurch, daß eine Änderung des verfassungsrechtlich verankerten Monopols nur "geräuschvoll" durch eine entsprechende Parlamentsentscheidung durchgeführt werden konnte.[100]

Einen Beleg für diese zurückhaltende Einschätzung der Regierung sehen Neumann und Wieland in deren äußerst behutsamen Vorgehen bei telekommunikationspolitischen Entscheidungen, etwa im Fall von Tarifänderungen. Diese Entscheidungen waren stets vom Bemühen gekennzeichnet, dem durchschnittlichen Telefonkunden keine Nachteile aufzubürden. So war beispielsweise die Einführung des "Mondscheintarifs" im Jahre 1974 als Kompensation für die allgemeine Erhöhung der Telefongebühren gedacht.[101]

Webber unterstellt der christlich-liberalen Regierung, daß sie lange Zeit über ein konkretes wahltaktisches Interesse an der Beibehaltung des status quo im Fernmeldewesen hatte. Die im Wettbewerb zu erwartende Kostenorientierung der Tarife[102] hätte gleich zwei große Wählergruppen der Regierungsparteien verprellen können; zum einen die Bezieher niedriger Einkommen, zum anderen die Bewohner ländlicher und dünnbesiedelter Gebiete, die mit höheren Tarifen und / oder einer Verschlechterung des Diensteangebotes hätten rechnen müssen.[103]

Mehrere Gründe lassen sich für die politische Einschätzung des nachfrageseitigen Wunsches nach Beibehaltung des Monopolregimes anführen. Grundsätzlich hatten die Nachfrager aufgrund der i.d.R. jahrelang konstant gehaltenen Telefongebühren selten Anlaß, sich über die zunehmende Ineffizienz des Monopolisten zu empören.[104] Eine Minderheit der Nachfrager konnte sich zu den Begünstigten der Sozialtarife[105] rechnen. Großkunden konnten ihre Telekommunikationsprobleme durch den Aufbau von Corporate Networks selbst lösen und standen einer Änderung des Monopolregimes allemal passiv gegenüber. Vom Großteil der Nutzer wurde zudem angenommen, daß sie die Bedeutung des Postmonopols auf ihre Situation weitgehend nicht erkannten und daher kein dezidiertes Interesse an einer Änderung des status quo oder sogar Furcht vor einer Änderung hatten.[106]

---

100 Vgl. Neumann/Wieland (1986), S. 125.

101 Vgl. Neumann/Wieland (1986), S. 124. Weitere Beispiele sind die öffentlichen Proteste im August 1995, als die Deutsche Telekom Gebührenerhöhungen für Fernsprecher an Bahnhöfen und Flughäfen durchsetzen wollte, sowie im Januar 1996, als die 1994 bereits politisch abgesegnete Tarifstrukturreform 1996 umfassend kritisiert wurde. S.a. "Politiker kritisieren Telefontarife" in: Hbl. vom 5./6.1.1996, S. 1.

102 Vgl. Kapitel 4 Abschnitt A 1 a) "Erklärungsansätze für das Rate-restructuring"

103 Vgl. Webber (1986), S. 404.

104 Die konstanten Tarife waren jedoch allein Ergebnis des kostensenkenden technischen Fortschritts, besonders im Bereich der Vermittlungstechnik, der die Ineffizienz des Bereitstellungsmonopols kaschierte. Vgl. Noam (1992), S. 5.

105 Heuermann/Neu (1988), S. 45, zitieren eine Studie des BMPF, welche die Mindereinnahmen aus Sozialanschlüssen auf DM 165 Mio. für das Jahr 1987 beziffert.

106 "The average consumer will conceive the process of rate rebalancing (...) as a zero-sum game and it will appear that he or she is going to lose and large business users are going to win. This impression will be reinforced by the fact that the dynamic advantages of competition will manifest

d) Sonstige Interessen

Die Bürokratie des Postministeriums zählte - ähnlich wie ihre Kollegen im Finanz- und Wirtschaftsministerium - ebenfalls zu den Begünstigten des über Jahrzehnte gewachsenen komplexen Monopolsystems. Die dort beschäftigten Beamten genossen neben dem gesicherten Status und Einkommen politisch-administrativen Einfluß sowie besonderes Ansehen. Die Marktliberalisierung bedrohte insbesondere die Möglichkeit der bürokratischen Gestaltung des Fernmeldewesens. [107]

Auch für die beteiligten Politiker war das System vorteilhaft. Zum einen konnten sie durch den Erlaß kommunikationsfremder politischer Auflagen an die DBP wahltaktische Vergünstigungen verteilen. Zum anderen genossen sie das Ansehen auf den zahlreichen Positionen, die im bestehenden System im Postministerium, dem Postverwaltungsrat oder den Postausschüssen in Bundestag und Bundesrat zu besetzen waren. [108] Nicht vergessen werden darf an dieser Stelle das fiskalische Interesse des Finanzministers am status quo. Die Abführungen der DBP an den Bund beliefen sich seit 1981 auf 10 Prozent (zuvor 6,66 Prozent) der Umsatzerlöse von rund DM 50 Mrd. pro Jahr. In der Reformdebatte hatte der Bundesfinanzminister bis zum Schluß gefordert, die Reform dürfe keinesfalls zu einer Minderung der fiskalischen Einnahmen aus dem Fernmeldewesen führen. [109]

Insgesamt kann festgehalten werden, daß eine breite Koalition von Beschäftigten der DBP und der Herstellerindustrie, von Beamten der Regierungsbürokratie sowie Politikern ein konkretes Interesse an der Beibehaltung des Monopolregimes im Fernmeldewesen hatte. Ein Großteil der Nachfrager hatte dagegen kein dezidiertes Interesse an einer Reform. Die Benachteiligten des status quo, insbesondere Anbieter innovativer Telekommunikationsdienste konnten sich gleichzeitig mit ihren (durchaus heterogenen) Interessen nicht durchsetzen. Angesichts dieser Interessenlagen stützt die positive Theorie der Regulierung die Aussage, daß die Eigeninteressen der beteiligten Akteure das Monopol im Fernmeldewesen institutionell zementieren konnten.

5. Technische Argumente

a) Netztechnische Argumente

Laut einem OECD-Ländervergleich aus dem Jahre 1990 haben Länder mit monopolisierten Telekommunikationsmärkten die Beibehaltung des Monopols häufig mit dem **Schutz der Netzoperabilität** begründet.[110] Demnach verhindert allein die monopolistische

---

themselves in the business sector first. It is certain that politicians will not hesitate to make the consumer's cause their own in particular as universal service provision plays a prominent role." Neumann/Wieland (1986), S. 125.

107 Die Befürchtungen der Beamten haben sich im Juni 1995 bewahrheitet, als BMPT Wolfgang Bötsch die Auflösung des Ministeriums für Post und Telekommunikation für das Jahr 1998 ankündigte. Vgl. "Bötsch will sein Ministerium 1997 auflösen" in: Hbl. vom 16./17.6.1995, S. 12.

108 Vgl. die ausführliche Darstellung von Jäger (1994), S. 20ff.

109 Vgl. Pfeiffer/Wieland (1990), S. 57. S.a. Noam (1992), S. 81, der den deutschen Finanzminister als "champion of institutional status quo" in discussions of DBP reform" bezeichnet.

110 Vgl. OECD (1990), S. 105.

Bereitstellung die Schädigung des Netzes, die etwa beim Zuschalten nicht genehmigter Dienste oder Endgerate auftreten kann

Die DBP hatte bis in die achtziger Jahre hinein Endgeräte als Bestandteil ihres Monopolbereichs angesehen, weshalb im Bundesgebiet nur die von der DPB bereitgestellten Fernsprechapparate und Zusatzeinrichtungen (Modems, etc.) verwendet werden durften [111] Die DBP rechtfertigte diese Rechtslage mit dem Argument, in den Endgeräten seien Netzabschlußfunktionen integriert, die nur bei eigener Bereitstellung systemoptimal erfüllt werden könnten.[112] Mit dem selben Argument befürwortete auch die deutsche Herstellerindustrie die Beibehaltung des Fernmeldemonopols.[113]

Strenggenommen ist das Argument der Netzintegrität jedoch zu keiner Zeit stichhaltig gewesen, da die Funktionstüchtigkeit des Fernmeldenetzes ebensogut durch Vorgabe von Sicherheitsstandards hätte garantiert werden können, wie dies bei anderen sicherheitsrelevanten Produkten auch der Fall ist.

Das zweite netztechnische Argument bezieht sich auf die **Netzintegrität**. Demnach garantiert nur die monopolistische Bereitstellung, daß alle Anschlußteilnehmer miteinander kommunizieren können. Die Zulassung verschiedener Anbieter würde dazu führen, daß das Netz fragmentiert würde und die Teilnehmer mehrere unterschiedlich funktionierende Telefone auf ihren Schreibtisch stellen müßten.[114]

Die lange Tradition der international einheitlichen Protokollstandards in der Telekommunikation belegt allerdings, daß eine Fragmentierung der Netze in nicht kompatible Teilnetze durchaus verhindert werden kann [115] Dies gilt im Fall der Marktliberalisierung umso mehr, als neue Netzanbieter einen Anreiz zur Kompatibilität mit bestehenden Netzen haben, um von den vergrößerten Netzexternalitäten zu profitieren.

Beide netztechnischen Argumente entsprechen dem traditionellen Einheitsparadigma des Fernmeldewesens von der gleichmäßigen Versorgung der Bevölkerung mit einheitlicher Technik. Dieses Paradigma wurde erst in Folge der technischen und ökonomischen Umwälzungen seit Beginn der siebziger Jahre abgelöst durch das Vertrauen in wettbewerbliche und individuelle Telekommunikationslösungen.[116]

---

111 Die Post argumentierte, Endgeräte würden durch den Anschluß an das öffentliche Netz Bestandteil der im staatlichen Monopol betriebenen Fernmeldeanlage. BVerfGE 46 120, (144) zitiert nach Herrmann (1986), 181.

112 Vgl. Arnold (1981), S. 119f. Dieser Status trieb zum Teil kuriose Blüten; die DBP ging beispielsweise gerichtlich gegen einen Anbieter von Notrufnummer-Aufklebern vor, weil diese aus Sicht der DBP nicht auf den Fernsprechapparat geklebt werden durften! Vgl. Noam (1992), S. 59.

113 "Die deutsche Telekommunikationsindustrie ist davon überzeugt, daß die funktionale Integrität des öffentlichen Telekommunikationsnetzes, die bundesweite Verfügbarkeit von Diensten zu gleichen Bedingungen, die Kompatibilität des Netzes und aller Endgeräte sowie die hieraus resultierende Kommunikationsfreiheit aller Nutzer allein durch das Netzmonopol der DBP garantiert werden kann." ZVEI (1983), S. 43. zitiert nach Noam (1992), S. 87.

114 Vgl. Noam (1992), S. 59.

115 "Der Einwand, wildwachsende Kommunikationsstandards könnten zu technischen Inkompatibilitäten im Netz führen, verfehlt angesichts der nationalen und zunehmend europäischen Standardisierungsbemühungen die Wirklichkeit." Monopolkommission (1991), Tz 113, S. 56.

116 Vgl. Abschnitt B "Gründe für die Liberalisierung des deutschen Fernmeldewesens".

Das dritte netztechnische Argument lautet, nur ein Monopol erlaube die langfristige und **ganzheitliche Planung** des komplexen Telekommunikationssystems. Der Marktprozeß drohe mehrere Netze für den gleichen Kommunikationszweck parallel zu errichten und Teil- und Spezialnetze mit aufwendigen Übergängen von dem einen in das andere aufzubauen. Diese Argumente unterstellen mithin für den Wettbewerbsfall den alternativen Netzanbietern mangelnde Planungskompetenz.[117] In der Praxis zeigen sich jedoch Unternehmen - beispielsweise auf dem stark wettbewerblich orientierten Markt für kompatible Software-Komponenten - durchaus zu langfristigen und eigenverantwortlichen Planungen und Kosten-Nutzen Abwägungen in der Lage.

Eng verwandt mit der ganzheitlichen Planung ist das Argument einer **Hebammenfunktion** des Monopols. Die Einführung eines neuen Dienstes erfordere zur Überwindung der kritischen Teilnehmermasse einen langen Atem, den allein ein Monopolist aufbringen könne. Dem ist die Gefahr des Scheiterns entgegenzuhalten, wenn sich der neue Dienst nicht auf dem Prüfstand des Marktes bewähren muß, sondern von Gremien ausgewählt wird. Die Fehlinvestitionen der Deutschen Bundespost für das Btx-System sind hierfür ein Beispiel.[118] Zudem rechtfertigt das Argument keine dauerhafte Monopolisierung, sondern allenfalls die befristete Anschubfinanzierung eines einzelnen Dienstes.

b) Die Wahrung des Fernmeldegeheimnisses

Ein technisches Argument im weiteren Sinne stellt auch der Hinweis auf das **Post- und Fernmeldegeheimnis** dar, das von einer staatlichen Institution am besten gewahrt werden könne, die sich gegen die Übergriffe anderer - auch staatlicher - Stellen wehren kann und deren Dienstkräfte strengen Spezialvorschriften des Straf- und Disziplinarrechts unterliegen. Private Netze könnten dagegen Datensicherheit nicht glaubwürdig garantieren.[119]

Das Argument ist jedoch nicht stringent, da das für den Bürger ähnlich bedeutsame Bankgeheimnis zeigt, daß wirksamer Schutz auch von privatwirtschaftlichen Instituten gewährleistet werden kann. In der Praxis hat sich zudem gezeigt, daß die DBP ihr Festnetz nicht unter wirkungsvoller Kontrolle gehabt hat, so daß sich jeder Unbefugte mit ausreichenden technischen Kenntnissen auf Telefonleitungen aufschalten konnte. Nach Angaben des Verbandes der Postbenutzer e.V. hat es - technisch betrachtet - zu keinem Zeitpunkt ein Fernmeldegeheimnis gegeben, da die technischen Mittel, Gespräche abzuhören bzw. Datenleitungen anzuzapfen, immer vorhanden waren.[120]

c) Die Vereinfachung der Monopolkontrolle

Das Argument der **vereinfachten Monopolkontrolle** bezieht sich auf die Technik, bzw. die Funktionalität des Kontrollprozesses durch die Regulierungsinstanz. Da Größen- und

---

117 Vgl. Noam (1992), S. 59.

118 Vgl. Jäger (1994), S. 69.

119 Vgl. Herrmann (1986), S. 102.

120 Schriftliche Information von Wolfgang Hübner, dem Vorsitzenden des Verbandes der Postbenutzer e.V. mit Datum vom Mai 1995.

Verbundvorteile beim Angebot von Telekommunikationsleistungen - möglicherweise regional begrenzte - Alleinrechte sinnvoll machen,[121] ist das staatliche Bereitstellungsmonopol demnach die überlegene Angebotsform. Die dichte Kontrolle durch öffentliche Instanzen (Regierung, Parlamente, Gerichte, Rechnungshöfe), führt diesem Argument zufolge zu einer geringeren Mißbrauchsgefahr als bei einem privaten Monopol.

Allerdings können auch private Monopole durch Auflagen und öffentliche Kontrolle an der mißbräuchlichen Ausnutzung ihrer Monopolmacht gehindert werden.[122] Zudem hat sich gezeigt, daß die staatliche Bereitstellung einen Machtmißbrauch faktisch nicht vermieden hat. Der Reingewinn im Telefondienst der DBP in Höhe von ca. 30 Prozent des Umsatzes trägt vielmehr selbst Zuge einer mißbräuchlichen Ausnutzung der Monopolrechte.[123]

Obwohl sie in der politischen Diskussion Verwendung fanden, liefern netztechnische Argumente somit keine stichhaltige Begründung für das staatliche Bereitstellungsmonopol im Fernmeldewesen. Zusammen mit den historischen, ökonomischen, politischen und polit-ökonomischen Begründungen des staatlichen Fernmeldemonopols verdeutlichen sie jedoch die Vielzahl von Perspektiven, die telekommunikationspolitische Entscheidungen in der Bundesrepublik geprägt haben.

Die Schilderung der Argumente für die Monopolisierung des Fernmeldewesens hat gezeigt, wie viele Betrachtungsebenen für die praktische Telekommunikationspolitik eine Rolle spielen. Nach diesen Ausführungen zu den Ursprüngen des Fernmeldemonopols in der Bundesrepublik sollen im kommenden Abschnitt die Faktoren dargestellt werden, die eine Abkehr von der traditionellen Sichtweise und die Liberalisierung des Marktes ermöglicht haben. Sie lassen sich wiederum in technologische, ökonomische und politische Entwicklungen einteilen.

---

121 Vgl. Abschnitt A 2 c "Der Telekommunikationssektor als natürliches Monopol."
122 S.a. Witte (1994a), S. 9.
123 Vgl. Verband der Postbenutzer e.V. (1995), S.2.

B. Gründe für die Liberalisierung des deutschen Fernmeldewesens

When our first parents were driven out of Paradise, Adam is believed to have remarked to Eve: 'My dear, we live in an age of transition'.
(W.R. Inge, Dean of St. Paul's - Assessments and Anticipations, London, 1229)[124]

1. Technischer Fortschritt

Die Entwicklungen auf dem Gebiet der Fernmeldetechnik gehören nach Einschätzung der Europäischen Union[125] neben der internationalen wirtschaftlichen Integration (vgl. unten) zu den Hauptkräften des Wandels in der Telekommunikation. Die technischen Entwicklungen manifestieren sich in der Digitalisierung der Vermittlungstechnik und dem Aufkommen alternativer Übertragungstechniken.

a) Digitalisierung der Vermittlungstechnik

Die Leistungsfähigkeit der Netze wurde aufgrund der technischen Konvergenz der vormals getrennten Bereiche Computer und Telekommunikation (Datenverarbeitung und -vermittlung) erhöht. Die Vermittlungstechnik konnte aufgrund des Einsatzes digitaler Technologie von den Kostensenkungen und den hohen Innovationsraten auf dem Markt für Mikrochips, dem technischen Grundbaustein digitaler Technik, profitieren. Digitale Vermittlungs- und Übertragungstechnik kodieren verschiedene Informationsarten, also Text, Bild und Sprache in digitales Binär-Format und übermitteln diese anschließend in einem integrierten Netz (Integrated Services Digital Network - ISDN), während hierfür bislang jeweils eigene Netze unterhalten werden mußten.[126]

Die Digitalisierung der Vermittlungstechnik brachte neben deutlichen Kosteneinsparungen für die Telefonanbieter die sogenannte Intelligenzverstärkung des Netzes sowie eine wachsende Dienstevielfalt.

Mit **Intelligenzverstärkung des Netzes** wird die Erweiterung der Aufgabenstellung der Telekommunikation bezeichnet, weg von der reinen Nachrichtenübertragung und -vermittlung hin zur Speicherung, Umformung, dem Abruf sowie der Verarbeitung von Informationen.[127] Das digitale Netz kann neben dem eigentlichen Nachrichteninhalt parallele Informationen weiterleiten, wie etwa die Identität und den Aufenthaltsort eines Anrufers, auch eines Mobilfunknutzers. Verbesserte Rechnerleistungen und neue Kommunikationssoftware ermöglichen die Verflechtung von verschiedenen festen und mobilen Netzen, ein Aspekt, dem mit Blick auf künftige Konzepte von Endgeräte- und persönlicher Mobilität besondere Bedeutung zukommt. Desweiteren zeigt sich die "Intelligenz" des Netzes in der automatisierten Verwaltung und Wartung des Gesamtsystems sowie der programmgesteuerten Sicherung von Informationen vor unberechtigter

---

124 zitiert nach Antonelli (1992), S.1.

125 Vgl. Europäische Kommission - Grünbuch Teil II (1994a), S. 29. Ähnlich: Witte (1994b), S. 363.

126 Vgl. Monopolkommission (1991), Tz. 82-83.

127 Vgl. Jäger (1994), S. 44.

Nutzung oder Zerstörung[128] Für den Telefonkunden bereits vertraute Intelligenz-merkmale des Netzes sind neuartige Dienste wie bundeseinheitliche Rufnummern oder die für den Anrufer kostenlosen 0130-Nummern

Ein wichtiger Aspekt der Intelligenzverstärkung des Netzes ist die Ausweitung der **Dienstevielfalt** durch das Angebot von sogenannten Mehrwertdiensten oder auch Value Added Network Services - VANS. Diese umfassen für Privatkunden den Zugang zu Informations-Datenbanken, Home-Banking, Online-Diensten und Internet-Applikationen. Für Geschäftskunden bieten sie individuelle Lösungsmöglichkeiten für alle Formen des Datenaustauschs und den Zugang zu verschiedenen elektronischen Zahlungs-, Reservierungs- und Buchungssystemen. Die sich bereits abzeichnende Konvergenz zwischen Telekommunikation und audiovisuellem Bereich verspricht diese Dienstevielfalt noch zu erhöhen und - dank der einhergehenden Bedienungsfreundlichkeit - die breite Masse der Verbraucher anzusprechen.[129] Angesichts des breiten Möglichkeitsspektrums werden diese Multimedia-Dienste auch als Particularly Amazing New Services - PANS bezeichnet.[130] Die wachsende Dienstevielfalt hat schließlich die völlig neuartige Frage aufgeworfen, welche Dienste und technischen Merkmale künftig überhaupt zur Grundversorgung eines Telekommunikationsanbieters zählen sollen. Diese Frage wird in Kapitel 5 erörtert.

b) Aufkommen alternativer Übertragungstechnologien

Seit Anfang der siebziger Jahre brachte der technische Fortschritt neue Übertragungs-technologien mit neuartigen technischen und ökonomischen Charakteristika hervor. Sie werden im folgenden kurz vorgestellt.

(1) Funkbasierte Übertragung

Die drahtlose Mobilkommunikation hat sich zu einem (imperfekten) Substitut des Festnetzes entwickelt.[131] Die Prognosen sagen für die EU-Mitgliedsstaaten bis zu 40 Mio. Mobilfunk-Benutzer im Jahre 2000 und bis zu 80 Mio. im Jahre 2010 voraus. Langfristig wird ein Benutzeranteil von rund 80 Prozent der Gesamtbevölkerung erwartet. Bezogen auf die Europäische Union wären das über 200 Mio. Benutzer, gegenüber der derzeitigen Gesamtteilnehmerzahl von 153 Mio. im festen Netz.[132]

Die technischen Fortschritte zeigen sich in einer besseren Ausnutzung des naturbedingt knappen Frequenzspektrums sowie in Kostensenkungen bei der Produktion. Im Gegen-satz zu Festnetzen weisen Mobilfunknetze geringere fixe und höhere variable Kosten auf. Die Investitionen in Sende- und Empfangsanlagen lassen sich gegebenenfalls umwidmen (etwa indem sie in anderen Ländern verwendet werden). Unteilbarkeiten existieren im

---

128 Vgl. Monopolkommission (1991). Tz. 97-100.
129 Vgl. Europäische Kommission - Grünbuch Teil II (1994a), S. 31; Grande (1989). S. 77ff.; Knieps (1985) und Wißmann (1988).
130 Vgl. OECD (1995), S. 11.
131 Für die Verhältnisse auf dem deutschen Mobilfunkmarkt s.a. Schubert (1995).
132 Vgl. Europäische Kommission. Grünbuch Mobilkommunikation (1994b), S. 13.

30

Mobilfunk aufgrund knapper Frequenzen, weshalb Größenvorteile relativ rasch ausgeschöpft sind.

Eine fortschrittliche Variante des traditionellen Mobilfunks (C-, D- und E-Netz) ist das Personal Communications Network (PCN).[133] Es handelt sich hierbei um digitale Schnurlos-Telefone, die auf Basis des Digital European Cordless Telecommunications (DECT)-Standards arbeiten und die herkömmlichen analogen Schnurlos-Telefone ablösen sollen. Der DECT-Standard erlaubt den Aufbau lokaler Funknetze mit kleinen Funkzellen, die ca. 100.000 Nutzer pro Quadratkilometer aufnehmen können. Damit eignet sich DECT besonders als Zulieferinfrastruktur für Mobilfunknetze und als Grundlage für funktionstüchtigen Wettbewerb im Ortsnetz.[134]

Gerade in dünnbesiedelten Räumen ist der Aufbau paralleler Ortsnetze durch Mobiltechnik profitabel, da dort die in den Ballungsräumen auftretende Frequenzknappheit eine geringere Rolle spielt und die geschätzten Kosten eines Funknetzes in dünnbesiedelten Regionen nur etwa zehn Prozent der Kosten einer vergleichbaren Kabelinfrastruktur betragen.[135] Die OECD-Länderübersicht empfahl bereits im Jahr 1993 den Festnetzbetreibern sogar, in die qualitative Verbesserung der Teilnehmeranschlüsse zu investieren, um die Preiskonkurrenz mit den kommenden PCN-Geräten zu bestehen.[136]

Auch Knieps räumt den neuen Technologien für die Bundesrepublik hohe Relevanz ein. Seiner Meinung nach ist zu erwarten,

"daß der Netzzugang in ländlichen, weniger dicht besiedelten Gebieten in Zukunft vermehrt mit Hilfe funkbasierter Technologien erfolgt, da hier Frequenzknappheiten naturgemäß eine geringere Rolle spielen als in dichtbesiedelten. Aber auch in städtischen Ballungsgebieten (vgl. das Beispiel Frankfurt) werden irreversible Kosten an Bedeutung abnehmen, da Kabelschächte vermehrt für verschiedene unterschiedliche Zwecke genutzt werden können".[137]

Die technischen Fortschritte bei der Ausnutzung des naturbedingt knappen Funk-Frequenzspektrums veränderten die Bedeutung drahtloser Übertragungstechniken von der ehemaligen Rand-Infrastruktur zu einer echten Festnetz-Alternative. Das Wettbewerbspotential der Mobilkommunikation wird dabei um so größer, je kostengünstiger diese Technologie als Folge des sehr rasch wachsenden Nutzerkreises zur Anwendung gelangt.

(2) Glasfaser

In der jüngeren Vergangenheit werden anstelle von Kupferkabeln zunehmend Glasfaserkabel eingesetzt. Im Telefonverkehr weisen glasfasergestützte digitale

---

133   Vgl. Monopolkommission (1991), Tz. 88-93, S. 42ff.
134   Vgl. Jäger (1994), S. 63.
135   Vgl. Blankart/Knieps (1988) und Knieps (1995), S. 36.
136   Vgl. OECD (1993), S. 87.
137   Knieps (1995), S. 36.

Übertragungen im Vergleich zu analogen Systemen **Kostenvorteile** von rund 60 Prozent auf, - bei gleichzeitiger Erhöhung der Übertragungsqualität.[138] Bei großvolumigen Datentransfers ist der Kostenvorteil noch ausgeprägter; im Vergleich zum analogen Datex-P-Netz fallen bei digitaler Übertragung ganze 2-3 Prozent der bisherigen Kosten an.[139] Die Einsparungen resultieren im wesentlichen aus der Verbilligung der Glasfasern, deren Meterpreis von US$ 7,- im Jahr 1977 auf 23 cents im Jahr 1988 sank. Zum anderen erlaubt der Einsatz moderner Datenkompressionsverfahren die laufende Leistungssteigerung gegebener Glasfaserkapazitäten.[140]

(3)   Umwidmung von KabelTV-Netzen

Eine weitere Konsequenz der Entwicklungsfortschritte digitaler Telekommunikationsnetze ist das Verschwimmen der traditionellen Unterscheidung zwischen Individual- und Massenkommunikation, also der Trennung zwischen Telekommunikation und Rundfunk bzw. Fernsehen.[141] Um die Kapazität ihrer glasfasergestützten Breitbandnetze auszuschöpfen, streben Telefongesellschaften den Markt für interaktive Videoübertragungen an, also Videokonferenzen, Bildtelefon, aber auch Video-on-demand. Umgekehrt halten die Anbieter von Kabelfernsehen nach neuartigen Diensten mit hoher Wertschöpfung Ausschau, wie etwa Home-shopping, das pay-per-view oder sogar Telefonsprachdienst, um die Umsätze mit ihren Anschlußteilnehmern zu erhöhen.

Die zunehmende Konkurrenz zwischen diesen Sektoren ist in der Bundesrepublik aufgrund der institutionellen Einheit von Kabelfernsehen und Fernmeldewesen unter dem Dach der Telekom bislang nicht relevant, doch zeigt eine OECD Studie aus dem Jahr 1993 die wachsende Bedeutung dieses Wettbewerbsverhältnisses für das liberalisierte Ausland. So wurden in England und (seit März 1995) auch in einigen amerikanischen Bundesstaaten den dortigen KabelTV-Gesellschaften Telefondienst-Lizenzen erteilt und damit eine neue Form des Wettbewerbs im Ortsnetz zugelassen.[142]

(4)   Satellit

Satellitenkommunikation findet vor allem für die Fernsehübertragung und den transatlantischen Kommunikationsverkehr Anwendung. Sie ist geprägt von starken Größenvorteilen aufgrund hoher Fixkosten. Trotzdem bestehen kaum Probleme nicht ausgeschöpfter Größenvorteile und versunkener Kosten, da die Übertragungskapazität

---

138   Kostensenkend wirken u.a. der geringere Platzbedarf, der geringere Bedarf an Signalverstärkern, die Netzentlastung aufgrund schnelleren Verbindungsaufbaus (1,5 sec statt bislang 15 Sek.) Der Einsatz von Glasfasertechnologie erlaubt darüber hinaus die bessere Ausnutzung der gegebenen Faserkapazitäten durch die Verwendung von Datenkompressionsverfahren. Vgl. ausführlich: Schön (1986).

139   Vgl. "ISDN setzt sich durch" in: FAZ vom 24.3.1992.

140   Vgl. Huber et al. (1993), S. 12, die errechnet haben, daß sich in der Vergangenheit alle vier Jahre die nutzbare Kapazität von Glasfaserverbindungen verzehnfacht hat.

141   So unterscheiden sich die Informationsdienste Datex-J (Telekommunikation) und Videotext (Fernsehen) qualitativ nur noch dem Namen nach.

142   Diese Entwicklung ist umso bemerkenswerter, als in allen OECD Ländern Fernsehgeräte höhere Anschlußdichten aufweisen als Telefonapparate. Vgl. OECD (1993), S. 87.

von Satelliten sehr gut für neue Verwendungen umgewidmet werden können und der relevante Markt für Satellitenübertragung international ist.

c) Auswirkungen auf die Marktcharakteristika

Die Entwicklung rentabler alternativer Übertragungstechniken hat Telekommunikationsnetze zu einem inhomogenen Gut gemacht. Heutzutage erlauben unterschiedliche technische Verfahren das Angebot vielseitiger Leistungsmerkmale und Dienste. Die ursprünglich für Telekommunikationsnetze typische Zwitterstellung zwischen rein öffentlichen und rein privaten Gütern hat sich hierdurch deutlich in Richtung eines privaten Gutes verschoben.

Die Verwendung der neuen Übertragungsmedien Glasfaser, Funk und Satellit führte darüber hinaus zu

- absolut geringeren Kosten,

- abnehmender Bedeutung versunkener Kosten sowie zu

- steigender Entfernungsunabhängigkeit der Kosten.

Die **Kostensenkungen** gehen auf die Entwicklungsfortschritte bei der Fernmeldehard- und -software zurück, die intelligente Signalvermittlung und -übertragung deutlich verbilligten. Die Implementierungskosten neuer Netzsysteme sanken in der Vergangenheit aufgrund des technischen Fortschritts etwa alle sieben Jahre um die Hälfte.[143] Die Umwidmung von Fernsehkabeln und der Einsatz von funkbasierten Ortsnetzen stellen zudem in einigen Regionen bereits kostengünstige Alternativen zum Festnetz dar.

Versunkene Kosten haben an Bedeutung als Marktzutrittsbarriere verloren, da sich die alternativen Übertragungstechnologien besser für verschiedene Verwendungsmöglichkeiten umwidmen lassen.[144] Hinzu kommt das Phänomen der wachsenden Nachfrage (vgl. unten), die zu einem tendenziellen Anstieg des Bedarfs an Übertragungskapazitäten führt und damit einen Markt für Übertragungskapazitäten entstehen läßt.

Die typischen Kostenverläufe beim Angebot von Übertragungsleistungen haben sich schließlich in Richtung zunehmender **Entfernungsunabhängigkeit** verändert. Digitale Festnetze zeichnen sich durch deutlich niedrigere variable Vermittlungs- und Übertragungskosten und deutlich höhere fixe Kosten im Vergleich zu herkömmlichen (analogen) Festnetzen aus. Die variablen Kosten sind insgesamt so gering, daß mittlerweile das Ende der nutzungszeitabhängigen Tarifierung auch von internationalen Ferngesprächen prophezeit wird.[145] Im Fall Mobilfunk und Glasfaser sind die entfernungsabhängigen Grenzkosten deutlich geringer als beim Kupferkabel, im Fall der Satellitenübertragung sind sie sogar gleich Null.

---

143 Vgl. Jäger (1994), S. 61.

144 Vgl. Knieps/von Weizsäcker (1989), S. 470. und Blankart/Knieps (1988).

145 Vgl. "Survey on Telecommunications - The death of distance" in: The Economist 30.09.1995, S. 6; Fritsch/Wein/Evers (1993), S. 169 sowie Kapitel 4 Abschnitt A 1 "Tarifstrukturen auf liberalisierten Telekommunikationsmärkten".

Alle drei technisch bedingten Veränderungen der Kostenstruktur beim Angebot von Übertragungsleistungen stellen die traditionellen natürlichen Monopoleigenschaften des Sektors in Frage, indem sie die Möglichkeiten eines rentablen Marktzutritts erleichtern. Die Unabhängigkeit der Kosten von der Entfernung hat darüber hinaus dazu geführt, daß der "Bypass", d.h. die Umgehung nationaler überhöhter Tarife wirtschaftlich wurde In der Bundesrepublik bieten US-amerikanische Telefongesellschaften seit Anfang der neunziger Jahre sogenannte Calling-Cards zur kostengünstigen Abwicklung von internationalen Ferngesprächen an. Hierbei schaltet eine Vermittlungszentrale (etwa in den USA) gleichzeitig zwei Ferngespräche, die zu einer Verbindung zwischen den beiden "angerufenen" Teilnehmern zusammengelegt werden.[146] Die Eröffnung von Arbitragemöglichkeiten aufgrund veränderter Kostenstrukturen hat auch die geringe Kostendisziplin der bisherigen Monopolanbieter aufgedeckt[147] und damit die Höhe der Monopoltarife zum Gegenstand öffentlicher Kritik gemacht. Letztlich sorgten die geänderten Kostenstrukturen zu einer Erhöhung des politischen Drucks für den Wegfall des Monopolregimes.

d) Auswirkungen auf den Liberalisierungsprozeß

Aus technologischer Perspektive können somit im wesentlichen zwei Erklärungsansätze für das Ende des Fernmeldemonopols gegeben werden:[148]

1. Der Fortschritt auf dem Gebiet der Vermittlungs- und Übertragungstechnik hat zu völlig neuen Marktbedingungen (neuartige Dienste und Funktionen bei gesunkenen Stückkosten) geführt, die Wettbewerb im Telekommunikationssektor ermöglichten.

2. Die Konvergenz von Datenübertragung und -verarbeitung hat die traditionelle Abgrenzung zwischen Computer- und Vermittlungstechnik und den jeweiligen Industrien hinfällig gemacht. Die wettbewerblich geprägte Computerindustrie konnte daher in die stark regulierte Telekommunikation hineinwachsen und das dortige Monopol obsolet machen.

Nach Ansicht von Noam sind diese Erklärungsansätze jedoch unzureichend, da aus der Existenz neuer technischer Möglichkeiten nicht notwendig die Liberalisierung des Marktes folgen muß. Es existiert kein kausaler Determinismus zwischen technischem Fortschritt einerseits und der Anpassung des ordnungspolitischen Rahmens andererseits.[149]

Allenfalls ist die Aussage möglich, daß technische Umwälzungen die Abschaffung des Monopols erleichtert haben, indem sie die Grundlage für eine Vielzahl konkurrierender Anbieter für Netze und Dienste geschaffen haben. Auch die zunehmende Überlappung unterschiedlich stark regulierter Branchen hat allenfalls indirekten Einfluß auf die Liberalisierung gehabt, indem sie die hierdurch in ihren Entfaltungsmöglichkeiten

---

146 Vgl. ausführlich "Survey on Telecommunications" in: The Economist 30. 09.1995, S. 5f.

147 Vgl. in diesem Kapitel Abschnitt B 3 " Die Leistungsmängel der DBP".

148 Vgl. Noam (1992), S. 28f.; Müller (1992), S. 147ff. und Schnöring (1993), S. 55ff.

149 Für die Bundesrepublik ist an das enorme Beharrungsvermögen des Fernmeldeanlagengesetzes zu denken. Vgl. a. Kapitel 1 Abschnitt A 1 c) "Von der preußischen Post zur DBP".

eingeschränkte Computerindustrie zur Ausübung politischen Drucks in Richtung einer Liberalisierung bewegte.[150]

2. Ökonomische Veränderungen

a) Quantitative und qualitative Änderungen der Nachfrage

Eine überragende Rolle für den Wandel im Telekommunikationssektor wird der Diversifizierung und dem deutlichen Anstieg der Nachfrage zugesprochen. Die OECD kommt im Jahr 1995 zu der Einschätzung: *"Telecommunications is being changed from a supply to a demand-led industry."*[151]

Das Phänomen der **Nachfragediversifizierung** ist auf die wachsende Leistungsfähigkeit der Telekommunikationsnetze zurückzuführen, die eine wachsende Dienstevielfalt technisch ermöglichte. Die hieraus resultierende Nachfragediversifizierung erschwerte es den traditionellen Monopolanbietern, die immer individuelleren Kundenwünsche in angemessener Weise zu befriedigen.[152] Nach Ansicht von Berger hat die Diversifizierung der Nachfrage damit *"einen entscheidenden Beitrag dazu geleistet, der Idee zum Durchbruch zu verhelfen, daß die einzelnen Funktionen des ehemals einheitlichen Fernmeldewesens nicht notwendigerweise aus einer Hand angeboten werden müssen."*[153]

Der Anstieg der Nachfrage geht zum einen auf die **wachsende Bedeutung des informationsorientierten Dienstleistungssektors** in den Industriestaaten zurück. Die größten Nachfrager nach Telekommunikationsdiensten sind mittlerweile Dienstleister wie etwa Banken, Versicherungen, Reisebüros, Medien- und Beratungsfirmen. Der Datenverkehr zwischen Unternehmen ist mit 20% jährlichem Wachstum in den OECD-Ländern das am schnellsten wachsende Marktsegment der vergangenen Jahre.[154] In den USA sind derzeit 3% der Kunden für 50%; in Deutschland 5% der Kunden für 40% der Telefonumsätze verantwortlich.[155] Citicorp, eine der größten Banken-Holdings in den USA, weist Telekommunikationskosten nach Gehältern und Gebäudekosten als drittgrößte Aufwandskategorie aus.[156] In der Bundesrepublik lag Ende der achtziger Jahre der Telekommunikationskostenanteil von Dienstleistungsunternehmen bei mehr als 10 Prozent.[157] Auch im industriellen Prozeß ist die Telekommunikation von der Beschaffung über die Produktion bis hin zum Absatz zum vierten Produktionsfaktor geworden.[158]

---

150 Vgl. Grewlich (1993), S. 47.

151 OECD (1995), S. 12.

152 Vgl. OECD (1995), S. 11.

153 Berger (1993), S. 81.

154 Der Sprachbereich, traditionell der wichtigste Anwendungsbereich der Telekommunikation, wächst derzeit dagegen nur mit 5-8 Prozent. Vgl. Müller (1992), S. 148.

155 Vgl. Kalt (1995). Ende der siebziger Jahre lagen diese Werte noch deutlich unter 5%. Vgl. Weitzel/Ratzenberger (1983), S. 269.

156 Vgl. Noam (1992), S. 44.

157 Vgl. Grande (1989), S. 102.

158 Vgl. Jäger (1994), S. 47.

Ein weiterer Grund für den Nachfrageanstieg ist die **wachsende nationale und internationale Arbeitsteilung**, die ihrerseits durch technische Innovationen auf dem Gebiet der Telekommunikation ermoglicht wurde.[159] Nach der Theorie von Ronald Coase ist das Verhältnis von marktlichen Transaktionskosten zu firmeninternen Organisationskosten der entscheidende Faktor bei der Entscheidung, ökonomische Transaktionen entweder über den Markt oder innerhalb einer Firma durchzuführen. Die erhöhte Leistungsfähigkeit der Netze hat die Transaktionskosten marktlicher Koordination gesenkt und damit das "outsourcing" von Produkten und Dienstleistungen aus traditionell vertikal integrierten Firmen auf externe Anbieter lohnend gemacht. Immer mehr Aufgaben wurden dabei auf neu entstehende nationale und internationale funktional spezialisierte Unternehmen übergeben.[160] Diese Unternehmen können sowohl Spezialisierungs- als auch Größenvorteile ausnutzen, da sie dank gesunkener Transaktionskosten sehr viele Kunden zu wirtschaftlichen Konditionen bedienen können. Diese neuen Formen der Arbeitsteilung - besonders gut sichtbar an den internationalen Finanzmärkten - wurden durch Fortschritte in der Telekommunikationstechnologie überhaupt erst möglich und erhöhten gleichzeitig die Nachfrage nach Telekommunikationsleistungen.[161]

Eine wichtige Nachfragekomponente ist schließlich der grenzübergreifende Datenverkehr, der im Zuge der weltweiten wirtschaftlichen **Integration zu Staatengemeinschaften** (EU, Nord- und Südamerika, Ostasien) sowie der sogenannten "McDonaldisierung" der Welt durch multinationale Unternehmen angestiegen ist. Multinational operierende Großkunden verlangen zunehmend "Service aus einer Hand" (sog. "one-stop-shopping") um überall auf der Welt gleiche Telekommunikationsanwendungen nutzen zu können. Da die an geographische Grenzen gebundenen Monopolverwaltungen dieser Nachfrage aus rechtlichen Gründen (Verbot der Auslandtätigkeit) häufig nicht nachkommen konnten,[162] wurden Interessenvertretungen gebildet, die das Interesse an "nahtloser" internationaler Telekommunikation in politischen Druck umsetzen sollten.[163] Verstärkt wird dieser Druck in jüngster Zeit durch die großen PTOs aus dem liberalisierten Ausland, die ihren Kunden ins Ausland folgen wollen.[164]

b) Veränderungen auf der Angebotsseite

Auf der Anbieterseite ist zunächst auf die künftigen neuen Marktakteure hinzuweisen, die von den gesenkten Marktzutrittsbarrieren sowie der zunehmenden Fragmentierung des Telekommunikationsmarktes in Teilmärkte profitieren. Hier ist zunächst die **Globalisie-**

---

159 Vgl. dazu Berger (1993), S. 81; Noam, (1992), S. 49f. und OECD (1995), S. 12.

160 Zu denken ist an die Dienstleistungen, die indische Datenerfassungs- und Software-Firmen für europäische Unternehmen - Beispiel Fluggesellschaften - übernehmen.

161 Vgl. Noam (1992), S. 49f. der hierfür das Bild findet: "Telecommunications provide the glue that keeps such a production system together."

162 Vgl. Grewlich (1993), S. 47. und Witte (1994b), S. 363.

163 Die OECD listet als federführende Verbände das Multinational Telecommunication Council (TelCOM), die International Telecommunication User Group (INTUG) und die International Chamber of Commerce (ICC) auf. Vgl. OECD (1995), S. 12.

164 Die zahlreichen Stellungnahmen der AT&T zum bundesdeutschen Regulierungskonzept für den Telekommunikationssektor sind ein Beleg für diese Vermutung.

rung des Telekommunikationsgeschäftes zu nennen. Die von nationalen Regulierungsfesseln befreiten ehemaligen Monopolisten des liberalisierten Auslandes wurden zunehmend auf internationaler Ebene tätig und näherten sich damit den monopolistisch organisierten Telekomsektoren immer mehr an.[165] Ein Phänomen, das laut Aussage der EU-Kommission den Wettbewerb im Infrastrukturbereich "unvermeidlich" machte.[166]

Neben multinationalen Telefongesellschaften kommen die Betreiber bisher intern genutzter Netze (EVU, Deutsche Bahn AG) sowie eine Vielzahl neuer Unternehmen auf den Markt, die Netze von kommunaler bis nationaler Ausdehnung planen. Im Bereich der Ortsnetze können künftig Betreiber von KabelTV-Netzen (bislang also die Deutsche Telekom) sowie von funkbasierten Ortsnetzen zu den künftigen Konkurrenten zählen.

Die Veränderungen des Angebots spiegeln die Tatsache wider, daß technische Veränderungen und Nachfrageentwicklungen die **Telekommunikation zu einem inhomogenen Gut** gemacht haben. Das Beispiel des Marktes für private Firmennetze (Corporate Networks) macht die Ablösung vom tradierten Paradigma des Einheitsnetzes der DBP besonders deutlich. Corporate Networks bieten den Firmen individuelle Lösungen für ihren Telekommunikationsbedarf. Sie bestehen bislang aus Mietleitungen der DBP, die innerhalb einer geschlossenen Nutzergruppe mit eigener Vermittlungshard- und -software zu einem eigenständigen Netz verknüpft werden.[167] Bislang war der Aufbau derartiger privater Netze für sogenannte "geschlossene" Nutzerkreise abhängig von der Genehmigung durch das BMPF.[168] Nutzerkreise können Firmen untereinander (Buchungsnetz der Reisebüros oder das Abrechnungsnetz der Banken) aber auch Firmen und ihre Kunden (Geldautomaten der Banken) sein. Die Vorteile eines CN liegen in Kosteneinsparungen, der Ausschöpfung von Spezialisierungsvorteilen sowie in der verbesserten Sicherheit gegenüber dem standardisierten Einheitsnetz (Public Switched Network, PSN).[169]

Die Herstellerindustrie entwickelte ein Interesse am CN-Markt, vor allem als Ende der achtziger Jahre die Flächendeckung des DBP-Fernmeldenetzes erreicht worden und damit der Netzausbau vorerst an seine Grenzen gestoßen war.[170] Der rasch wachsende Markt für private Firmennetze war neben der technischen Aufrüstung des Inlandsnetzes (Umstellung auf ISDN) und dem Export der interessanteste Absatzmarkt für die Herstellerindustrie. Die Lukrativität des Marktes zeigte sich in den USA, wo Ende der

---

165 Nach Müller (1992), S. 148, ist dieser Trend insbesondere auf den Wunsch der Telekombetreiber nach einer Amortisierung hoher FuE-Aufwendungen auf den Auslandsmärkten zurückzuführen.

166 Vgl. Europäische Kommission Grünbuch Teil II (1994a), S. 42.

167 Zur Situation auf dem deutschen Markt für CN vgl. "Corporate Networks - Verhaltener Aufbruch" in: Wirtschaftswoche vom 18.03.1994, S. 110-112.

168 Zu den rechtlichen Schranken der Betätigung privater Netzanbieter vgl. Königshofen (1994a). S. 45f.

169 Seit Mitte der achtziger Jahre wächst die Anzahl der Privaten Netze im OECD Schnitt mit 8-10% doppelt so schnell wie das öffentliche Public Switched Network. Vgl. zu weiteren empirischen Angaben OECD (1993), S. 79 sowie Noam (1992), S. 50f.

170 Die Anschlußdichte der bundesdeutschen Haushalte entwickelte sich von 12% im Jahr 1960 über 75% im Jahr 1980 erst Anfang der 1990er Jahre auf rund 100% (alte Bundesländer). Vgl. Pfeiffer/ Wieland (1990) sowie Kapitel 3 Abschnitt C 2 "Der Weg zur flächendeckenden Versorgung".

achtziger Jahre bereits ein Drittel der Vermittlungselektronik an private Kunden verkauft wurde.[171]

Für die Verhältnisse in der Bundesrepublik kam eine Auftragsstudie des WIK aus dem Jahr 1995 zu dem Ergebnis,

"daß Corporate Networks in Deutschland vermutlich bereits eine erstaunlich weite Verbreitung gefunden haben und nicht nur Großunternehmen, sondern auch mittelständische Firmen die Möglichkeiten und Vorteile des Einsatzes von Corporate Networks erkannt haben und diese nutzen."[172]

In der Studie wird prognostiziert, daß der gesamte deutsche CN-Markt, d.h. das Liefer-, Betreiber- und Dienstegeschäft von Corporate Networks bis zum Jahr 2.000 ein Umsatzvolumen von über 25 Mrd. DM haben wird.[173] CN-Betreiber und Herstellerindustrie haben daher ein unmittelbares Interesse an der Abschaffung des Netzmonopols entwickelt.

Die CN-Betreiber begründeten ihre Forderung nach rascher Marktliberalisierung mit den ihrer Meinung nach überhöhten Mietleitungstarife der DBP, die rund 80 Prozent ihres Gesamtaufwandes ausmachen. Aber auch die restriktive Handhabung und die mangelnde Qualität des Mietleitungsangebotes der DBP wurden beklagt und als Hemmschuh für die Entwicklung des CN-Marktes bezeichnet.[174]

c) Auswirkungen auf die Marktcharakteristika

Die genannten **quantitativen Nachfrageänderungen** machten das Angebot konkurrierender Netzsysteme nötig, weil die gegebenen Kapazitäten in Teilbereichen zur Befriedigung der Nachfrage nicht mehr ausreichten und neue Leitungen gelegt werden mußten.

Die **qualitativen Nachfrageänderungen** machten zudem den Aufbau paralleler Netzsysteme lohnend, da zum einen die Vielzahl kundenspezifischer Dienste und Übertragungsverfahren die bisherigen Größen- und Verbundvorteile des Einheitsnetzes obsolet machten[175] und weil zum anderen die Investitionen in den Netzaufbau kostengünstiger wurden und beim Marktaustritt nicht notwendigerweise verloren sein mußten.

Der Aufbau paralleler Netzkapazitäten kann jedoch grundsätzlich auch durch neue Anbieter erfolgen, da hier keine Effizienzverluste durch Nichtausschöpfung von Größenvorteilen mehr vorliegen. Hinzu kommt, daß die oben beschriebenen Netzexternalitäten bei Erreichen der Vollversorgung (in der Bundesrepublik also seit Mitte der 1980er

---

171   Vgl. Noam (1992), S. 45f.

172   Vgl. Godehardt et al. (1995), S. vii.

173   ebd. S. 57f.

174   Vgl. Monopolkommission (1991); Busch (1992).; Mihatsch (1992), S. 41, nennt beispielsweise die Weigerung der DBP-Telekom, haftungsrechtlich verbindliche Zusagen hinsichtlich der Fehlerhäufigkeit im eigenen Netz zu machen.

175   Vgl. Noam (1992), S. 47 und Jäger (1994), S. 61.

Jahre) nicht mehr auftreten und kein Argument mehr für die monopolistische Bereitstellung bieten.[176]

In Zusammenhang mit der **gestiegenen Leistungsfähigkeit der Netze** hat das Aufkommen neuer Anbieter die Entwicklung weg vom staatlichen Angebotsmonopol in Richtung einer Angebotsstruktur gefördert, in der sich Anbieter unterschiedlicher Größe in einzelnen Teilmärkten gegenüberstehen.

Der Verlust der natürlichen Monopoleigenschaften zeigt sich primär im Bereich der Fernnetze. Die Monopolkommission kam in ihrem Sondergutachten aus dem Jahr 1991 zu folgendem Ergebnis:

> *"Für den Bereich der Fernnetze wird die ökonomische Vorteilhaftigkeit des Wettbewerbsmodells heute nicht mehr ernsthaft in Frage gestellt. Mit den USA, Japan und Großbritannien haben wichtige Industriestaaten und im internationalen Wettbewerb bedeutende Konkurrenten der Bundesrepublik positive Erfahrungen mit wettbewerblich betriebenen stationären Fernsprechnetzen gemacht."* [177]

Hinsichtlich der kabelgebundenen Hausanschlüsse in den Ortsnetzen dagegen ist eine Abschwächung des Problems der Unteilbarkeiten und der hieraus resultierenden Größenvorteile beim Angebot noch nicht in Sicht. Aufgrund versunkener Kosten beim kabelgebundenen Hausanschluß bleibt das Problem der Marktmacht des dominanten Anbieters Deutsche Telekom weiter bestehen.

Der Einsatz funkbasierter Technologien im Ortsnetz vermag diese Marktmacht jedoch grundsätzlich zu disziplinieren. Drahtlose Übertragungstechniken als imperfektes Substitut zum kabelgebundenen Ortsanschluß (Übertragungsqualität, Frequenzknappheit), können heute bereits in schwach besiedelten Regionen eine kostengünstige und flexible Alternative zum herkömmlichen Festnetz darstellen.[178] In der Bundesrepublik erhielt die RWE-Telliance im Dezember 1995 zu Testzwecken die erste Lizenz zum Aufbau eines funkbasierten Ortsnetzes in Gelsenkirchen.[179]

---

176 Vgl. Fritsch/Wein/Evers (1993), S. 167.

177 Monopolkommission (1991), S. 52, Tz 105., ähnliche Schlußfolgerungen bei Blankart/Knieps (1988); Knieps (1987); Knieps (1990), Königshofen (1994a); SVR (1987) und (1993); Soltwedel et al. (1986); Sondhof (1994); Tyler (1994); Wieland (1988) und Windisch (Hrsg.) (1987). "Ökonomisch ist das Monopol durch nichts gerechtfertigt." Eberhard Witte in: Wirtschaftswoche vom 17.06.1994.

178 "Die heute kostenintensive Verbindung zwischen Netzabschluß und Ortsvermittlung könnte künftig möglicherweise durch kleinste Funkzellen hergestellt werden. Dies zeigt deutlich, daß Größenvorteile immer nur für einen bestimmten Stand der Technik definiert sind und ihre Bedeutung durch Innovation und Wettbewerb im Prozeß 'schöpferischer Zerstörung' bestimmt wird." Berger/Blankart u. Picot (1990), S. 140. Zur Konkurrenz im Ortsnetzbereich vgl. Baumol/Sidak, (1994).

179 Anschlußteilnehmer dieses funkbasierten Ortsnetzes dürfen vorerst nur Unternehmensmitarbeiter sein. Vgl. "RWE Telliance erhält Versuchsfunklizenz" in: FAZ vom 21.12.1995, S. 20.

d) Auswirkungen auf den Liberalisierungsprozeß

Die ökonomischen Einflüsse haben (in Verbindung mit technischen Änderungen) über eine Änderung der Rahmendaten den Liberalisierungsdruck auf den Telekommunikationssektor tendenziell erhöht. Zum einen haben sie die Voraussetzungen der Liberalisierung verbessert, indem sie die natürlichen Monopoleigenschaften des Marktes milderten oder sogar abschafften Zum anderen haben sie neue Interessenlagen geschaffen, die einer politischen Unterstützung der Marktliberalisierung zuträglich waren.

Der politische Druck auf den Wegfall des Monopols stammte zu einem Teil von der Herstellerindustrie und alternativen Telekommunikationsanbietern, die auf den Wachstumsmarkt drängten und sich bietende Marktlücken erschließen wollten. Der entscheidende politische Druck ging jedoch von der Regierung aus, die angesichts der Marktentwicklungen der vergangen Jahre die Schlüsselfunktion der Telekommunikation für die strukturelle Transformation der Industriegesellschaft in eine Dienstleistungs- und Informationsgesellschaft erkannte. Angesichts der zunehmenden Verflechtung der Weltwirtschaft wurden Fragen nach Verfügbarkeit, Preis, Qualität und technischem Standard bei der Übertragung der Ressource "Information" zu wichtigen Faktoren der internationalen Wettbewerbsfähigkeit von Standorten.

Das staatliche Alleinrecht im Fernmeldewesen geriet in der Diskussion um den Standort Deutschland vor allem deswegen ins Zentrum öffentlicher Kritik, weil die Leistungsmängel der DBP im Vergleich zu Telefongesellschaften im liberalisierten Ausland nicht zu übersehen waren. [180]

3. Leistungsmängel der DBP-Telekom

a) Abnehmende Qualität der Infrastrukturversorgung

Der Telekommunikationsexperte Prof. Eberhard Witte nennt als weiteren Anlaß für die Liberalisierung des bundesdeutschen Fernmeldewesens den Umstand, daß die DBP im Vergleich zu den privaten Strukturen im liberalisierten Ausland keine qualitativ bessere und schon gar nicht preiswertere Versorgung der Wirtschaft und der Bevölkerung mit Telefon-, Text- und Datendiensten erreicht hat. In Deutschland sind nach seiner Meinung vielfältige moderne Dienste nicht realisierbar, da der Digitalisierungsgrad der Netze im Vergleich zu den Nachbarländern zurückgeblieben ist. Schließlich seien auch hinsichtlich der flächendeckenden Versorgung keine Spitzenleistungen hervorgebracht worden bei gleichzeitig zu hohen Betriebskosten und zu geringem Verkehrsaufkommen pro Hauptanschluß. [181]

Eine Studie der britischen Beratungsgesellschaft "Analysys" aus dem Jahr 1993 verdeutlicht, daß die Marktversorgung im liberalisierten Ausland häufig besser als in der

---

180 Vgl. Busch (1992), S. 55 und Monopolkommission (1991), S. 57.

181 Witte (1994a), S. 97 und S. 100: "Viel wichtiger ist die Leistungsqualität und der Leistungspreis. Hier hat der Staat mit seiner bundesunmittelbaren Verwaltung keine günstigen Ergebnisse erzielt."

Bundesrepublik gewesen ist. Grundlage der Studie ist ein "Infrastrukturindex", der u.a. aus folgenden Kriterien bestand:

- Hauptanschlüsse je 1000 Einwohner
- Gesprächsminuten pro Einwohner
- öffentliche Telefonzellen je 1000 Einwohner
- Wartezeit auf einen Hauptanschluß
- Mobilfunkteilnehmer je 1000 Einwohner
- Hauptanschlüsse an digitalen Vermittlungsstellen

Die Qualität der Telekommunikations-Infrastruktur der Bundesrepublik (alte Bundesländer) nahm auf der Rangliste den 18. Platz ein (6. Rang im Jahre 1975).

Rang	Ergebnis 1975	Ergebnis 1990
1	Schweiz	USA
2	Schweden	Schweden
3	USA	Norwegen
4	Kanada	Schweiz
5	Japan	Kanada
6	**Deutschland**	Finnland
7	Finnland	Japan
8	Luxemburg	Neuseeland
9	Holland	Frankreich
10	Norwegen	Dänemark
11	Dänemark	Australien
12	Italien	Großbritannien
13	Österreich	Italien
14	Neuseeland	Luxemburg
15	Großbritannien	Österreich
16	Belgien	Irland
17	Australien	Holland
18	Frankreich	**Deutschland**

Tab. 1.1: Qualität der Telekommunikationsinfrastruktur 1975 und 1990
Quelle: Wichmann (1993), S. 26.

Der Index belegt, daß das Niveau der Infrastruktur in Staaten, die weitreichende Liberalisierungen in der Telekommunikation selbst auf der Netz- und Telefondienstebene vorgenommen haben, das deutsche Infrastrukturniveau qualitativ deutlich übersteigt. Für Japan etwa wurde ein doppelt so hoher Indexwert ermittelt wie für Deutschland. Die Infrastruktur in den USA schneidet sogar dreimal so gut ab wie die in Deutschland.

b) Ursachen der Ineffizienzen

Für das relativ schwache Abschneiden der DBP bei diesem Infrastrukturvergleich sind eine Reihe von Ursachen verantwortlich, die im folgenden vorgestellt werden.

a) Zielkonkurrenz als Ursache mangelnder Wirtschaftlichkeit der DBP

Die institutionelle Ausgestaltung des deutschen Fernmeldewesens als Zwitter zwischen Wirtschaftsunternehmen und öffentlicher Bundesverwaltung führte zur Vermengung von in einer Marktwirtschaft grundsätzlich zu trennenden Aufgabenstellungen. Der Staat übernahm die Rolle

- der politische verantwortlichen Regierung,

- des Regulierers,

- des Unternehmers und

- des Eigentümers

und setzte damit wirtschaftliche Kontrollmechanismen außer Kraft. Die DBP konnte sich aufgrund dieser Zwitterstellung der politischen und rechtlichen Kontrolle ebenso entziehen wie der durch den Markt.[182]

Die Konsequenzen dieser Zwitterstellung zeigten sich beispielsweise im Fehlen materiellrechtlicher Prinzipien für die Monopolaufsicht über die Postunternehmen. Es galt die implizite Annahme, die mehrfache Rolle des Staates garantiere die Übereinstimmung des Unternehmensinteresses mit dem öffentlichen Interesse.[183] Die fehlende institutionelle Unterscheidung von Regulierungssubjekt und -objekt schuf daher Anreize, Regulierungsentscheidungen zugunsten der Interessen der DBP zu instrumentalisieren und ermöglichte prinzipiell auch kurzfristigen politischen Opportunismus.[184] Neben dem Postministerium nahmen das Wirtschafts- und das Innenministerium Einfluß auf das operative Geschäft der DBP. Das BMWi mußte bei allen Gebührenentscheidungen konsultiert werden und das Innenministerium hatte bei Fragen der Besoldung und anderer tarifvertraglicher Aspekte ein Mitspracherecht. Weiterhin nahmen der Bundestag, die Landesparlamente, der Bundesrechnungshof sowie diverse Verbände Einfluß auf die Geschäftspolitik der DBP.[185]

Die politische Einflußnahme zeigt sich am Beispiel der Entscheidungen über Telefontarife, denen unternehmerisch und gesamtwirtschaftlich die größte Bedeutung zukommt. Diese haben sich häufig an politischer Opportunität und am Kapitalbedarf des Bundes orientiert.[186] Die Regierung hat stets Gebührenerhöhungen genehmigt, wenn die Kosten derart gestiegen waren, daß sie von den Erlösen nicht mehr gedeckt wurden. Die Kosten selbst wurden nicht in Frage gestellt, zum Teil sogar durch politische Auflagen geradezu verursacht.

---

182 Vgl. Herrmann (1986), S. 139.

183 Vgl. Wissenschaftlicher Beirat beim BMWi (1995), S. 6.

184 Vgl. Jäger (1994), S. 25.

185 Der Einfluß der Länder resultierte aus deren medienpolitischen Zuständigkeiten bei elektronischer Massenkommunikation (KabelTV). Vgl. Wieland (1988), S. 207 und Pfeiffer/Wieland (1990), S. 9.

186 Zu den politischen Rücksichtnahmen bei Tariferhöhungen im Telefondienst vgl. Neumann/Wieland (1986).

d)   Telekommunikationsfremde politische Auflagen

Die telekommunikationsfremden politischen Auflagen, die der DBP aufgrund ihrer Instrumentalfunktion[187] gemacht wurden, wirkten unmittelbar kostensteigernd. Größe und Bedeutung der DBP für die deutsche Volkswirtschaft machte die DBP als Instrument attraktiv für die Ziele der Stabilitäts-, Arbeitsmarkt-, Sozial-, Regional-, Industrie-, und Medienpolitik.

Eine Aufstellung des BMPF identifizierte für das Jahr 1987 37 betriebsfremde Lasten der DBP, von denen 26 den Fernsprechbereich betrafen. Die Gesamtlast der kostenerhöhenden oder einnahmemindernden Auflagen wurde auf rund zwei Mrd. DM beziffert.[188] Es handelte sich dabei um Mindereinnahmen aus verschiedenen Sozial- und Regionaltarifen, die so kuriose Einzelposten wie "Gebührenverluste infolge von Sondertarifen zugunsten der Stationierungskräfte für Fernsprech- und Fernschreibausnahmequerverbindungen" umfaßten.[189]

Hinzu kommt, daß die DBP aus arbeitsmarktpolitischen Gründen rund 50 Prozent mehr Ausbildungsplätze anbot, als ihrem Bedarf entsprach. Diese waren mit einer Übernahmegarantie verbunden, auf deren Inanspruchnahme nur wenige Auszubildende verzichtet haben.[190] Das staatliche System des Fernmeldewesens steigerte durch telekommunikationsfremde Auflagen die Bereitstellungskosten derart, daß sogar die im internationalen Vergleich recht hohen Tarife teilweise nicht kostendeckend waren.[191]

c)   Ablieferungen an den Bundeshaushalt

Auch die jährlich an den Bund zu leistende umsatzabhängige Ablieferung der weitgehend von sonstigen Steuern befreiten DBP hat keine Anreize zur wirtschaftlichen Leistungserstellung gesetzt. Der Ablieferungssatz lag zunächst bei 6,6% des Umsatzes und wurde im Jahr 1981 auf 10% erhöht.[192] Im Gegensatz zu einer gewinnabhängigen Ablieferung hatte der Staat bei der umsatzabhängigen Ablieferung daher kein fiskalisches Interesse an Kostensenkungsmaßnahmen der DBP. Die umsatzabhängige Ablieferung wirkte wie eine Kostenart und nahm an der preissteigernden Tendenz teil.[193]

e)   Schwerfälligkeit des Behördenapparates

Ein weiterer Grund für die mangelnde Wirtschaftlichkeit der DBP war der Behördencharakter der Fernmeldeverwaltung, der sich in einem administrativen und nicht betriebswirtschaftlichen Marktverhalten zeigte. Alle Maßnahmen der betrieblichen Leistungserstellung waren auf Gleichmäßigkeit, Sicherheit und Dauerhaftigkeit

---

187   Zur Instrumentalfunktion der DBP vgl. ausführlich Dietrich et al. (1987); Henneman (1984), S. 70-77 sowie Rehfeld (1990), S. 46ff.

188   Vgl. Heuermann und Neu (1985), S. 37.

189   Eine detaillierte Untersuchung der gemeinwirtschaftlichen Auflagen der DBP findet sich bei Plagemann (1988a) und (1988b).

190   Vgl. Plagemann (1988a), S. 61.

191   Vgl. Witte (1994a), S. 97f.

192   Vgl. Jäger (1994), S. 70.

193   Vgl. Witte (1994a), S. 97f.

abgestellt. Die flexible Anpassung an Marktnischen hatte in einem solchen Verwaltungsbetrieb keinen Platz und entsprechende Erfolgschancen wurden - auch mangels geeigneter Anreize - nicht genutzt. Die Ausnutzung kurzfristiger Änderungen war als behördenfremde Kommerzialisierung verpönt, da den Kunden gegenüber das Prinzip der Gerechtigkeit im Sinne des "ohne Ansehen der Person" galt.[194]

Entsprechend war auch das innerbetriebliche Geschehen und die damit verbunden Kosten auf Verläßlichkeit, Gerechtigkeit und Dauerhaftigkeit ausgerichtet. Dem dienten der Wirtschaftsplan, d.h. die Budgetierung der Ausgaben, wobei die verfügbaren Planstellen an einem gesonderten Arbeitsbemessungsverfahren orientiert wurden. Einmal genehmigte Budgets und Planstellen waren auch dann zur Kostenverursachung freigegeben, wenn sich die wirtschaftlichen Anforderungen kurzfristig geändert hatten. Mit den Worten von Witte: *"Das System war auf eine stabile innere Ordnung bedacht, die im Sinne der Regelmäßigkeit des Behördenverhaltens als Tugend verstanden wurde."*[195]

Alle genannten Faktoren haben die Effizienz der Leistungsbereitstellung der DBP erheblich vermindert. Ein Indikator für diese Ineffizienzen ist der geplante Stellenabbau der Deutschen Telekom AG von 230.000 Stellen im Jahr 1993 auf 170.000 Stellen bis zum Ende des Jahrzehnts bei gleichzeitiger geplanter Steigerung des Umsatzes von 63 Mrd. DM im Jahr 1993 auf rund 80 Mrd. DM.[196] Die Monopolkommission hat in ihrem Sondergutachten aus dem Jahre 1991 das Produktivitätspotential des staatlichen Alleinanbieters als so groß eingeschätzt, daß nach einer Marktliberalisierung auch bei Einführung kostenorientierter Tarife (Abkehr von der Tarifeinheit im Raum) "selbst die höchsten Tarife noch unter denen des Monopolregimes liegen" würden.[197] Das Post- und Fernmeldemonopol hat keineswegs sichergestellt, daß die Verbraucher eine möglichst preisgünstige, ausreichende und bedarfsgemäße Versorgung mit Kommunikationsleistungen erhalten.

c) Auswirkungen auf den Liberalisierungsprozeß

Die oben geschilderten Entwicklungen haben bestätigt, daß die Ineffizienzen des "natürlichen" Monopols größer sein können als die erreichbaren Größenvorteile des monopolistischen Angebotes. Auch in den USA war die Arbeitsproduktivität der 1984 neu auf den Markt kommenden Fernverkehrsanbieter z.T. mehr als doppelt so hoch wie bei der alteingesessenen AT&T. Der Wunsch der Regierungen nach einer Ausschöpfung dieses Kostensenkungspotentials ist nach Ansicht von Telekom-Experten der OECD *"vielleicht der wichtigste Grund"* für das Ende des Monopolregimes in den Industriestaaten gewesen.[198]

Dennoch kann nicht auf einen unmittelbaren Kausalzusammenhang zwischen ineffizienter Leistungserstellung und Marktliberalisierung geschlossen werden. Dieser unter

---

194 Vgl. Witte (1994b), S. 366.

195 Vgl. Witte (1994b), S. 367.

196 Vgl. "Deutsche Telekom AG verzichtet auf betriebsbedingte Kündigungen" in: FAZ vom 7.11.1995, S. 17.

197 Vgl. Monopolkommission, Sondergutachten (1991), Tz 121, S. 58.

198 Vgl. OECD (1995), S. 12.

Ökonomen geläufige Erklärungsansatz[199] scheint von der Wirklichkeit eher widerlegt zu werden. Denn es waren gerade nicht die Länder mit einem ineffizienten Netzwerk, die als erste Wettbewerb in ihren Telekommunikationssektoren herbeigeführt haben, sondern im Gegenteil solche Länder wie USA, Japan oder Großbritannien, deren Telekommunikationsnetze zu den technisch ausgereiftesten mit der größten Flächendeckung gehörten.

Eli Noam, der "Grandseigneur" der amerikanischen Telekommunikations-Regulierung, vertritt sogar den gegenteiligen Standpunkt, daß die Abschaffung des Monopols nicht auf dessen Ineffizienz, sondern auf dessen besonderen Erfolg zurückzuführen sei. Seine These lautet, die Nettoeinzahler der politisch motivierten Quersubventionen erhielten bei zunehmendem Netzwachstum steigende Anreize, das öffentliche Netz zu verlassen und private Lösungen außerhalb des Monopolregimes zu finden.[200]

Nachdem in den vorangegangenen Absätzen die notwendigen Voraussetzungen für die Marktliberalisierung genannt wurden, soll im folgenden auf die politischen Entwicklungen eingegangen werden, die letztlich zur Abschaffung der staatlichen Alleinrechte im Telekommunikationssektor geführt haben.

4. Politische Entwicklungen

a) Der weltweite Liberalisierungstrend

Anfang der achtziger Jahre initiierten konservative Regierungen in verschiedenen Industriestaaten u.a. im Telekommunikationssektor eine aktive Deregulierungspolitik mit dem Ziel, den staatlichen Einfluß auf das Wirtschaftsgeschehen zu begrenzen und damit das Wirtschaftswachstum zu fördern.[201]

Der Wandel im Telekomsektor nahm seinen Ursprung in den USA, wo 1982 über einen gerichtlichen Vergleich, der aus einem Kartellverfahren hervorgegangen war, das marktbeherrschende Unternehmen AT&T auf die Bedienung des Fernverkehrs zurückgeschnitten und gezwungen wurde, alle regionalen und lokalen Netze auf sieben ausgegliederte selbständige Bell-Unternehmen zu übertragen, die ihre jeweiligen lokalen Netzmonopole jedoch behielten. Diese sogenannte divestiture (=Entflechtung)[202] wurde durch wettbewerbsfördernde Maßnahmen flankiert. Neben AT&T wurden zwei Wettbewerber im lukrativen Fernverkehr zugelassen. Auch auf den regionalen und lokalen Märkten nahm der Wettbewerb auf dem Gebiet der Datendienste, der sogenannten Mehrwertdienste und des mobilen Telefonverkehrs schnell zu.[203]

In Japan wurde im Jahr 1985 innerhalb des früheren Staatsmonopols die Telekommunikation von der Post getrennt und schließlich privatisiert.[204] 1986 wurden auf dem japanischen Telekommunikationsmarkt drei zusätzliche terrestrische (Glasfaser- und

199 Vgl. Kronberger Kreis (1987), S. 12; Schnöring (1993), S. 60 und SVR (1993), Tz 406.

200 Vgl. Noam (1992), S. 31f.

201 Vgl. Berger (1993), S. 81.

202 Zur 'divestiture' vgl. ausführlich Wieland (1985).

203 Vgl. Crandell (1990); Fuest (1992), S. 15-18; Garfinkel (1993) und Wieland (1985);

204 Einen guten Überblick bietet Neumann (1987).

Richtfunk-) Netzbetreiber zugelassen, deren Versorgung bis 1996 bereits flächendeckend sein soll Zusätzlich wurden auch zwei Lizenzen für die Satellitenbetreiber vergeben. Fur den Datenverkehr mit dem Ausland erhielten drei Konsortien Lizenzen.

In Großbritannien wurde im Jahr 1980 die staatliche Post- von der Fernmeldeverwaltung getrennt und British Telecom (BT) im Jahre 1984 privatisiert.[205] Der britische Staat verkaufte im Jahr 1993 die letzten noch in seinem Besitz befindlichen Aktien Das ursprungliche Monopol von BT wurde durch Zulassung eines Wettbewerbers (Mercury) zunächst in ein Duopol und inzwischen in ein Oligopol umgewandelt. Der Mobilfunk wurde 1985 in den Wettbewerb überführt, wo neben einer BT-Tochter (Cellnet) mittlerweile vier weitere Lizenznehmer existieren.

Die Liberalisierung hatte in allen drei Staaten eine erhebliche Ausweitung des Diensteangebots sowie z.t. erhebliche Preissenkungen für die Endverbraucher zur Folge, weshalb viele Staaten diesem Beispiel folgten. Seit Mitte der achtziger Jahre betreibt auch die Europäische Gemeinschaft eine zunehmend wettbewerbsorientierte Telekommunikationspolitik, die für die Entwicklung in Deutschland erhebliche Bedeutung haben sollte.[206]

b) Die Europäische Liberalisierungspolitik

Die Europäische Herstellerindustrie sollte als erste die Folgen der Liberalisierung in den wichtigen Handelspartnerländern USA und Japan zu spüren bekommen. Das Welthandelsvolumen an Vermittlungselektronik stieg in der Zeit von 1980 bis 1990 von rund 7 Mrd. US$ auf knapp 30 Mrd. US$, der Marktanteil der Hersteller der zwölf EG-Länder sank im selben Zeitraum jedoch um 22 Prozentpunkte. Die USA konnten mit 5, Japan mit 11 Prozentpunkten dagegen deutliche Marktanteilszuwächse realisieren. Der Marktanteil der Bundesrepublik sank von vormals 16 auf 9 Prozent ab.[207] Hinzu kam der handelspolitische Druck der USA, die von den EG-Ländern die Öffnung ihrer Beschaffungsmärkte verlangte, nachdem europäische Hersteller Zugang zum US-Markt erhalten hatten.

Angesichts der wachsenden handelspolitischen Spannungen sowie der Globalisierung und Expansion des gesamten Sektors sah die EG-Kommission Bedarf für eine industriepolitische Reaktion, sollten die EG-Staaten nicht den Anschluß an die prognostizierten Wachstumsraten im Telekommunikationssektor verlieren.[208]

Gestützt auf das europäische Gemeinschaftsrecht mit seinem Verbot von Handelsmonopolen, und insbesondere dem Grundsatz des freien Dienstleistungsverkehrs innerhalb der EG, entwickelten sich die EG-Kommission und der Ministerrat zu den zentralen Akteuren der Telekommunikationspolitik. Sie drängten auf eine Liberalisierung in den Mitgliedsländern, in der Überzeugung, daß eine technisch innovative und EG-weite Telekommunikations-Infrastruktur eine Schlüsselrolle für die internationale Wettbe-

---

205 Vgl. Heuermann/Neu (1985), S. 42ff. und Witte (1994b), S. 363f.

206 Vgl. Fuest (1992).

207 Vgl. Knieps (1993), S. 46; Noam (1992), S. 328 und Schnöring (1992), S. 22.

208 Vgl. Jäger (1994), S. 71.

werbsposition der EG-Staaten habe. Die europäische Telekommunikationspolitik, die zunehmend starken Einfluß auf die bundesdeutsche Entwicklung hatte,[209] verfolgte etwa seit Mitte der achtziger Jahre parallel wettbewerbs- und industriepolitische Ziele.[210]

Die Wettbewerbspolitik begrenzte im Interesse der Dienstleistungsfreiheit und unter Berufung auf die Artikel 86 (Machtmißbrauch) und 90 EWGV (Anwendung von Wettbewerbsregeln) den Geltungsbereich der staatlichen Fernmeldemonopole, indem den Regierungen der Einzelstaaten eine zu großzügige Handhabung der Monopolzuweisungen an die Telekommunikationsbetreiber untersagt wurde.[211]

Parallel dazu wurden Maßnahmen zur Öffnung der Fernmeldemärkte ergriffen. Nach einer Richtlinie zur Öffnung der Beschaffungsmärkte in den Mitgliedsstaaten[212], gelang mit der Verabschiedung des Grünbuchs über die Entwicklung des gemeinsamen Marktes für Telekommunikationsdienstleistungen und Telekommunikationsendgeräte im Jahr 1987[213] ein wichtiger Liberalisierungsschritt. In ihm einigten sich mit Ausnahme Griechenlands alle Mitgliedsländer darauf,

1. die hoheitlichen von den betrieblichen Funktionen der Fernmeldeverwaltungen zu trennen, um die "Doppelfunktion (...) als Schiedsrichter und Spieler in einem Markt aufzuheben",[214]

2. Wettbewerb zuzulassen mit Ausnahme der Errichtung und dem Betrieb von Telekommunikationsnetzen und des Sprachtelefondienstes (sog. reservierte Dienste)

3. den Endgerätemarkt schrittweise völlig für den Wettbewerb zu öffnen,

4. gemeinsame technische Standards für den Offenen Netzzugang (ONP) zu erarbeiten im Interesse einer gemeinschaftsweiten Kompatibilität der Telekommunikationsdienste.

In Verbindung mit dem gemeinsamen Bekenntnis zu den Wettbewerbsvorschriften des EWG-Vertrages führen diese Bestimmungen dazu, daß die Zulassung eines bestimmten Dienstes in einem Mitgliedstaat automatisch für die übrigen Mitgliedsstaaten gültig ist.

c) Der Beschluß zur Liberalisierung der Telekommunikationsmärkte

Mit dem Grünbuch aus dem Jahr 1987 übernahm die EG eine aktive Rolle für den institutionellen Wandel der bisherigen Monopolregime, die sie mit dem Herannahen des Gemeinsamen Marktes im Jahr 1992 noch verstärkte. Die Kommission erhöhte ihre

---

209   "Obviously the national governments have lost the full authority for telecommunications policy." Pfeiffer/Wieland (1990), S. 57.

210   Vgl. Baggehufwudt (1993); Ehlermann (1993); Jäger (1994), S. 71f.; Müller (1995), S. 104ff.; Neumann (1993); Ungerer (1993) und Rieß (1993).

211   Konkret untersagte die Kommission im Jahr 1986 der Bundesregierung die Ausweitung des Fernmeldemonopols der DBP auf schnurlose Telefone und Modems.

212   Empfehlung des Rates vom 7.5. 1984 betreffend die erste Phase der Öffnung der öffentlichen Fernmeldemärkte. 84/550/EWG, Abl. EG L 298 vom 16.11.1984.

213   Ratsdokument Nr. 7961

214   Europäische Kommission (1987). S. 17.

Einflußnahme durch Klagen vor dem Europäischen Gerichtshof gegen die mangelnde Umsetzung europäischer Vorgaben in den Mitgliedsstaaten.[215]

Die Kommission übernahm dabei zunehmend die Funktion einer europäischen Regulierungsbehörde für den Telekommunikationssektor. 1988 zog sie mit der Gründung des European Telecommunications Standards Institute (ETSI) die Kompetenzen in Standardisierungsfragen an sich; 1992 einigten sich die Mitgliedsstaaten auf gemeinsame Tarifierungsgrundsätze und im Juni 1994 - anläßlich der Sitzung des Europäischen Rates auf Korfu - auf die gemeinschaftsweite Abschaffung der verbliebenen Monopole (Netz- und Telefondienstmonopole) ab dem 1. Januar 1998.[216]

Diese Liberalisierungsentscheidung basierte auf der Einschätzung, daß Größenvorteile des Angebots, die bisher noch für die Monopolisierung sprachen, nunmehr gegenüber anderen Faktoren wie Dienstevielfalt und dadurch ausgelöste Suchprozesse entscheidend an Bedeutung verloren haben. Die Vorstellung, daß ein öffentliches Monopolunternehmen mit flächendeckender Versorgungspflicht notwendig sei, um die staatliche Infrastrukturverantwortung zu übernehmen, ist damit überholt. Sie wird abgelöst von der Leitidee, daß eine auf Gewerbefreiheit, Individualrechten und Wettbewerb beruhende Ordnung zu einer gesamtwirtschaftlich überlegenen Lösung führt.[217]

Zu Fragen der ordnungspolitischen Ausgestaltung des Wettbewerbs auf der Infrastrukturebene legte die Kommission Ende 1994 ein weiteres Grünbuch vor, dessen Vorschläge nach Berücksichtigung öffentlicher Konsultationen Anfang 1996 in Gemeinschaftsrecht transformiert werden sollen.[218] Flankiert wurden diese Liberalisierungsschritte durch industriepolitische Maßnahmen, die auf eine Stärkung der europäischen Herstellerindustrie abzielten. Das 1984 gegründete European Strategic Program of Research and Development in Information Technology (ESPRIT) sollte durch eine Förderung der Grundlagenforschung eine Verdreifachung des Europäischen Weltmarktanteils bis zum Jahr 1990 bewirken. Zusätzlich wurde 1985 das anwendungsspezifischere Programm The Research and Development in Advanced Communications Technologies for Europe (RACE) aus der Taufe gehoben, das der Entwicklung eines europaweiten Breitbandnetzes diente.[219]

Die Erhöhung der Taktzahl telekommunikationspolitischer Entscheidungen führte innerhalb der Gemeinschaft zur Reform der traditionellen Monopolregime zunächst in den Niederlanden (1985) und Spanien (1988), dann in Deutschland (1989) Frankreich und Dänemark (beide 1990), wenn auch der Wettbewerb auf Randgebiete und die Privatisierung zunächst auf die Organisationsreform beschränkt blieb.[220]

---

215 Vgl. Noam (1992), S. 308 ff.

216 Vgl. Entschließung des Rates 94/C 379/03, Abl. Nr. C 379 vom 31.12.1994, S. 4. Für Griechenland, Irland, Portugal und Spanien gilt eine Übergangszeit von bis zu fünf Jahren, für Luxemburg eine Übergangszeit von bis zu zwei Jahren.

217 Vgl. Wissenschaftlicher Beirat beim BMWi (1995), S. 1.

218 Vgl. Europäische Kommission - Grünbuch Teil II (1994a).

219 Vgl. Noam (1992), S. 308f.

220 Vgl. Witte (1994b), S. 364.

C. Fazit

Das vorangehende Kapitel hat verdeutlicht, welche Motivation und welche Argumente hinter der Monopolisierung des bundesdeutschen Fernmeldesektors standen und warum diese im Zeitablauf an Überzeugungskraft eingebüßt haben.

Die Begründung für das staatliche Monopol im deutschen Fernmeldewesen reicht bis in das 15. Jahrhundert zurück, als primär aus fiskalischen und innenpolitischen Interessen heraus dem Hause Taxis das kaiserliche Post-Regal verliehen wurde. Das ökonomische Argument, beim Fernmeldesektor handele es sich um ein natürliches Monopol, war zu keinem Zeitpunkt stichhaltig für die Zuweisung umfassender Alleinrechte an den staatlichen Anbieter. Eine wirklich stichhaltige Begründung ist auf ideologischer Ebene der Ansatz der Gemeinwirtschaftslehre, der aus dem Motiv staatlicher Daseinsvorsorge heraus die flächendeckende Bereitstellung zu einheitlichen Tarifen im Raum forderte. Diese Forderung ließ sich praktisch nur unter dem Dach eines Monopols verwirklichen. Die polit-ökonomische Analyse konnte schließlich erklären, welche konkreten Interessenlagen der beteiligten Akteure der Beibehaltung des Fernmeldemonopols förderlich waren.

Die technischen und ökonomischen Veränderungen in der Telekommunikationsbranche bildeten die Voraussetzung für das Ende des Fernmeldemonopols. Es konnte gezeigt werden, wie die Änderung der technischen und ökonomischen Marktcharakteristika (abnehmende Bedeutung versunkener Kosten, Entfernungsunabhängigkeit der Kosten, Diversifizierung und Anstieg der Nachfrage) den Weg für die Liberalisierung des Marktes öffneten. Der entscheidende Grund für den Wegfall der Monopole war die geänderte Interessenlage der europäischen und deutschen Telekommunikationspolitik, die in einem liberalisierten Telekommunikationsmarkt eine wesentliche Voraussetzung für den nationalen und internationalen Wettbewerb der Standorte erkannt haben. Vom Wegfall der Monopole versprach sich die Bundesregierung angesichts der besonderen Bedeutung moderner Telekommunikationsmittel für Industrie, Handel, öffentliche Verwaltung und Privathaushalte einen wichtigen Wachstumsimpuls für die kommenden Jahre und Jahrzehnte.

Der Bruch des Monopolparadigmas erfolgte in der Bundesrepublik durch die beiden Postreformen aus den Jahren 1989 und 1994. Mit den Reformen erfuhr das deutsche Fernmeldewesen eine historisch zu nennende ordnungspolitische Neuorientierung. Im Rahmen der vorliegenden Arbeit ist der institutionelle Rahmen von Regulierungsentscheidungen von besonderem Interesse, da die Regulierungsbehörde die Frage nach den verbleibenden Aufgaben des Staates in einem liberalisierten Telekommunikationssektor beantworten muß. Hiermit beschäftigt sich das zweite Kapitel.

II. DIE ENTWICKLUNG DES REGULATORISCHEN RAHMENS BIS 1998

A. Das Poststrukturgesetz von 1989 (Postreform I)

1. Grundlagen der Reform

a) Das Gesetzgebungsverfahren

Man muß sich nämlich vor Augen halten, daß nichts von der Vorbereitung her schwieriger, vom Erfolg her zweifelhafter und von der Durchführung her gefährlicher ist als der Wille, sich zum Neuerer aufzuschwingen. Denn wer dies tut, hat die Nutznießer des alten Zustands zu Feinden, während er in den möglichen Nutznießern des neuen Zustands nur lasche Verteidiger findet; eine Laschheit, die teils aus der Furcht vor den Gegnern herrührt, die ja das Gesetz auf ihrer Seite haben, und teils aus dem Mißtrauen der Menschen stammt, die Wirklichkeit an eine Neuerung erst zu glauben, wenn sie diese mit eigenen Augen gesehen haben. (Macchiavelli: "Il Principe")

Die Bundesregierung reagierte auf die in Kapitel 1 beschriebenen Änderungen des technischen und ökonomischen Umfeldes der Telekommunikation im Jahre 1986 mit der Einsetzung einer Kommission, die unter Vorsitz von Professor Eberhard Witte Empfehlungen für geeignete ordnungspolitische Strukturen im deutschen Telekommunikationsmarkt und die notwendige organisatorische Anpassung der Deutschen Bundespost ausarbeiten sollte.[1] Auf der Basis des Mehrheitsberichts der Kommission wurde im Frühjahr 1988 die Konzeption der Bundesregierung zur Neuordnung des Telekommunikationsmarktes erstellt, die nach zahlreichen Modifikationen in Bundestag und Bundesrat Mitte 1989 als Poststrukturgesetz[2] (Postreform I) verabschiedet wurde.[3] Artikel I des Poststrukturgesetzes und Kern der Reform war das Postverfassungsgesetz (PostVerfG), das das Postverwaltungsgesetz von 1953 ablöste.

b) Reformziele

Der Grundsatz der Reform lautete: "*... auch im Fernmeldewesen ist Wettbewerb die Regel und das Monopol des staatlichen Anbieters die zu begründende Ausnahme*".[4] Der wirtschaftsliberale Schwung dieses Grundsatzes wurde allerdings durch die Beibehaltung einiger tradierter Strukturen gebremst. Tatsächlich weisen die Ziele der Reform auf eine ordnungspolitische Gratwanderung hin.

---

1 Vgl. Regierungskommission Fernmeldewesen (1987).

2 Gesetz zur Neustrukturierung des Post- und Fernmeldewesens und der Deutschen Bundespost (Poststrukturgesetz - PStruktG) vom 8. Juni 1989, BGBl I, S. 1026.

3 Zur Vorgeschichte der Reform vgl. Jäger (1994); Grande (1989); Noam (1992), S. 91ff.; Pfeiffer/Wieland (1990), S. 35ff. u. 56 und Werle (1990).

4 BMPF (1988), S. 4.

51

Erstens sollte durch die Öffnung des Fernmeldewesens für den Wettbewerb die Vielfalt der Angebote vor allem in denjenigen Marktbereichen ermöglicht und gefördert werden, in denen sich die Kundenbedürfnisse schnell fortentwickeln. Zweitens sollte *"weiterhin eine leistungsfähige Infrastruktur des Post- und Fernmeldewesens und eine zuverlässige und preiswerte Grundversorgung für alle Nutzer"*[5] gewährleistet werden. Und weiter: *"Denn nur unter Berücksichtigung der infrastrukturellen Bedeutung des Post- und Fernmeldewesens stellt Wettbewerb auf diesen Märkten ein geeignetes Instrument dar, um Vorteile für alle Nutzer zu erreichen."*[6] Der Reformtext gingt damit weiterhin von der Notwendigkeit staatlicher Bereitstellung für die Grundversorgung der Bürger aus.

c) Reformkomponenten

Die Neuerungen der Reform bestanden im wesentlichen aus einer organisatorischen Komponente, d.h. der Trennung der politisch-hoheitlichen von den betrieblich-unternehmerischen Aufgaben, und einer ordnungspolitischen Komponente, d.h. der Öffnung des Fernmeldewesens für den Wettbewerb. Die einzelnen Neuerungen stellt der folgende Abschnitt vor.

2. Ergebnisse der Reform

a) Die Gründung der drei Postunternehmen

Die Änderungen der Unternehmensorganisation bewegten sich in dem knappen Spielraum, den die verfassungsrechtliche Bindung des Art. 87 GG erlaubte, der die DBP als Bundesverwaltung einordnete.[7] Die DBP blieb auch nach 1989 "Sondervermögen des Bundes mit eigener Wirtschafts- und Rechnungsführung" (§ 2 Abs. 1 PostVerfG), sie wurde jedoch in ihre drei nunmehr verselbständigten Dienstzweige DBP-Postdienst, DBP-Postbank und DBP-Telekom mit jeweils eigenem Vorstand und Aufsichtsrat unterteilt.

Die Vorstände waren mit der Unternehmensleitung betraut und bedienten sich zur Wahrnehmung ihrer Aufgaben jeweils einer Generaldirektion (§ 12 Abs. 1 PostVerfG). Die Aufsichtsräte setzten sich paritätisch aus Vertretern des Bundes, der Leistungs-abnehmer und des Personals zusammen (§ 16 Abs. 1 und 2 PostVerfG); ihre wesentliche Befugnis bestand in der Überwachung der Geschäftsführung besonders in Hinblick auf die Erfüllung des öffentlichen Auftrags (§ 23 Abs. 1 PostVerfG).[8]

---

5   BMPF (1988), S. 1.

6   BMPF (1988), S. 2.; Möschel kritisiert diese Instrumentalisierung des Wettbewerbes für vorgege-bene Ziele als ein "sozialistisches Wettbewerbsverständnis", das mit Wettbewerb im Sinne der Wahrnehmung individueller Handlungsfreiheiten und mit notwendig unbekannten Ergebnissen nichts zu tun hat. Vgl. Möschel (1989), S. 175.

7   Nach Art. 87 Abs. 1 GG wurde die Deutsche Bundespost als Teil der Bundesverwaltung geführt. Eine parlamentarische Zweidrittelmehrheit zur Grundgesetzänderung war im Vorfeld der Reform von 1989 nicht zu erwarten.

8   Adressat des öffentlichen Auftrages blieben somit weiterhin die DBP-Teilunternehmen. Erst nach der Reform von 1994 richtete sich der Auftrag ausschließlich an das BMPT und nicht mehr an die Postunternehmen.

Als tragender Grundsatz der Wirtschaftsführung wurde die Eigenwirtschaftlichkeit der drei DBP-Unternehmen definiert, um mittelfristig die Quersubvention zwischen dem Fernmeldebereich und dem Postdienst zu beenden.[9] Der BMPF strebte spätestens für das Jahr 1996 Kostendeckung in jeweils allen drei Geschäftsbereichen an.[10] Die Bildung der drei Teilunternehmen diente dazu, die infrastrukturelle Aufgabenerfüllung zu sichern und die Leistungsfähigkeit der DBP-Unternehmen auch auf den Wettbewerbsmärkten zu stärken.[11] Gleichzeitig war die organisatorische Entflechtung notwendige Voraussetzung einer künftigen Privatisierung der einzelnen Geschäftsbereiche.

Die horizontale organisatorische Entflechtung erfolgte nicht vollständig. Die drei Teil-Sondervermögen erhielten ein gemeinsames Direktorium, dem die drei Vorstandsvorsitzenden der Teilunternehmen angehörten. (§ 4 Abs. 2 u. 8 ff. PostVerfG). Das Direktorium sollte Koordinationsaufgaben zwischen den Postunternehmen lösen. Es bildete die institutionelle Verbindung zwischen den Unternehmen, die den Fortbestand der Quersubventionen innerhalb der Bundespost und des Alleinvertretungsanspruchs der Arbeitnehmervertretung (Deutsche Postgewerkschaft) absicherte.[12]

Neuorganisation der operativen Aufgaben nach der Postreform I:

```
┌─────────────────────────────────────────────┐
│   Koordinierendes Direktorium der drei       │
│          Vorstandsvorsitzenden               │
└─────────────────────────────────────────────┘
      ↙               ↓              ↘

   Vorstand         Vorstand        Vorstand
und Aufsichtsrat  und Aufsichtsrat  und Aufsichtsrat

   leiten           leiten           leiten

┌──────────────┐ ┌──────────────┐ ┌──────────────┐
│ DBP-Telekom  │ │DBP-Postdienst│ │ DBP-Postbank │
└──────────────┘ └──────────────┘ └──────────────┘
    <=== horizontale Entflechtung der DBP ===>
```

Abb. 2.1: Neuorganisation der operativen Aufgaben nach der Postreform I
Eigene Darstellung

---

9   Rechtliche Grundlage für den Fortbestand der Quersubventionen zwischen den Teilunternehmen sowie zwischen einzelnen Dienstsparten war § 37 Abs. 2 u. 3 PostVerfG. Vgl. Berger/Schöttner (1991a), S. 228.

10 Vgl. Krönes (1992), S. 394.

11 Vgl. BMPF (1988), S. 2.

12 Pfeiffer/Wieland (1990), S. 13. nennen als Grund dieses Arrangements die Furcht von Postgewerkschaft und SPD-Bundestagsfraktion vor einer Schwächung des gewerkschaftlichen Einflusses bei vollständiger organisatorischer Trennung der Teilunternehmen.

b) Die Trennung von hoheitlichen und operativen Aufgaben

Die Reform der Postverfassung löste die hoheitlichen Aufgaben organisatorisch (jedoch nicht personell[13]) aus dem operativen Geschaft der drei Teilunternehmen heraus Mit dieser Maßnahme sollte das operative Geschäft der DBP einer aus Vorstand und Aufsichtsrat bestehenden Unternehmensführung unterstellt und damit dem direkten Einfluß staatlicher Politik entzogen werden [14] Von dieser Trennung versprach man sich eine größere Autonomie und marktgerechtere Flexibilität der Postunternehmen [15] Auch sollte der BMPT aus seiner Doppelrolle als Mitspieler und Schiedsrichter entlassen werden, die er im Verhältnis zu den Marktpartnern innehatte.

§ 1 Abs. 1 PostVerfG beschreibt die neue Aufgabenteilung zwischen Ministerium und Postunternehmen.

> *"Der Bundesminister für Post und Telekommunikation nimmt politische und hoheitliche Aufgaben wahr; er übt die Rechte des Bundes auf dem Gebiet des Post- und Fernmeldewesens aus. Der DBP obliegen in Wahrnehmung ihres öffentlichen Auftrags im nationalen und internationalen Bereich unternehmerische und betriebliche Aufgaben des Post- und Fernmeldewesens."*

Doch auch diese Entflechtung der Aufgaben erfolgte nicht vollstandig, da dem Postministerium neben den hoheitlichen Aufgaben noch die Eigentümeraufgaben für den Bund sowie die behördliche Aufsichtsbefugnis über die Mitarbeiter der Postunternehmen verblieben. In seiner Funktion als "Eigentümer" der DBP übernahm der Postminister:

- die Vorgabe allgemeinpolitischer Zielsetzungen,
- die Rechtsaufsicht und
- die Vertretung der ökonomischen Belange der DBP-Unternehmen.

Die Vorgabe allgemeinpolitischer Zielsetzungen findet sich in § 4 Abs. 1 PostVerfG Dieser Paragraph verpflichtet die DBP-Unternehmen auf die Daseinsvorsorge, wobei eine Orientierung der Unternehmenspolitik an "den Grundsätzen der Politik der Bundesrepublik Deutschland" gefordert wird. Aufgabe des BMPT ist es, die für die Entwicklung des Post- und Fernmeldewesens notwendigen und die zur Wahrung der Grundsätze der Politik der Bundesrepublik Deutschland bedeutsamen mittel- und langfristigen Ziele für die Unternehmen festzulegen (§25 Abs. 1 PostVerfG). Ferner ermächtigt das Gesetz die Bundesregierung, *"durch Rechtsverordnung diejenigen Infrastrukturdienstleistungen zu bestimmen, die die Unternehmen im besonderen öffentlichen Interesse, vor allem aus Gründen der Daseinsvorsorge erbringen müssen"* (sog. Pflichtleistungen gemäß § 25 Abs. 2 PostVerfG).

---

13 Einige Kommentatoren hätten im Interesse der Glaubwürdigkeit der Reform die hoheitlichen Aufgaben lieber auf eine neuzuschaffende unabhängige Regulierungsinstanz übertragen gesehen. Vgl. Möschel (1989), S. 176f. und Pfeiffer/Wieland (1990) S. 15.

14 Vgl. Krönes (1992), S. 392f.

15 In diese Richtung wirkte auch die mit der Reform einhergehende Umstellung der Beziehung zwischen Unternehmen und Kunden von hoheitlichen Benutzungsverhältnissen zu Privatrechtsbeziehungen. Vgl. Berger/Schöttner (1991a), S. 226.

Die Trennung von hoheitlichen und operativen Aufgaben hat bei den drei Postunternehmen das Spannungsverhältnis zwischen unternehmerischer Eigenständigkeit und der Erfüllung gemeinwirtschaftlicher Auflagen daher nicht vollständig entschärfen können.

c) Gründung des Infrastrukturrates

An die Stelle des ehemaligen Postverwaltungsrates, der die Interessen der Regierung und der Industrie vertrat, setzte das Poststrukturgesetz den sogenannten Infrastrukturrat, der sich aus jeweils 11 Vertretern aus Bundestag und Bundesrat zusammensetzte. Der Rat wurde auf Betreiben der Bundesländer als Kontrollorgan für die Einhaltung der Infrastrukturauflagen seitens der DBP gegründet. Die Länder hatten für die Zukunft eine stärker rentabilitätsorientierte Unternehmenspolitik der DBP befürchtet und daher den Rückzug aus der Fläche, d.h. aus den ertragsschwachen Regionen.[16] Der Infrastrukturrat hatte laut § 34 Abs. 1 PostVerfG ein Mitspracherecht bei Entscheidungen mit infrastruktureller Relevanz, soweit sie "wesentliche Belange der Länger" tangierten.

Die Mitspracherechte des Infrastrukturrates wurden im Rahmen der Postreform II, in deren Verlauf er in Regulierungsrat umbenannt wurde, deutlich ausgeweitet. Die Beschreibung seiner Aufgaben soll daher im Abschnitt C 2 b über die Aufgaben der Regulierungsinstanzen seit der Reform von 1994 erfolgen.

d) Neue ordnungspolitische Rahmenbedingungen

Artikel III PostStruktG faßte das Fernmeldeanlagengesetz (FAG) aus dem Jahr 1928 neu.[17] Der Grundgedanke der ordnungspolitischen Novellierung war der, daß die Chancen der Technikentwicklung auf den Telekommunikationsmärkten durch Wettbewerbskräfte besser genutzt werden können als durch ein Monopol. Um der politisch konsensfähigen, aber de facto widersprüchlichen Zielformulierung 'Wettbewerb bei Wahrung der infrastrukturellen Verantwortung der Deutschen Bundespost' gerecht zu werden, entschloß sich die Bundesregierung zur Einteilung des Telekommunikationssektors in monopolistische und wettbewerbliche Bereiche. Sie folgte damit den Empfehlungen der Europäischen Kommission, die bereits im Jahre 1987 die Liberalisierung des Dienstemarktes unter Beibehaltung "reservierter", d.h. im Monopol bereitgestellter Dienste vorsah.[18]

Mit Ausnahme des Netz- und Telefonsprachdienstmonopols (sog. Monopolbereich) wurden alle traditionellen Alleinrechte des Bundes beim Angebot von Endgeräten und Diensten aufgehoben. Diese Teil-Liberalisierung des deutschen Telekommunikationsmarktes wurde vom Gesetzgeber als ordnungspolitischer Kern der Postreform bezeichnet.[19]

---

16   Vgl. Pfeiffer/Wieland (1990), S. 15; ähnlich auch Berger/Schöttner (1991a), S. 226.

17   Einen hervorragenden Überblick über die ordnungspolitischen Implikationen des früheren FAG für die Zeit vor der Postreform I gibt Herrmann (1986), S. 87-148.

18   Vgl. Europäische Kommission (1987) sowie Kapitel 1 Abschnitt B 4 b) "Die Europäische Liberalisierungspolitik".

19   Obwohl hiermit von den Umsätzen her nur ein kleines Marktsegment liberalisiert wurde, ließen Erfahrungen aus dem liberalisierten Ausland erwarten, daß dieser Schritt für die zukünftige Ent-

Das Schnittmuster der ordnungspolitischen Neuordnung aus dem Jahre 1989, das auch die anschließende Postreform II im Jahr 1994 unverändert uberdauern sollte, wird im folgenden beschrieben.

(1) Definition der Monopolbereiche

Unter dem Monopol des Bundes verblieben nach der Postreform I der Betrieb der Netze (inklusive Funkanlagen) und das Angebot des Telefonsprachdienstes. Beide Geschäftsbereiche zusammen haben im Jahr 1989 rund 96 Prozent der Fernmeldeumsätze der Bundespost ausgemacht.[20]

Das Netzmonopol wurde ausdrücklich als reines Übertragungswegemonopol definiert, damit private (Mehrwert-) Diensteanbieter die Möglichkeit erhalten, eigene Vermittlungsstellen zu installieren.[21] Die Definition des Telefondienstmonopols der DBP Telekom wurde weiter gefaßt als das nach EG-Recht zulässige Sprachdienstmonopol. Es umfaßte neben dem Erbringen des Telefondienstes herkömmlicher Art alle *"Weiterentwicklungen und Ergänzungen des Telefondienstes, also Dienste, bei denen aus der Sicht der Nutzer die Sprachübertragung den Hauptzweck der Telekommunikation darstellt, und die ohne die unveränderte zeitgleiche Sprachübertragung nicht sinnvoll erbracht werden könnten."*[22]

Die Bundesregierung begründete die Beibehaltung des **Netzmonopols** mit dem natürlichen Monopolcharakter des Fernmeldewesens und mit politischen Argumenten. Ihrer Auffassung nach[23]

- erschien der Betrieb mehrerer oder nur eines zweiten flächendeckenden Netzes neben dem der DBP aus Kosten- und Effizienzgesichtspunkten als nicht sinnvoll,

- drohte mit der Einführung von Netzwettbewerb das "Rosinenpicken" neuer Anbieter, die allein in die profitablen Geschäftsfelder der DBP einbrechen und damit die finanzielle Basis der DBP zur Finanzierung der Infrastrukturauflagen und sonstiger politischer Auflagen aushöhlen,

---

wicklung des Sektors tatsächlich die größte Tragweite besitzt. In den USA, Japan und Großbritannien hatte der Liberalisierungsprozeß nach anfänglichen partiellen Deregulierungsschritten eine hohe Eigendynamik entwickelt, die mit der Erosion der reservierten Monopolbereiche mündete. Die Eigendynamik resultierte im wesentlichen aus dem Liberalisierungsinteresse der privaten Marktakteure, die ihr Geschäft auf den Monopolbereich ausdehnen wollten und z.T. ineffiziente Arbitrage zur Abschöpfung regulierungsbedingter Margen betrieben. Vgl. Berger (1993), S. 85f. und Knieps (1990).

20 Vgl. Möschel (1989), S. 175.

21 Die exakte Abgrenzung des Übertragungswegemonopols beschreibt Königshofen (1994a). Ursprünglich fielen alle Grundfunktionen des Fernmeldenetzes unter den Monopolbegriff. Die umfassende Definition wurde erstmals im Jahr 1984 eingeschränkt, als der EuGH von der DBP die Liberalisierung der Endgerätebereitstellung forderte.

22 BMPF (1988), S. 68. Diese umfassende Definition verhinderte das Unterlaufen des Telefonmonopols durch Deklaration eines trivial ergänzten Telefondienstes zu einem (im Wettbewerb angebotenen) Mehrwertdienst. Beispiel 'Sprache mit Hintergrundmusik'.

23 Diese Argumentationskette findet sich bei BMPF (1988), S. 43f.

- sollten Telekommunikationsleistungen auch künftig in allen Regionen zu gleichen Bedingungen zugänglich sein (Tarifeinheit im Raum), was nur unter Beibehaltung des Netzmonopols möglich erschien, und schließlich

- diente das Netzmonopol als notwendige Voraussetzung für die faktische Durchsetzung des Telefondienstmonopols.

Das zentrale Argument für die Beibehaltung des **Telefondienstmonopols** war dagegen einzig die damit verbundene Erzielung von Einnahmen. Das Telefondienstmonopol sei *"zur Erhaltung der Finanzkraft der gesamten DBP erforderlich"*[24], die außerordentlich hohe finanzielle Auflagen zu tragen habe, etwa für Innovationen im Fernmeldewesen, die Ablieferungen an den Bund, die Abdeckung von Defiziten aus den Postdiensten, und die Infrastrukturauflagen bzw. regionale Sonderregelungen.

Die Begründung ließ somit außen vor, ob für den Ausbau einer bedarfsgerechten Infrastruktur wirklich keine Zahlungsbereitschaft seitens der Endabnehmer besteht oder ob nicht angemessenere Maßnahmen für die Erreichung der erklärten Ziele denkbar sind. Erfahrungen im liberalisierten Ausland haben gezeigt, daß die Gefahr von Umsatz- bzw. Marktanteilsverlusten für den ehemaligen Monopolisten selbst bei vollständiger Marktliberalisierung nicht sonderlich groß ist. In Großbritannien lag im Jahr 1993, d.h. 11 Jahre nach Beginn der Liberalisierung, der Marktanteil von BT bei Diensten für die Öffentlichkeit bei 90%; in den USA lag im gleichen Jahr, d.h. 9 Jahre nach der Einführung von Wettbewerb im Fernverkehr, der Marktanteil von AT&T noch bei 70%.

(2) Generalprinzip Wettbewerb

Die Novellierung des FAG brachte die Erlaubnis für freien Wettbewerb

- im Randbereich des Netzmonopols,

- bei allen Diensten (Ausnahme Telefonsprachdienst) und

- auf dem Endgerätemarkt.

Auf der **Netzebene**, der technischen und wettbewerbspolitischen Grundlage der gesamten Telekommunikation, wurde in zwei Randbereichen Wettbewerb zugelassen. Zum einen bei der Datenübertragung per Satellit, wo die Zahl der Lizenzen unbegrenzt war, zum anderen im Markt für digitales Mobiltelefonieren, wo neben der DBP-Telekom ein privater Anbieter (Mannesmann) eine Lizenz erhielt.

Mit der Erlaubnis von Randwettbewerb war kein wettbewerblicher Druck auf die DBP-Telekom intendiert. Für die Bundesregierung war für den Randwettbewerb vielmehr kennzeichnend

- daß er das Telefondienstmonopol zur Einnahmensicherung der Deutschen Bundespost nicht aushöhlt und

- daß er innovativen und "die terrestrischen Angebote ergänzenden Charakter" hat und keine bestehenden Dienstleistungen substituiert.[25].

---

24   Vgl. BMPF (1988), S. 50f.

25   Vgl. BMPF (1988), S. 46.

Auf der **Dienste-Ebene** wurde mit Ausnahme des Telefondienstes ein privates Angebot für alle Arten von Mehrwertdiensten möglich, allerdings nur auf Mietleitungsbasis. Die privaten Anbieter mußten fortan keine Lizenzen beantragen, sondern ihr Tätigwerden lediglich dem BMPT melden. Einen Mehrwert erhält der Dienst (innerhalb geschlossener Nutzergruppen etwa das Buchungssystem der Reisebüros START oder das Bankennetz SWIFT) durch den Einsatz spezieller Vermittlungstechnik, die der private Anbieter in "seinem" Mietleitungsnetz einsetzt.[26]

Für die DBP-Telekom wurden die Dienste im Wettbewerbsbereich in Pflichtdienste und freie Dienste unterteilt. Erstere muß sie anbieten, Private können es, müssen aber nicht. Bei letzteren ist auch die DBP-Telekom völlig frei. Pflichtdienste muß die DBP im infrastrukturellen Interesse erbringen, für freie Dienste gelten keine Regulierungen. Die Bundesregierung wurde ermächtigt, nach Anhörung der DBP-Unternehmen und unter Mitwirkung des Infrastrukturrates (s.a. Abschnitt C) durch Rechtsverordnung diese Pflichtleistungen der DBP festzulegen (§ 25 Abs. 2 PostVerfG).

Definiert wurden **Pflichtdienste** in § 22 PostVerfG als solche Infrastrukturdienstleistungen, die die Unternehmen im besonderen öffentlichen Interesse, vor allem aus Gründen der Daseinsvorsorge erbringen müssen. Der Grundgedanke ist hierbei, daß auf der Basis der vom Staat gewährleisteten Marktstellung den Unternehmen der DBP besondere Verpflichtungen erwachsen, deren Finanzierung durch die besondere Marktstellung ermöglicht wird. Pflichtdienste stellen daher die politische Antwort der Bundesregierung auf die Frage dar, was ihrer Ansicht nach aus öffentlichem Interesse zur Grundversorgung der Bevölkerung mit Fernmeldediensten gehören soll.[27]

Telekommunikationsendgeräte schließlich können seit der Postreform I von privaten Unternehmen nicht nur hergestellt, sondern auch vertrieben werden. Die hoheitliche Aufgabe der Gerätezulassung ist dabei von der DBP auf das BMPT übertragen worden. Zulassungsbehörde ist das Zentralamt für Zulassungen in Saarbrücken.

Die folgende Abbildung gibt abschließend einen Gesamtüberblick über die Änderungen des ordnungspolitischen Rahmens im Deutschen Telekomsektor nach der Postreform I.

---

26 Zu den allokativen und wettbewerbspraktischen Folgen der Genehmigung von Corporate Networks vgl. Pfeiffer/Wieland (1990) S. 22 f. sowie Kapitel 1 Abschnitt B 2 b) "Veränderungen auf der Anbieterseite".

27 Die genaue Festlegung von Pflichtleistungen durch die Bundesregierung erfolgte im Herbst 1992. Vgl. dazu Abschnitt C 3 b) "Die Regulierung im Bereich der Pflichtleistungen".

Ordnungspolitische Struktur der Telekommunikationsmärkte nach 1989

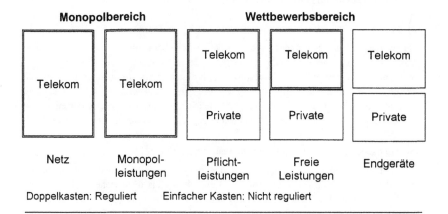

Abb. 2.2: Ordnungspolitische Struktur der Telekommunikationsmärkte nach 1989.
Eigene Darstellung in Anlehnung an Regierungskommission Fernmeldewesen (1987), S. 105.

B. Das Postneuordnungsgesetz von 1994 (Postreform II)

1. Anlässe zur Reform der Postreform I

a) Fortbestand des öffentlichen Dienstrechts

Da im Jahr 1989 auf eine Änderung des Artikels 87 GG verzichtet wurde, galt in den drei Postunternehmen das öffentliche Dienstrecht der DBP weiter fort. Es erwies sich aufgrund seiner festgefügten Besoldungsstruktur und seines Laufbahnprinzips für die Leitung eines Unternehmen kaum geeignet.[1] Der seinerzeit in § 50 PostVerfG unternommene Versuch einer Besoldungsflexibilisierung stieß schnell an Grenzen, da das Bundesinnenministerium auf der Gleichbehandlung aller Bundesbediensteten bestand.[2]

b) Politische Einflußnahme auf die Unternehmensführung

Die mit der Postreform I angestrebte Trennung von hoheitlichen und operativen Aufgaben erwies sich in der praktischen Durchführung als unzureichend, da weiterhin starker politischer Einfluß auf die unternehmerischen Entscheidungen der Postunternehmen ausging. Diese Einflußnahme erfolgte zum einen aufgrund der Rollenzuweisungen an den Postminister, der weiterhin

- die Interessen der Bundesrepublik Deutschland als 100 prozentige Anteilseignerin an den Postunternehmen vertrat,
- die lang- und mittelfristigen Ziele für das Unternehmen festlegte (§ 22 Abs. 1 PostVerfG)
- im Einvernehmen mit dem Aufsichtsrat das Führungspersonal der Postunternehmen berief,
- im Einvernehmen mit dem Bundesminister des Innern den Abschluß von Tarifverträgen genehmigen mußte,
- im Einvernehmen mit dem Bundesminister der Finanzen über die Verwendung der Gewinne entschied,
- die wesentlichen Beschlüsse des Aufsichtsrates genehmigen mußte sowie
- auf internationaler Ebene das Fernmeldewesen der Bundesrepublik Deutschland vertrat.[3]

Politischer Einfluß resultierte zum anderen aus der "beratenden Koordinierung" der Postunternehmen durch den in der Postreform I neugeschaffenen Infrastrukturrat. Angesichts der Vielzahl der hiermit geschaffenen politischen Einflußkanäle klagte Rolf-Dietrich Leister, Vorsitzender des Telekomverwaltungsrates: "*Solange alle wesentlichen Beschlüsse vom Postminister genehmigt werden müssen, vollziehen sich unternehmerische Entscheidungen viel zu sehr in einem politischen Umfeld.*"[4]

---

1   Vgl. Lütge (1992), S. 28.

2   Vgl. Krönes (1992), S. 396.

3   Vgl. Krönes (1992), S. 396f.; Möschel (1989), S. 176 und Pfeiffer/Wieland (1990) S. 13.

4   "Vor großen Aufgaben" in: SZ vom 12.09.1994; ähnlich bei Berke/Student (1992), S. 34.

c) Umstrittene Zulässigkeit von Auslandsengagements

Die Unternehmen der DBP blieben gemäß Art. 87 GG auch nach der Postreform I Teil der Bundesverwaltung. Der neugegründeten DBP-Telekom war als unmittelbarem Teil der staatlichen Verwaltung eine Auslandstätigkeit nur erlaubt, wenn sie die nationale Versorgungsaufgabe zum Anknüpfungspunkt hatte. Eine allein mit unternehmerischen Zielen begründete Auslandstätigkeit, etwa der Betrieb eines Fernmeldenetzes in einem fremden Staat, blieb der DBP-Telekom verwehrt.[5]

Angesichts der zunehmenden Internationalisierung der Telekommunikationsmärkte sollte mit der Erlaubnis von Auslandsengagements im Rahmen der Postreform II die internationale Wettbewerbsfähigkeit der DBP-Telekom verbessert werden.[6]

d) Deckung des Kapitalbedarfs der DBP-Telekom

Ein externer Anlaß zur Reform der Postreform I war der im Zuge des Ausbaus der Telekom-Infrastruktur in den neuen Bundesländern erheblich gestiegene Kapitalbedarf der DBP-Telekom.[7] Deren Eigenkapitalquote sank von 27% im Jahre 1991 auf unter 20% im Jahr 1993, und unterschritt damit deutlich die Sollgröße von einem Drittel, wie sie in § 41 PostVerfG vorgegeben wurde. Das Nachschießen von Eigenkapital aus der Bundeskasse war angesichts der angespannten Haushaltslage nicht zu erwarten. Die Lösung dieses Problems wurde in einer Änderung der Rechtsform der DBP-Telekom gesehen, die sich an der Börse privates Eigenkapital beschaffen sollte.

e) Wachsender Deregulierungsdruck auf europäischer Ebene

Ein weiterer externer Anlaß zur Reform der Postreform aus dem Jahre 1989 war die von der Europäischen Kommission vorangetriebene und vom EuGH flankierte Liberalisierungspolitik.[8] Die Anwendung des EG-Wettbewerbsrechts durch den EuGH stellte sich als wirksamer Hebel für das Aufbrechen der nach 1989 verbliebenen Monopole heraus. Die Bedeutung des europäischen Wettbewerbsrechts für die Deregulierung der verbliebenen Monopolrechte im bundesdeutschen Telekomsektor beruhte nach Einschätzung von Claus-Dieter Ehlermann - dem bis Mai 1995 amtierenden Direktor der Generaldirektion IV für Wettbewerb in Brüssel - darauf, daß es[9]

- keine Bereichsausnahmen kennt,

- sich auf wirtschaftliche Tätigkeiten richtet, unabhängig davon, ob diese von privaten oder öffentlich-rechtlichen Unternehmen erbracht werden,

- den nationalen Gesetzgebern verbietet, Unternehmen Sonderrechte zuzuteilen, die dem EG-Vertrag widersprechen und schließlich daß es

- Vorrang gegenüber nationalem Recht genießt.

---

5   Vgl. Berger (1993), S. 93.

6   Vgl. Kubicek/Mohr/Falke (1993), S. 222.

7   Die DBP-Telekom plant im Zeitraum von 1992 bis 1998 Investitionen im Beitrittsgebiet von insgesamt 63 Mrd. DM. Vgl. Berger (1993), S. 93.

8   Vgl. Kapitel 1 B 4 b " Die Europäische Liberalisierungspolitik".

9   Vgl. Ehlermann (1993), S. 84ff.

Das durch den EuGH praktisch angewendete europäische Wettbewerbsrecht setzt im Interesse der europaweiten Dienstleistungsfreiheit nationalen Monopolzuweisungen enge Grenzen. Das europarechtlich als verhältnismäßig eingestufte Ausmaß der Monopolzuweisung orientiert sich an Marktgesichtspunkten, eine Betrachtungsweise, die dem 1989 novellierten tätigkeitsbezogen definierten bundesdeutschen FAG fremd ist Nationale Monopolzuweisungen sind aus EG-wettbewerbsrechtlicher Perspektive nur zulässig, wenn sie [10]

- nur einen sachlich relevanten Markt betreffen und nicht mehrere benachbarte, aber unterschiedliche Märkte abdecken,

- objektiv notwendig sind und

- die Möglichkeit zu Substitutionswettbewerb offen halten.

Die Anwendung dieser Prüfkriterien auf die ordnungspolitischen Rahmenbedingungen auf dem bundesdeutschen Telekommunikationsmarkt in der Zeit nach 1989 hätte zur Feststellung zahlreicher Verstöße gegen das Maßnahmenverbot des Art. 90 Abs. 1 EWGV geführt. Netz- und Telefonmonopol waren in Deutschland beispielsweise weiter gefaßt als es EG-rechtlichen Vorgaben entsprach. Um dem Risiko gerichtlicher Einzelfallentscheidungen vorzubeugen, schien daher eine Reform der ordnungspolitischen Rahmenbedingungen der Postreform aus dem Jahr 1989 dringend erforderlich. [11]

2. Ziele und Ergebnisse der Postreform II

Im Sommer 1994 verabschiedete der Bundestag mit einer Zweidrittelmehrheit das Postneuordnungsgesetz (PTNeuOG)[12], die sogenannte Postreform II. Im Vordergrund standen die formale Privatisierung der drei Postunternehmen und die beabsichtigte materielle Teilprivatisierung der Deutschen Telekom AG.[13] Der ordnungspolitische Rahmen des Telekomsektors aus dem Jahre 1989 blieb - trotz der oben genannten EG-wettbewerbsrechtlichen Bedenken - unverändert.

a) Grundgesetzliche Verankerung der hoheitlichen Aufgaben beim Bund

Zur Umwandlung der bislang gemäß Art. 87 GG in Behördenform geführten Unternehmen der DBP in Aktiengesellschaften bedurfte es einer Grundgesetzänderung durch das PTNeuOG. Der Wortlaut des Art. 87f Abs. 1 und 2 GG wurde wie folgt geändert:

1. Nach Maßgabe eines Bundesgesetzes, das der Zustimmung des Bundesrates bedarf, gewährleistet der Bund im Bereich des Postwesens und der Telekommunikation flächendeckend angemessene und ausreichende Dienstleistungen.

---

10   Vgl. Baggehufwudt (1993), S. 176.

11   Vgl. Baggehufwudt (1993), S. 179.

12   Veröffentlicht in BGBl. I 2325.

13   So hieß es in der Gesetzesbegründung der Bundesregierung "Ziel der Postreform II ist vorrangig, die Wettbewerbsfähigkeit der Unternehmen national und international zu stärken. Mittel zur Erreichung dieses Zieles ist die Umwandlung der Unternehmen in eine private Rechtsform." BMPT (1994a), S. 5.

2. Dienstleistungen im Sinne des Absatzes 1 werden als privatwirtschaftliche Tätigkeiten durch die aus dem Sondervermögen Deutsche Bundespost hervorgegangenen Unternehmen und durch andere private Anbieter erbracht. Hoheitsaufgaben im Bereich des Postwesens und der Telekommunikation werden in bundeseigener Verwaltung durchgeführt.

Zu den hoheitlichen Aufgaben zählt nach amtlicher Begründung primär die flächendeckende Sicherung der "aus Sicht der Nachfrage angemessenen und ausreichenden Dienstleistungen".[14] Der Rechtsausschuß des Deutschen Bundestages konkretisierte die Begriffe "angemessen" und "ausreichend" dahingehend, daß sie sich auf die Qualität (angemessene Beschaffenheit) und die Quantität (ausreichende Mengen) der bereitzustellenden Dienstleistungen beziehen.[15] Die Gesetzesbegründung schränkte schließlich den umfassenden Regelungsauftrag des Art. 87f. GG durch den erläuternden Hinweis ein, damit werde klargestellt, "daß staatliche Maßnahmen nur auf die Herstellung einer Grundversorgung abzielen."

b) Gründung der Bundesanstalt für Post und Telekommunikation (BAPT)

Ebenfalls im Grundgesetz verankert wurde die Gründung einer bundesunmittelbaren Anstalt öffentlichen Rechts, die "einzelne Aufgaben in bezug auf die aus dem Sondervermögen DBP hervorgegangenen Unternehmen" ausführt (Art. 87f Abs. 3 GG). Das entsprechende Bundesgesetz über die Errichtung einer Bundesanstalt für Post und Telekommunikation Deutsche Bundespost (BAPostG) ist in Abs. 1 des PTNeuOG enthalten. Die Errichtung wird hierin mit so diffusen Argumenten wie "Rücksicht auf die historisch gewachsene Einheit des Post- und Fernmeldewesens" und "besondere Beziehungen des Bundes zu den aus dem Sondervermögen DBP hervorgegangenen Unternehmen"[16] begründet. Hoheitliche Aufgaben konnten nicht als Grund für die Errichtung angeführt werden.

Zu den Aufgaben der dem BMPT unterstellten BAPT gehört die Verwaltung der Bundesanteile an den Nachfolgegesellschaften der DBP, d.h. die Wahrnehmung der Aktionärsrechte des Bundes, die schrittweise Veräußerung der Anteile auf dem Kapitalmarkt wie auch die Entscheidung über die Verwendung der Dividenden.[17] Zusätzlich hat die BAPT die Aufgabe, die Unternehmensplanungen der Nachfolgegesellschaften zu koordinieren sowie einen Gewinn- und Verlustausgleich zwischen ihnen zu ermöglichen.[18]

Geführt wird die BAPT durch einen zweiköpfigen Vorstand und einem Verwaltungsrat, in dem einem vom BMPT ernannten Vorsitzenden und je einem Vertreter der drei zuständigen Ministerien (BMPT, BMWi, BMF) sechs Repräsentanten der Unternehmen

---

14   BMPT (1994a), S. 9.

15   Vgl. Bericht der Abgeordneten Dr. Rupert Scholz und Dieter Wiefelspütz, BT-Drucksache 12/1808, S.6.

16   BMPT (1994a), S. 9f.

17   BAPostG, § 3 Abs. 1 Satz 1 bis 3. Vgl. Abl. BMPT 19/94, S. 608.

18   BAPostG, § 3 Abs. 2 Satz 1 bis 11. Vgl. Abl. BMPT 19/94, S. 608.

gegenüber sitzen, von denen drei Arbeitnehmervertreter sind.[19] Die dem Unternehmen verbundenen Mitglieder verfügen in diesem Kontrollorgan somit über Stimmenmehrheit.

Die im Zusammenhang mit der Gründung der BAPT getroffenen Regelungen zielen darauf ab, die Einheit der Postunternehmen unter den neuen Bedingungen zu erhalten und den Unternehmen Einfluß auf die Ausübung der Aufsichts- und Eigentümerfunktionen des Bundes zu sichern. War in der Postreform I beim BMPT noch ein Konflikt zwischen Eigentümer- und Regulierinteressen angelegt, so entsteht durch die Gründung des BAPT ein Konflikt zwischen Aufsichts- und Geschäftsführungsinteressen der Aktiengesellschaften.[20]

c) Gründung der drei Aktiengesellschaften

Voraussetzung für die Gründung der drei Aktiengesellschaften war die Änderung des Artikels 87 f, mit der die Bundespost aus der Bundesverwaltung herausgelöst wurde. Die allgemeinen organisatorischen Übergangsregelungen (Übertragung der Monopolrechte des Bundes auf die DBP-Nachfolgeunternehmen, Weiterbeschäftigung der Bundesbeamten) regelt der geänderte Artikel 143b GG. Die konkreten Umwandlungsvorschriften werden im Gesetz zur Umwandlung der Unternehmen der Deutschen Bundespost in die Rechtsform der Aktiengesellschaft (PostUmwG) getroffen, dem dritten Artikel des PTNeuOG.

Das PostUmwG behandelt ausschließlich den formalen Errichtungsakt der drei Aktiengesellschaften, denen das Eigentum an den Vermögensgegenständen der jeweiligen Teilsondervermögen zugeordnet wird. Durch diesen Schritt wird die Trennung von hoheitlichen und betrieblichen Aufgaben institutionalisiert; aus der DBP-Telekom wird die "Deutsche Telekom AG". Aussagen zu Infrastrukturzielen und ihrer Durchsetzung werden in Zusammenhang mit der Unternehmensgründung nicht gemacht, da diese Aufgaben komplett auf das Ministerium übergegangen sind. (Vgl. den folgenden Abschnitt C).[21]

Die bisherigen Ausführungen haben die organisatorischen Änderungen der beiden Postreformen dargestellt und damit die Grundlage zur Erörterung der neuen regulatorischen Rahmenbedingungen gelegt. Bei der nun folgenden Erörterung des regulatorischen Rahmens steht die Frage im Vordergrund, welche Akteure nach welchen Maßgaben über die künftige Gestaltung des bundesdeutschen Telekomsektors zu entscheiden haben.

---

19   BAPostG, §§ 4 Abs. 1 und 2; 5 Abs. 1 Satz 1 bis 5, Abl. BMPT 19/94, S. 608f.

20   Zu rechtlichen Bedenken hinsichtlich dieser neuen Interessenkollision vgl. Wissenschaftlicher Beirat beim BMWi (1995), S. 3.

21   Flankiert wurde die Umwandlung durch einzelgesetzliche Verfahrensregelungen hinsichtlich der Personalüberleitung (Art. 2 und 4 PTNeuOG). Diese Regelungen klären vor allem Einzelheiten des Beleihungsverfahrens. Die DBP-Teilunternehmen werden dabei mit der Befugnis beliehen, die Rechte und Pflichten des Dienstherren Bund bezüglich der bei ihnen beschäftigen Beamten wahrzunehmen.

C. Ausgestaltung der Regulierung nach der Neuordnung 1994

1. Änderung des Regulierungsrahmens

a) Von der Aufsicht über das Unternehmen zur Regulierung des Marktes

Durch die Grundgesetzänderung von 1994 wurde allen Dienstleistungen im Bereich des Postwesens und der Telekommunikation die Qualität **privatwirtschaftlicher Tätigkeit** zugesprochen, d.h. der öffentliche Auftrag im Telekommunikationssektor wird seither allein vom Ministerium und nicht mehr wie bislang von den DBP-Unternehmen verfolgt. Diese Änderung entläßt die Deutsche Telekom AG aus der bisherigen Verpflichtung gegenüber dem Gemeinwohl und den Politikgrundsätzen der Bundesrepublik Deutschland. Sie kann fortan wie jedes andere privatwirtschaftliche Unternehmen allein nach betriebswirtschaftlichen Grundsätzen geführt werden. Wie alle anderen Anbieter im Telekommunikationssektor ist sie hierbei den Regulierungskompetenzen des BMPT unterworfen, die im neu geschaffenen Gesetz über die Regulierung der Telekommunikation und des Postwesens und im novellierten Fernmeldeanlagengesetz festgelegt wurden.

Die Gesetzesänderungen der Postreform II sind (mit Ausnahme der Änderung des Grundgesetzes) bis zum 31.12.1997 befristet, d.h. bis zum zeitlichen Ende der verbliebenen Monopole im Telekommunikationssektor. Die regulatorischen Vorgaben für die Zeit danach sind im Laufe des Jahres 1995 erarbeitet und Anfang 1996 als Telekommunikationsgesetz-Entwurf vom Bundeskabinett verabschiedet worden. Mit der Regulierung nach 1998 beschäftigt sich Kapitel 5; der vorliegende Abschnitt beschreibt den Regulierungsrahmen für die Zeit von 1994 bis 1998.

b) Schrittweise Weiterführung der vertikalen Aufgabenteilung

Die vertikale Aufgabenteilung der Postreform I ging nach Ansicht vieler Beobachter nicht weit genug, da das BMPT aufgrund seiner Eigentümerinteressen und Aufsichtsbefugnisse zu viel Einfluß auf unternehmerische Entscheidungen der Deutschen Telekom nehmen konnte.[22] Um die Neutralität des BMPT als Regulierungsinstanz zu sichern, wurden mit der Postreform II die **Eigentümerinteressen** des Bundes auf die öffentlich-rechtliche "Bundesanstalt für Post und Telekommunikation Deutsche Bundespost - BAPT" übertragen. Durch seine Aufsichtsbefugnisse über die BAPT kann das BMPT jedoch weiterhin indirekten Einfluß nehmen.[23] Damit wurde der ursprüngliche Konflikt abgemildert, nicht aber aus der Welt geschafft.

Das BMPT konnte seinen unmittelbaren Einfluß auf die Deutsche Telekom auch durch sein Genehmigungsrecht über Monopoltarife bewahren. Da die Einnahmen aus den bis zum Jahresende 1997 garantierten Monopolen über 90% des Gesamtumsatzes der Deutschen Telekom AG ausmachen, ist diese Form ministerieller Einflußnahme von größter Bedeutung für deren operatives Geschäft.

---

22 Vgl. Riehmer (1995), S. 370 ff. sowie Abschnitt B 1 b "Politische Einflußnahme auf die Unternehmensführung".

23 Nach § 2 Satz 2 BAPostG ist das Ministerium ausdrücklich zu "zweckmäßigkeitsorientierte(n) Fachaufsichtsmaßnahmen" befugt.

Noch vor der Postreform II hatte das BMPT durch zahlreiche Verwaltungsvorschriften[24] Organisation, Verfahren und Handeln der ihr nachgestellten Behörde DBP Telekom bestimmt Die damaligen **Aufsichtsbefugnisse** (Grundlage für den Einsatz von Verwaltungsvorschriften), also

- die Bestimmung mittel- und langfristiger Ziele (§ 25 Abs. 1, Satz 2 PostVerfG),

- die abschließende Entscheidung bei Streitfragen zwischen Vorstand und Aufsichtsrat der Telekom (§ 24, Abs. 3, Satz 1 PVerfG),

- die Genehmigungsrechte bei Entscheidungen zur Wirtschaftsführung (Wirtschaftsplan, Jahresabschluß, Entlastung des Vorstands) (§§ 23 Abs. 3 und 28 Abs. 1 PVerfG),

- der Einfluß auf die Gewinnverwendung und die Ablieferung an den Bund (§§ 42 Abs. 4 Satz 2 und 63 Abs. 4 Satz 1 PostVerfG) und

- die Rechtsaufsicht nach § 27 PostVerfG,

wurden mit der Neuordnung von 1994 abgeschafft. Nach der Abkoppelung der Deutschen Telekom AG vom Ministerium im Jahre 1995 wurden die wichtigsten Aufsichtsbefugnisse des BMPT

- Bestimmungen von Pflichtleistungen,

- Genehmigungs- und Widerspruchsrechte bezüglich der Tarife im Monopol- und Pflichtleistungsbereich sowie

- Bestimmungen über die Rahmenbedingungen für die Inanspruchnahme der Dienstleistungen

in **Regulierungsbefugnisse** nach dem PTRegG überführt. Diese redaktionelle Gesetzesänderung trieb die institutionelle Trennung zwischen Ministerium und Deutscher Telekom AG einen großen Schritt über den Stand von 1989 hinaus. Dank dieser Abkoppelung, die durch keine entsprechende Ausweitung der Regulierungsbefugnisse des BMPT kompensiert wurde,[25] darf die Deutsche Telekom AG beispielsweise als nunmehr selbständige juristische Person zur Klärung von Streitfragen mit dem Ministerium die Verwaltungsgerichte anrufen.[26]

Über diese Änderungen der institutionellen Regulierungsgrundlagen hinaus brachten die Reformen eine Richtungsänderung in der Zielsetzung der Regulierung. Während in der Vergangenheit Regulierung ausschließlich dazu diente, das umfassende Monopol der DBP zu schützen und in seiner Durchführung zu kontrollieren, dient sie seit der Neuordnung des Sektors primär dazu, funktionsfähigen Wettbewerb auf dem Markt für Telekommunikation zu verwirklichen und ein flächendeckendes modernes Angebot sicherzustellen.

---

24 Darunter betrafen die wichtigsten Vorschriften Konkretisierungen zur Ausübung des Netzmonopols und des Telefondienstmonopols durch die DBP-Telekom. Vgl. Scherer (1993), S. 265 und Riehmer (1995), S. 376.

25 Vgl. Riehmer (1995), S. 373.

26 Nach § 15 PTRegG werden beim BMPT sog. Beschlußkammern gebildet, die auf eine gütliche Einigung der Beteiligten hinwirken sollen, ehe die Deutsche Telekom AG (oder andere Wettbewerber) die Verwaltungsgerichte anrufen. Vgl. § 20 Abs. 3 PTRegG.

2. Änderung des Regulierungskonzeptes

a) Die Ziele der Regulierung

Der grundsätzliche Paradigmenwechsel in der Telekommunikation weg von der staatlichen Bereitstellung hin zum privatwirtschaftlich organisierten Markt führte zu einem völlig neuen Aufgabenverständnis der Regulierungsinstanz, in erster Linie also des BMPT. An die Stelle der Aufsicht über das staatliche Monopolunternehmen rückte die staatliche Setzung von Rahmendaten im wettbewerblich organisierten Markt. Das Ministerium muß seither darüber wachen, ob sowohl die öffentlichen Anforderungen an die Infrastruktur als auch die Bedürfnisse der Wirtschaft nach individuellen Telekommunikations-Dienstleistungen durch private Unternehmen erfüllt werden.[27] Eingriffe in die operative Tätigkeit der Deutschen Telekom AG, die keinen umfassenden öffentlichen Auftrag mehr hat, sind nur noch wegen ihrer besonderen Rechte und ihrer Marktdominanz gerechtfertigt.

Die Verpflichtung des Bundes zur Sicherstellung flächendeckender angemessener und ausreichender Dienstleistungen der Telekommunikation wird als Regulierungsziel verfassungsrechtlich gleich doppelt abgesichert. Zum einen in § 2 Abs. 1 PTRegG, wonach die Regulierung sicherstellen soll, "daß in den Bereichen der Telekommunikation und des Postwesens flächendeckend angemessene und ausreichende Dienstleistungen erbracht werden", zum anderen durch die Erwähnung im Zielkatalog des § 2 Abs. 2 PTRegG, wonach als Regulierungsziele anzusehen sind:

- Ein flächendeckendes, modernes und preisgünstiges Angebot von Dienstleistungen der Telekommunikation und des Postwesens,

- die Sicherung der Chancengleichheit ländlicher Räume im Verhältnis zu Verdichtungsräumen, im Postwesen unter Beachtung der Tarifeinheit im Raum für Monopol- und Pflichtleistungen,

- der diskriminierungsfreie Zugang der Nutzer zu diesen Dienstleistungsangeboten,

- die effektive Verwaltung knapper Ressourcen, insbesondere von Frequenzen und Rufnummern,

- die Berücksichtigung sozialer Belange,

- die Gewährleistung eines wirksamen Verbraucher- und Datenschutzes.

Diese Zielvorgaben aus den Bereichen Infrastrukturpolitik, Marktaufsicht, und Kundenschutz manifestieren sich in Regulierungseingriffen bei den Monopol- und Pflichtleistungen sowie bei den freien Leistungen und werden in diesem Zusammenhang näher vorgestellt (Vgl. Abschnitt C 3 a) bis c)).

b) Die Regulierungsinstanzen

Die Postreform II änderte im Vergleich zur Postreform I nichts am Nebeneinander der drei Regulierungsinstanzen (1) BMPT, (2) Regulierungsrat (vormals Infrastrukturrat)

---

27   Vgl. Berger (1991b), S. 345.

und (3) Bundesregierung. Wie zu zeigen sein wird, änderten sich jedoch deren jeweilige Möglichkeiten zur Einflußnahme.

(1) BMPT

Im Zuge der PR II wurde die Existenzberechtigung eines eigenständigen Postministeriums zunehmend in Frage gestellt.[28] Es sei als Regulierungsinstanz weder notwendig noch geeignet, da der Konflikt zwischen Eigentümerinteressen und Marktaufsicht weiter fortbestehe.

Die Regierungskommission Fernmeldewesen hatte in ihrem Gutachten noch die Meinung vertreten, daß der Informations- und Kommunikationssektor für Staat, Wirtschaft und Gesellschaft hinsichtlich seines finanziellen Volumens, der Wachstumsrate, der Innovationsgeschwindigkeit und des Arbeitsmarktes so bedeutsam und auch ordnungspolitisch problemreich sei, daß ein eigenständiges Ministerium nicht entbehrt werden könne.[29]

Im Juni 1995 gab der Postminister jedoch seine Absicht bekannt, das BMPT im zweiten Halbjahr 1997 aufzulösen, da es nach der Vergabe der Lizenzen (an konkurrierende Netzbetreiber) überflüssig werde. 1997 solle daher die Verwaltung der Bundesanteile an den drei Aktiengesellschaften auf das BMF übergehen. Die politische Verantwortung für technische Regelungen im Telekommunikations- und Postbereich solle das Technologieministerium übernehmen. Die eigentliche Regulierungsbehörde schließlich solle dem Wirtschafts- oder dem Technologieministerium zugeordnet werden.[30]

Diese Ankündigung des Postministers dürfte besonders deutsche Landespolitiker in ihrer Furcht bestätigt haben, daß mit dem Aufbrechen der tradierten Strukturen im Fernmeldewesen politische Anforderungen allein durch das Ministerium nicht hinreichend durchgesetzt werden können. Auf Betreiben der Länder wurde mit der Postreform II der Regulierungsrat ins Leben gerufen, der stärkeren Einfluß auf die Regulierungsinstanz ausüben und sogar Einfluß auf deren personellen Besetzung nehmen sollte.[31]

(2) Regulierungsrat

Die Neuordnung von 1994 hat die bislang ausschließlich beim Ministerium liegende Regulierungsaufgabe auf das Ministerium und den Regulierungsrat aufgeteilt. Alle wichtigen Regulierungsmaßnahmen des Ministers sind bis zum Jahr 1998 an die Zustimmung dieses politischen Gremiums gebunden. Die 32 Mitglieder des Regulierungsrates stammen je zur Hälfte aus dem Bundestag und aus den Ländern.

---

28   Vgl. Berger (1993), S. 82.

29   Vgl. Regierungskommission Fernmeldewesen (1987), S. 108.

30   Vgl. "Bötsch will sein Ministerium 1997 auflösen" in: Hbl. vom 16./17.6.1995, S. 12 sowie die Ausführungen in Kapitel 5 Abschnitt B "Die sich abzeichnende gesetzliche Lösung für die Bundesrepublik".

31   Vgl. Witte (1994a), S. 101.

Von den insgesamt 14 Aufgaben des Regulierungsrates, die in § 13 PTRegG aufgezählt werden, sind **Genehmigungs- und Beschlußrechte** des Rates über Vorlagen des BMPT die wichtigsten. Derartige Vorlagen beziehen sich auf [32]

- die Tarife im Bereich der Monopol- und Pflichtleistungen, wie auch auf Änderungen des Inhalts und Umfangs der Monopolrechte,

- die Festlegung von Pflichtleistungen,

- die Erteilung von marktöffnenden Lizenzen für konkurrierende Netz- und Diensteanbieter (noch vor Ablauf des Jahres 1997),

- die Maßnahmen zur Beseitigung einer Wettbewerbsbeeinträchtigung, [33]

- die Festlegung von hoheitlichen Maßnahmen zur Sicherstellung einer effizienten und einer störungsfreien Nutzung von Frequenzen (auch Rundfunkfrequenzen) sowie auf

- die Festlegung von Rahmenvorschriften für die Inanspruchnahme von Dienstleistungen (Verbraucherschutz).

Beratende Rechte besitzt der Regulierungsrat schließlich bei der Berufung von Personen, denen eine leitende Stellung im Rahmen der Regulierung übertragen werden soll.

(3) Bundesregierung

Die Einwirkungsmöglichkeiten der Bundesregierung auf den Telekomsektor werden mit der Bedeutung des Telekommunikationsmarktes gerechtfertigt, der neben seiner Größe als Wirtschaftsfaktor für die Verwirklichung der Kommunikationsgrundrechte der Bürger sowie der Kommunikationsbedürfnisse von Wirtschaft und Verwaltung bedeutsam ist. [34] Damit allgemeinpolitische Gesichtspunkte im Telekomsektor berücksichtigt werden, hat der Gesetzgeber der Bundesregierung wichtige Mitwirkungsrechte zugesprochen. Bei diesen Einwirkungsmöglichkeiten, die zum Teil unter Beteiligung des Regulierungsrates oder des Bundesrates erfolgen, handelt es sich um

- die Festlegung von Pflichtleistungen,

- die Festlegung von Rahmenvorschriften für die Inanspruchnahme von Monopol- und Pflichtleistungen der Deutschen Telekom,

- die Festlegung von Vorschriften zum Schutz personenbezogener Daten sowie um

- die Beilegung von Meinungsverschiedenheiten zwischen der Deutschen Telekom AG und dem BMPT im Bereich der Leistungsentgelte für Monopol- und Pflichtleistungen.

Das institutionelle Nebeneinander der drei Regulierungsinstanzen hat die organisatorischen und verfahrensrechtlichen Abläufe sehr schwerfällig gemacht, wie die folgende Darstellung der Regulierungsinstrumente verdeutlicht.

---

32   Vgl. Abl. BMPT 19/94, S. 657.

33   Vgl. Abschnitt C 3 c (2)"Finanzausgleich zwischen Monopol- und Wettbewerbsbereich".

34   Vgl. Königshofen (1995), S. 125 ff.

c) Regulierungsinstrumente

Ein von vielen Beobachtern beklagter Nachteil der Postreform I von 1989 war das verstreute Nebeneinander der gesetzlichen Regulierungsgrundlagen (die auf das FAG und das PostVerfG verteilt waren) sowie die Vielzahl der Regulierungsinstrumente Das komplizierte Nebeneinander von

- **Genehmigungsrechten** des BMPT, z.T. im Benehmen mit dem BMWi (Monopoltarife) oder mit dem BMF (Bestimmungen über die Wirtschaftsführung),

- **Rechtsverordnungen** der Bundesregierung mit und ohne Beteiligung des Regulierungsrates und

- **Verwaltungsvorschriften** des BMPT

wurde durch die Postreform von 1994 zumindest dahingehend entwirrt, daß das BMPT seine Stellung als Behördenleiter der Telekom verlor und damit die Grundlage für den Erlaß von Verwaltungsvorschriften entfiel. Jedoch blieben auch nach 1994 die gesetzlichen Grundlagen der Regulierung auf PTRegG und FAG (beide bis zum 31.12 1997 befristet) verteilt. Die seit der Neuordnung 1994 verfügbaren Regulierungsinstrumente sollen im folgenden für die drei ordnungspolitisch getrennten Bereiche des Telekommunikationssektors vorgestellt werden.

3. Regulierungsbereiche seit der Neuordnung von 1994

An der ordnungspolitischen Grundstruktur des bundesdeutschen Telekommunikationssektors und seiner Aufteilung in Monopol-, Pflicht- und Wettbewerbsdienste hat sich durch die Neufassung des FAG im Rahmen der Postreform II nichts geändert. Die Regulierungsinstanz ist weiterhin zu dem ordnungspolitischen Spagat zwischen der Förderung des Wettbewerbs einerseits und dem Schutz und der Kontrolle des Teilmonopols der Deutschen Telekom andererseits gezwungen.

Die Regulierungsbefugnisse des BMPT und des Regulierungsrates betreffen entweder allein die Telekom AG oder alle Betreiber von Telekommunikationsdiensten und - anlagen. Wie schon nach der Postreform I gilt auch nach der Postreform II, daß die Regelungen gegenüber der Telekom je nach Marktbereich in ihrer Eingriffsintensität gestaffelt sind. Im folgenden werden daher die Regulierungseingriffe in den Bereichen der Monopol-, Pflicht- und freien Leistungen gesondert untersucht Ganz allgemein betrachtet, hat die Eingriffsintensität nach der Neuordnung im Jahre 1994 eher ab- als zugenommen.[35]

a) Die Regulierung im Monopolbereich

Im Bereich der Monopolleistungen der Deutschen Telekom AG (also Bereitstellung der Übertragungswege, Angebot des Telefondienstes) reichen die Einwirkungsbefugnisse des BMPT am weitesten, da die Bereitstellungskonditionen der Monopolleistungen gleich mehrere Regulierungsziele tangieren. Es sind dies:

---

35 Vgl. Riehmer (1995), S. 376.

- der Schutz der Monopole,

- das Verhindern einer mißbräuchlichen Ausnutzung dieser Monopole,

- die Überwachung der Versorgungsaufgabe durch die Deutsche Telekom AG,

- die Gewährleistung freien Zugangs privater Anbieter zu den Leistungen der Deutschen Telekom im Monopolbereich (§ 1 Abs. 4. FAG) sowie

- der langfristige Abbau der Quersubventionen zwischen einzelnen Nutzergruppen und der damit verbundenen volkswirtschaftlichen Fehlallokationen.

Den Abbau der wohlfahrtsmindernden Quersubventionen der politisch definierten Gebührenstruktur hatte die Bundesregierung bereits in ihrer 'Konzeption Fernmeldewesen' von 1988 als mittelfristiges Ziel angeführt. Das PTRegG von 1994 trägt dem Rechnung, indem es das Prinzip der Tarifeinheit im Raum nur noch für Monopol- und Pflichtleistungen des Postwesens (und nicht des Fernmeldewesens) zum Regulierungsziel erhebt. Bereits 1991 äußerte der BMPT die Ansicht, daß Gebühreneinheit im Raum durchaus mit der Gewährung von Rabatten an Großkunden zu vereinbaren sei.[36]

(1) Tarifregulierung

Die wesentliche Einwirkungsbefugnis im Monopolbereich ist die Genehmigung von Monopoltarifen durch das BMPT im Benehmen mit dem BMWi und mit Zustimmung des Regulierungsrates.[37] Höhe und Struktur der Monopoltarife haben Bedeutung

- als Wettbewerbsparameter der Telekom,

- für die Nutzung der Übertragungswege durch die Wettbewerber sowie

- für den Umfang der Verteilungseffekte zwischen den Nutzergruppen.

Monopoltarife der Telekom AG sind gemäß § 4 Abs. 2 PTRegG dann genehmigungsfähig, wenn die Regulierungsinstanz das Regulierungsziel "Sicherstellung, daß in den Bereichen der Telekommunikation und des Postwesens flächendeckend angemessene und ausreichende Dienstleistungen erbracht werden" als erfüllt betrachtet. In dieser unpräzisen Form ist die Vorschrift nicht operational. Bereits vor der Neuordnung im Jahre 1994 hatte das BMPT daher allgemeine Grundlagen über die Genehmigungsfähigkeit von Monopoltarifen und ein spezielles Genehmigungsverfahren für Telefontarife erlassen.[38]

Die vom Ministerium veröffentlichten "grundsätzlichen Überlegungen zum Kostenmaßstab für die Genehmigungsfähigkeit von Monopoltarifen" vom Mai 1993 beschreiben die rechtlichen und ökonomischen Schwierigkeiten bei dem Versuch, die "richtigen" Tarife zu identifizieren.[39] Das Ministerium entschied sich grundsätzlich für das Vergleichs-

---

36 Vgl. Berger (1991b), S. 334.

37 Vgl. §§ 4 Abs. 1, Satz 2 und § 13 Abs. 3 Satz 1 PTRegG; früher §§ 23 Abs. 3 Nr. 4 und 28 Abs. 1 PostVerfG.

38 Dem ging im August 1992 die Veröffentlichung einer "Verwaltungsvorschrift zur Ausübung des Telefondienstmonopols" voran. Vgl. Abl. BMPT vom 26.08.1992, Kommentiert in BMPT (1992).

39 Wesentliche Probleme sind dabei die Fristigkeit des Beobachtungszeitraums, der Verrechnungsmodus von Gemeinkosten, die Bestimmung von "vermeidbaren Kosten" sowie EG-rechtliche Regulierungsvorgaben. Vgl. BMPT (1993b), S. 18 und OECD (1995d), S. 30ff.

marktkonzept entsprechend dem üblichen Verfahren des EuGH. Im Dezember 1993 wurde für die Tarifkomponenten

- Telefonwählverbindungen im Inland,
- Überlassung von Telefonanschlüssen sowie
- Einrichtung, Verlegung, Auswechslung und Änderung von Telefonanschlüssen etc.

ein sogenannter Price-Cap formuliert, bei dem die durchschnittlichen Tariferhöhungen für das gesamte Leistungsbündel nach oben hin gedeckelt werden. Liegen die von der DBP-Telekom (bzw. nach 1995: der Deutschen Telekom AG) gemachten Tarifvorschläge - gewichtet über alle Tarifpositionen - unterhalb dieser Deckelung, dann ist das entsprechende Tarifmodell genehmigungsfähig. Die Formel zur Deckelung lautet "Inflationsrate minus x Prozent".[40] Die Gestaltungsfreiheit der Telekom hinsichtlich der Einzeltarife unterhalb dieser Deckelung (etwa durch Angebot optionaler Tarife) beschränkte das Genehmigungskonzept durch seine ausdrückliche Erwartung, daß es geben wird:

- einen einheitlichen Tarif für die Orts- und Nahzone,
- keine Tarifdifferenzierung zwischen Ballungsgebieten und ländlichen Regionen sowie
- einen Sozialtarif.[41]

Die ersten Price-Cap Vorgaben des BMPT aus dem Jahr 1993 sahen in der Zeit von 1995 bis 1998 eine Senkung des Inlandstelefontarifniveaus um real 20% vor. 1994 zog das BMPT dieses Konzept jedoch zurück, und veröffentlichte eine "entschärfte" Übergangsregelung für die Zeit bis 1998.[42] Gemäß der neuen Übergangsregelung muß die Deutsche Telekom AG das durchschnittliche Niveau von Inlands- *und* Auslandstarifen erst ein halbes Jahr später, d.h. zum 1.7.1996 um 5% senken. Dieses Niveau kann sie bis Ende 1997 beibehalten. Anfang 1998 tritt dann das Price-Cap im oben beschriebenen Sinne in Kraft mit einer anfänglichen Tarifsenkung um 'Inflation minus 4,5%'.[43]

(2) Qualitätsregulierung

Weil die Qualität der Monopolleistungen der Deutschen Telekom qua definitione nicht durch das Verfahren des Wettbewerbs sichergestellt wird ist sie der zweite wichtige Regulierungsgegenstand. Die Frage nach der Leistungsqualität ist dabei umso bedeutsamer, als die Telekom die betriebswirtschaftlichen Folgen der oben behandelten Tarifregulierung unter Umständen durch eine Verschlechterung der Dienstleistungsqua-

---

40   Vgl. BMPT (1993c). Referenzindex für die Inflationsrate sind dabei die Lebenshaltungskosten aller privaten Haushalte.

41   BMPT (1993c), S. 35.

42   Vgl. BMPT (1994b), S. 989f.

43   Vgl. Picot/Burr (1996), S. 190. Ab 1998 ist nicht mehr das rechtliche Monopol der Telekom, sondern ihre marktbeherrschende Stellung Anlaß für die Tarifregulierung. Vgl. BMPT (1993b), S. 8. Kapitel 5 B 2 d) "Preisvorgaben für Universaldienste" wird zeigen, warum diese Entschärfung der Preisvorgaben von erheblicher Relevanz für die Universaldienstbereitstellung ist.

lität auszugleichen versuchen könnte. Dieses Thema fand jedoch nur geringe Beachtung in der deutschen Öffentlichkeit. Weder existiert statistisches Material zur Dienstequalität der Telekom, noch wurde das Thema in der Konzeption der Bundesregierung oder im Verlauf der öffentlichen Reformdiskussion angesprochen.

Brigitte Bauer hat in einem bemerkenswerten Aufsatz aus dem Jahre 1992 die informatorischen Anforderungen und das Problem der Auswahl geeigneter Straf- bzw. Anreizinstrumente zur Qualitätsverordnung untersucht.[44] Sie kommt angesichts der Multidimensionalität des Qualitätsbegriffs, der sich rasch wandelnden Technologie und der heterogenen Nachfrage nach Qualität zu dem Ergebnis, daß die Regulierungsinstanz in Monopolbereichen lediglich grundlegende Standards vorgeben kann.

Als ein Mittel zur Absicherung eines derartigen Mindestqualitätsstandards kann die im Januar 1996 in Kraft getretene Telekommunikations-Kundenschutzverordnung (TKV 1995) interpretiert werden.[45] Diese Verordnung schreibt Qualitätsvorgaben zu Entstörungs- und Bereitstellungsfristen sowie Regelungen zur Verbesserung des Verbraucherschutzes bei erhöhten Telefonrechnungen vor. Sehr konkret sind diese Vorgaben allerdings nicht. So legt § 24 der Verordnung zu "Qualität, Bereitstellungsfrist" lediglich fest, daß die angebotene Übertragungsqualität "*dem Stand der technischen Entwicklung*" entsprechen muß (Satz 1). Die Bereitstellung der Übertragungswege hat zudem "*unverzüglich*" zu erfolgen, nachdem der Kunde den Auftrag erteilt hat (Satz 2).

Langfristig ist davon auszugehen, daß nach erfolgreicher Ingangsetzung funktionstüchtigen Wettbewerbs im deutschen Telekommunikationsmarkt die Marktkräfte formale Qualitätskriterien (etwa Wartezeiten bei Reparaturen und Neuanschlüssen sowie von Netzzuverlässigkeit) aus betriebswirtschaftlichem Interesse heraus selber erfüllen werden. Der Regulierungsinstanz verbleibt dann allein die Aufgabe, grundsätzliche Anforderungen an Datenschutz und Datensicherheit der Telekommunikationsleistungen zu definieren und ihre Einhaltung zu überprüfen.[46]

(3) Marktregulierung

Inhalt und Umfang der Alleinrechte der DBP Telekom konnte das BMPT bis 1994 durch den Erlaß von Verwaltungsvorschriften zur Ausübung der Monopole konkretisieren. In der Gesetzesbegründung zum FAG fand sich der Hinweis, daß die durch diese Verwaltungsvorschriften konkretisierte Rechtsstellung (...) des Unternehmens in bezug auf Inhalt, Ausmaß und Wirkung auch nach 1994 unverändert bleibt.[47]

Der BMPT kann nach § 2 FAG die Monopolbereiche durch gezielte Lizenzvergaben teilweise dem Wettbewerb öffnen. Derartige Änderungen von Inhalt und Umfang der ausschließlichen Rechte der Telekom AG gehen den relativ komplizierten Weg über eine

---

44 Vgl. Bauer (1992).
45 Abl. BMPT 1/96, S. 5 ff.
46 Einen Überblick zu diesem Thema liefern Königshofen (1994b); Schadow (1991); Winkel/Büllingen (1995) sowie die Datenschutzverordnungen für die DBP-Telekom vom 24. Juni 1991 (BGBl. I, S.1390ff.) und für Unternehmen, die Telekommunikationsdienstleistungen erbringen, vom 18. Dezember 1991 (BGBl. I S. 2337ff.)
47 BR-Drucksache 115/94, S. 105.

Rechtsverordnung und das anschließende Benehmen mit dem Regulierungsrat. Angewendet wurde dieses Verfahren bislang im Bereich des Mobilfunks (Lizenz an E-plus), des regionalen Bündelfunks sowie der Satellitenfunkanlagen. Der Vorschlag des Postministers, den Mobilfunkanbietern Errichtung und Betrieb eigener Festnetze zu gestatten, wurde dabei erst im zweiten Anlauf vom Regulierungsrat genehmigt.[48]

Da § 2 FAG offen gelassen hatte, nach welchen Grundsätzen sich die **Genehmigung von partiellen Marktöffnungen** richten soll, erließ der BMPT im Oktober 1995 eine konkretisierende Rechtsverordnung, die Telekommunikations-Verleihungsverordnung - TVerleihV.[49] Der BMPT kann demnach Verleihungen in Ausnahmefällen erteilen, wenn sie sich auf inhaltlich, zeitlich und räumlich begrenzte Projekte mit innovativem Charakter beziehen. Darüber hinaus können Verleihungen dann erteilt werden, wenn die Deutsche Telekom AG ihren Leistungspflichten bei der Erbringung von Monopolleistungen nach Art, Qualität und Preis nicht angemessen nachkommt. In beiden Fällen dürfen Verleihungen jedoch nur erteilt werden, wenn sichergestellt ist, daß die Kernbereiche der Monopole nicht ausgehöhlt werden.

Das **Marktverhalten der anderen Wettbewerber** wurde nach 1989 durch die Anfügung von Nebenbestimmungen an die Lizenzen reguliert (§ 2 Abs. 2 Satz 1 FAG alte Fassung). Seit 1994 erfolgt die Regulierung des Marktverhaltens der anderen Wettbewerber im wesentlichen durch oben erwähnte Rechtsverordnung des BMPT zu Inhalt, Umfang und Verfahren der Verleihung. Darüber hinaus erlaubt die Neufassung des FAG weiterhin Einzelfallentscheidungen des BMPT.[50]

Die Eignung dieser Instrumente zur Regulierung des Marktzutritts und des Marktverhaltens wurde vom Beirat beim BMWi im März 1995 stark angezweifelt:

> *"Das Gesetz schweigt (...) über die für die Regulierung maßgeblichen wett-*
> *bewerbsbezogenen materiellrechtlichen Kriterien, über die Mitwirkungs-*
> *pflichten der zu kontrollierenden Unternehmen, über das Regulierungsver-*
> *fahren und über die dem Regulierer zu Gebote stehenden Sanktionen. (...)*
> *Das Gesetz über die Regulierung der Telekommunikation und des Postwesens*
> *ist nicht geeignet, den Gefahren, die mit der Monopolisierung gesamtwirt-*
> *schaftlich wichtiger Märkte verbunden sind, wirksam zu begegnen."[51]*

b) Die Regulierung im Bereich der Pflichtleistungen

Wie die Monopolleistungen gehören die Pflichtleistungen im Wettbewerbsbereich zu den Infrastrukturdiensten der Telekom (s.a. Abb. 2.2). Da in diesem Bereich grundsätzlich von der Regulierung durch den Markt ausgegangen wird und die Wettbewerbssituation

---

48 Vgl. Post-Politische-Informationen Heft 7/95, S. 3 und Heft 9/95, S. 2 sowie "Regulierungsrat bremst den Postminister" in: FAZ vom 27.06.1995, S. 15.

49 Vgl. Verordnung zur Öffnung von Märkten für Dienstleistungen sowie zur Regelung von Inhalt, Umfang und Verfahren der Verleihung im Bereich der Telekommunikation (TVerleihV) vom 23. Oktober 1995, Abl. BMPT 24/95, S. 1443 ff.

50 Vgl. Riehmer (1995), S. 387.

51 Wissenschaftlicher Beirat beim BMWi (1995), S. 7.

flexible Reaktionen durch die Telekom erfordert, sieht das Gesetz eine geringere staatliche Einflußnahme als im Monopolbereich vor.[52]

Die Bundesregierung darf nach Absprache mit dem Regulierungsrat diejenigen Infrastrukturdienstleistungen bestimmen, die die Deutsche Telekom im besonderen öffentlichen Interesse, vor allem aus Gründen der Daseinsvorsorge, erbringen muß (§ 8 Abs. 1 PTRegG). Die Gesetzesbegründung erläutert, daß sich das "öffentliche Interesse" z.B. aus dem Sozialstaatsgebot (Art. 20 GG) oder aus dem Grundsatz der Einheitlichkeit der Lebensverhältnisse über das Gebiet eines Bundeslandes hinaus (Art. 72 Abs. 2 GG) ergeben kann.[53] Da keine eindeutigen ökonomischen, technischen oder infrastrukturellen Entscheidungskriterien existieren, kann die Entscheidung für bestimmte Pflichtdienste letztlich nur auf politischen Kompromissen beruhen.

Durch die Telekom Pflichtleistungsverordnung vom 16.9.1992 hat die Bundesregierung mittlerweile folgende Pflichtleistungen der Telekom bestimmt:[54]

- das Erteilen von Auskünften über Rufnummern,

- die Herausgabe von Teilnehmerverzeichnissen,

- das Bereitstellen öffentlicher Telefonzellen,

- das Bereitstellen einer Notrufmöglichkeit in öffentlichen Telefonzellen,

- das Übermitteln von Fernschreiben und

- das Übermitteln von Telegrammen.

Der BMPT kann darüber hinaus auch die wesentlichen Strukturen bezüglich des Entgelts (z.B. Entfernung, Nutzungszeit, Entgelteinheit im Raum) beeinflussen. Bei diesen Festlegungen soll sie die "wirtschaftlichen Möglichkeiten" der Deutschen Telekom berücksichtigen (§ 8 Ab 2 PTRegG). Dennoch kann durch diese Festlegungen die Deutsche Telekom zum Angebot unwirtschaftlicher Dienste oder zur unwirtschaftlichen geographischen Angebotsausweitung verpflichtet werden. Sollte hierdurch die Ertragskraft der Telekom wesentlich verschlechtert und die Erfüllung des Pflicht-leistungsauftrags bedroht werden, darf der BMPT zum Ausgleich von Wettbewerbsver-zerrungen den Wettbewerbern der Telekom ähnliche Pflichtleistungen auferlegen (§ 1 Abs. 2 FAG), oder aber (nach entsprechendem Beschluß des Regulierungsrates sowie im Benehmen mit dem BMWi) die Pflichtleistungstarife verändern.[55]

c) Sonstige Regulierungen im Bereich der freien Dienstleistungen

(1) Rahmenvorschriften für die Inanspruchnahme von Dienstleistungen

Die Bundesregierung darf - nach Anhörung der Deutschen Telekom durch den BMPT - Rahmenvorschriften für die Inanspruchnahme der Dienstleistungen der Telekom AG

52 Vgl. Riehmer (1995), S. 376.

53 Vgl. Begründung der Bundesregierung, BT-Drucksache. 11/2854, S. 43.

54 Verordnung zur Regelung der Pflichtleistungen der Deutschen Bundespost Telekom. Verfügung 150/1992 vom 16.9.1992, ABl. des BMPT 19/1992, S. 382

55 Beobachter halten jedoch aufgrund der engen Anwendungsvoraussetzungen den Einsatz derartiger Maßnahmen für sehr unwahrscheinlich. Vgl. ausführlich Riehmer (1995), S. 393f.

erlassen (§ 9 PTRegG). Ziel dieser Einflußnahme ist die Harmonisierung der Kundeninteressen an der Bereitstellung von technisch einwandfreien, den individuellen Wünschen entsprechenden Dienstleistungen mit den Infrastrukturaufgaben der Telekom.[56] Als Regelungsbeispiele nennt § 9 PTRegG "insbesondere".

- Regelungen über den Vertragsabschluß, über den Gegenstand und die Beendigung der Verträge,

- Rechte und Pflichten der Vertragspartner und der sonstigen am Post- und Fernmeldeverkehr Beteiligten, einschließlich Haftungsregeln der Telekom, und

- Anschlußbedingungen für Endgeräte

Die Bundesregierung hat derartige Rahmenvorschriften in Form der bereits erwähnten Telekommunikationsverordnung (TKV 1995) erlassen sowie gemäß § 23 Abs. 2 Nr 1a des Gesetzes zur Regelung des Rechts der Allgemeinen Geschäftsbedingungen (AGB-Gesetz) die AGB und Preislisten der Deutschen Telekom auf über 300 Seiten im Amtsblatt des BMPT veröffentlichen lassen.[57]

(2) Finanzausgleich zwischen Monopol- und Wettbewerbsbereich

Entgegen den Vorschlägen der Regierungskommission Fernmeldewesen, die bereits vor der Postreform I im Jahre 1989 im Interesse fairer Wettbewerbschancen zwischen dem staatlichen Großunternehmen und privaten Wettbewerbern die organisatorische und rechtliche Trennung von Monopol- und Wettbewerbsbereichen der Telekom AG gefordert hatte, behält die Telekom AG auch nach der Postreform II das Recht des Finanzausgleichs zwischen Monopol- und Wettbewerbsdiensten.

Die Erträge aus dem Monopolbereich dürfen zum Ausgleich von zusätzlichen Kosten und von Mindereinnahmen verwendet werden, die der Telekom durch politische oder infrastrukturelle Auflagen in den Wettbewerbsbereichen entstehen, sowie zur Finanzierung von Anlaufverlusten neuer Dienste (§ 7 PTRegG). Damit die Telekom AG dieses Vorrecht nicht mißbräuchlich nutzt, um durch massive Quersubventionen in den Wettbewerbsbereich neue Anbieter vom Markt fernzuhalten, ordnete der BMPT in seinen Verwaltungsvorschriften zur Konkretisierung der Monopole der DBP-Telekom bereits im Herbst 1991 an, daß bei der internen Verrechnung zwischen Monopol- und Wettbewerbsbereich der DBP-Telekom Kundenpreise anzusetzen sind.[58]

Mit § 7 Satz 2 PTRegG erhält der BMPT ein weiteres - allerdings stumpfes - Schwert gegen wettbewerbsverzerrende interne Finanzausgleiche der Deutschen Telekom. Immer dann, wenn "durch spürbare anhaltende Kostenunterdeckung [der Telekom] im Wettbewerbsbereich die Wettbewerbsmöglichkeiten anderer Unternehmen auf einem Markt ohne sachlich gerechtfertigten Grund beeinträchtigt werden" darf der BMPT im

---

56 Vgl. Begründung der Bundesregierung: BT-Drucksache. 11/2854, S. 45.

57 Vgl. Abl. BMPT 24 bis 27/95.

58 Im Mai 1994 hatte eine Untersuchung des Bundeskartellamtes ergeben, daß die DBP-Telekom die im Wettbewerbsbereich erbrachten Datex-P-Dienste in der Zeit von 1989 bis 1993 mit rund DM 1,9 Mrd. aus den Monopolbereichen quersubventionierte. Vgl. "DBP-Telekom subventioniert Datex-P Dienste"in: Hbl. vom 26.05.1994.

Benehmen mit dem BMWi und nach Absprache mit dem Regulierungsrat diese Beeinträchtigung des Wettbewerbs mit den "erforderlichen Maßnahmen" beseitigen.

Stumpf ist dieses Schwert sowohl wegen der Abgrenzungsschwierigkeiten, ob ein sachlich gerechtfertigter Grund vorliegt oder nicht, als auch aufgrund des erheblichen Verwaltungsaufwands bei der Durchführung dieser Maßnahme.

(3) Sonstige Regulierungseingriffe im Bereich freier Leistungen

Der Vollständigkeit halber seien die sonstigen hoheitlichen Regulierungsbefugnisse des BMPT im Bereich freier Leistungen erwähnt, die aufgrund ihrer primär technischen Ausrichtung im Rahmen der vorliegenden Arbeit jedoch nicht einzeln dargestellt werden. Es handelt sich um

- das Festlegen bzw. die Mitwirkung bei Festlegungen nationaler und internationaler Spezifikationen,

- das Verwalten und Vergeben von Funkfrequenzen,

- die Festlegung gebührenpflichtiger Tatbestände für Lizenzen sowie

- das Regeln der Zulassung von Geräten und Personen für den Einsatz im Bereich der Telekommunikation.

D. Fazit

Die Postreformen von 1989 und von 1994 stellten aufgrund zahlreicher politischer Rücksichtnahmen[59] keinen marktöffnenden Befreiungsschlag, sondern eher einen behutsamen organisatorischen Umbau der Deutschen Bundespost mit zahlreichen strukturkonservierenden und -sichernden Elementen dar. Angesichts der 500-jährigen Geschichte des staatlichen Monopolbetriebs im Post- und Fernmeldewesen und des politischen Gewichts der konservativ auftretenden Deutschen Postgewerkschaft konnte dieses Ergebnis jedoch kaum überraschen.[60]

Aus den bisherigen Ausführungen der Neugestaltung des bundesdeutschen Telekommunikationssektors geht hervor, daß die Postreform I

- in ihrem Kern eine Organisationsreform des öffentlichen Monopolunternehmens DBP war, die mit der Verselbständigung der drei Betriebseinheiten Effizienzsteigerungen erzielen sollte,

- bei der ordnungspolitischen Neugestaltung (Teil-Liberalisierung und Trennung der hoheitlich-regulativen Aufgaben von den unternehmerischen Aufgaben)

---

59 Zur polit-ökonomischen Erörterung des Gesetzgebungsverfahrens: vgl. Jäger (1994); Möschel (1989) sowie Schäfer (1993).

60 Der DPG-nahe Wissenschaftliche Beirat der Gesellschaft für öffentliche Wirtschaft und Gemeinwirtschaft hat im Jahre 1988 und im Jahre 1992 extrem konservative bzw. rückwärtsgewandte Stellungnahmen zu den beiden Postreformen abgegeben. Vgl. Gesellschaft für öffentliche Wirtschaft (Hrsg.) (1988) und (1992).

nur soweit ging, wie es nach dem Europaischen Gemeinschaftsrecht unausweichlich war,[61] und daß sie

- durch die Aufteilung der Regulierungsaufgaben auf verschiedene Ebenen zu Interessenkonflikten innerhalb des Ministeriums sowie zu einer Ausweitung politischer Einflußnahme auf die unternehmerischen Entscheidungen der DBP Telekom führte.

Die Konstruktionsfehler der Postreform I sowie externe Entwicklungen gaben sehr schnell Anlaß zu einer neuerlichen Reform des Fernmeldewesens, zur Verabschiedung der Postreform II im Sommer 1994. Zu den wesentlichen Ergebnissen der Postreform II zählt, daß sie

- der Deutschen Telekom AG im Interesse ihrer (ohnehin kaum bedrohten) Wettbewerbsfähigkeit die tradierten Bundesmonopole übertrug und durch diese Verzögerung im Liberalisierungsprozeß die Regulierungsprobleme der Monopolaufsicht der nun privatisierten Telekom AG verschärfte,

- mit der Gründung der BAPT Rücksicht auf strukturerhaltende Interessen nahm, da im Leitungsgremium dieses Kontrollorgans die Vertreter der zu kontrollierenden Post-Nachfolgeunternehmen die Mehrheit halten,

- organisatorische Änderungen nur in dem Umfang vornahm, wie dies unerläßlich war, um der Deutschen Telekom den Zugang zu ausländischen Märkten und zum Kapitalmarkt zu öffnen.

Die Hauptschwächen des durch die Reformen modifizierten Regulierungsansatzes waren:

- die mangelnde institutionelle Funktionsteilung zwischen Regulierung und (Markt-)Aufsicht,

- die organisatorische und verfahrensrechtliche Schwerfälligkeit des Apparates sowie

- die zahlreichen Möglichkeiten (partei-)politischen Zugriffs auf die Regulierungsbehörde bis hin zu Personalentscheidungen.

Im Ergebnis der beiden Reformen wurde das öffentlich-rechtliche Monopolunternehmen - bei gleichzeitiger Schwächung der Stellung des Regulierers - in ein privates Monopolunternehmen umgewandelt. Die Liberalisierung kam über den Stand von 1989 nicht hinaus. Die Entwicklung sachgerechter Rahmenbedingungen für einen vollständig liberalisierten deutschen Telekommunikationsmarkt ist seit Inkrafttreten der Postreform II das vorrangige Ziel der Regulierungsinstanz unter Federführung des BMPT.

Mit dem Problem, wie das Universaldienstziel in der Telekommunikation angemessen verankert werden kann, beschäftigen sich die beiden folgenden Kapitel. Während in Kapitel 3 die theoretischen Grundlagen des Universaldienstkonzeptes sowie dessen traditionelle Umsetzung behandelt werden, beschäftigt sich Kapitel 4 mit dessen Umsetzung in einem wettbewerblichen Umfeld.

---

61 Möschel bezeichnete die Postreform I daher als "Tanga-Lösung", d.h. als die knappste denkbare Antwort auf ein Problem. Vgl. Möschel (1989), S. 179.

III. THEORETISCHE GRUNDLAGEN UND TRADITIONELLE AUSGESTALTUNG DES UNIVERSALDIENSTES

A. Das Konzept des Universaldienstes

"Perhaps no other regulatory goal has been so extensively discussed without an established definition as universal service"[1].

1. Die Förderziele des Universaldienstes

Der Begriff Universaldienst (universal service) wurde erstmals im Jahr 1907 vom damaligen AT&T Chef Theodor Vail in Zusammenhang mit seiner Forderung verwendet, daß jedermann unabhängig von seinem Wohnort einen erschwinglichen Zugang zu einem Telefonanschluß haben soll.[2] Die geographische Lage, körperliche Behinderung oder finanzielle Not des Anschlußteilnehmers sollten kein Hindernis für seine volle Teilhabe am Telekommunikationssystem bedeuten. Diese Teilhabe definierte Vail als den Anschluß an das Netz in Verbindung mit einem Bündel verfügbarer Dienste und Dienstemerkmale, der sogenannten Grundversorgung. Die Grundidee von Vail konnte auf die Formel gebracht werden: "Ein Telefon in jedem Haus".

Der Universaldienstgedanke wurde sehr rasch auch in anderen Ländern zur Maxime staatlicher Telekommunikationspolitik. Betreiber von Telefongesellschaften erhielten die Verpflichtung, alle Kunden zu versorgen, die dies wünschen. Mit derartigen Universal-dienstverpflichtungen (Universal Service Obligation - USO) sollten generell vier Förderziele erreicht werden:[3]

- ein flächendeckendes Angebot von Basisdiensten einheitlicher Qualität,

- einheitliche Tarife - unabhängig von den individuellen Bereitstellungskosten,

- eine allgemeine Subventionierung der Anschluß- und Grundgebühren für Privatkunden zur Steigerung der Anschlußdichte sowie

- die spezielle Subventionierung bestimmter Kundengruppen, i.d.R. Einkom-mensschwache, Alte, Behinderte, Landbewohner oder Wenignutzer.

Der Stellenwert der einzelnen Ziele hat sich im Laufe der Zeit gewandelt.[4] Nach Überwindung anfänglicher technischer Probleme stand zunächst die geographische Abdeckung auch entlegener Regionen im Vordergrund der Universaldienstverpflichtung. Sehr früh einigten sich die westlichen Industriestaaten auch auf den Grundsatz flächendeckend einheitlicher Tarife. Die Unterzeichnerstaaten der Konvention der "International Telecommunication Union (ITU)" erkannten als eine Art Grundrecht:

---

1   Pressler/Schieffer (1993), zitiert nach Borrows et al. (1994), S. 4.

2   Vgl. Mueller (1993), S. 353.

3   Vgl. Cave/Milne/Scanlan (1994), S. 1.

4   Zur historischen Entwicklung des Universaldienst-Konzepts s.a. Mueller (1993); Zur Verlagerung der Schwerpunkte in der bundesdeutschen Telekommunikationspolitik nach 1945 s.a. Scherer (1990).

"the right of the public to correspond by means of the international service (...). The services, the charges and the safeguards shall be the same for all users in each category of correspondance without any priority or preference"[5]

In der nächsten Phase des Netzaufbaus setzten künstlich verbilligte Anschlußgebühren Anreize zur Versorgung aller Haushalte.

Schließlich wurden neben der dienstespezifischen Subvention der Anschlüsse verschiedene personenspezifische Subventionen für benachteiligte Kundengruppen in die Universaldienstverpflichtung aufgenommen. Dieser sozial ausgerichtete Versorgungsauftrag, das Telefonieren für ausnahmslos alle erschwinglich und praktikabel zu machen, stellt Anfang der neunziger Jahre die Hauptkomponente des Universaldienstes dar.

Technische Entwicklungen sowie Veränderungen auf der Angebots- und Nachfrageseite erforderten im Zeitablauf zahlreiche Anpassungen des Grundversorgungskataloges. So wurden schrittweise der nationale und internationale Selbstwählverkehr oder in jüngster Vergangenheit technische Dienstemerkmale wie der Einzelgebührennachweis oder das digitale Tonwahlverfahren als Bestandteil der Grundversorgung universal über das Netz verfügbar.[6]

Die für die zukünftige Gestaltung des Universaldienstes in der Bundesrepublik relevante Definition der EU-Kommission lautet:

"Der universelle Dienst gewährleistet allen Benutzern den Zugang zu einem festgelegten Minimaldienst mit einer spezifizierten Qualität zu einem erschwinglichen Preis, basierend auf den Grundsätzen der Allgemeinheit, Gleichheit und Kontinuität"[7].

Die einzelnen Elemente eines solchen Dienstes nennt eine Entschließung des Rates vom Februar 1994, derzufolge der Minimaldienst u.a. den einfachen Telefonanschluß, den Auskunftsdienst, das Angebot öffentlicher Telefonzellen, den Zugang zu Notdiensten, die Versorgung von Armen oder benachteiligten Benutzern (Behinderten) sowie die Bereitstellung von Rufnummernverzeichnissen umfassen soll.[8]

Das Förderziel des Universaldienstes wird zu weiten Teilen bereits durch das kommerzielle Interesse des Telefonanbieters erreicht, der das Netz von sich aus soweit ausdehnen wird, wie es ihm profitabel erscheint. Maßnahmen zugunsten des politischen Förderziels kommen daher erst zum Tragen, wenn der Anbieter von einer weiteren Netzausdehnung keinen Gewinn mehr erwartet und zu weiterem Angebot verpflichtet werden muß.[9] Da die Universaldienstverpflichtung ein höheres Niveau der Telefonver-

---

5   Auszug aus der ITU-Konvention, zitiert nach: OECD (1991), S. 27.

6   Vgl. "Vollständige Digitalisierung bis zum Jahr 2000", in: FAZ vom 15. März 1994.

7   Europäische Kommission - Grünbuch Teil II (1994a), S. 133.

8   Vgl. Entschließung des Rates vom 7.2.1994 über die Grundsätze für den Universaldienst im Bereich der Telekommunikation. (94/C 48/01) Abl. EG Nr. C 48/1 vom 16.2.1994.

9   Vgl. Borrows et al. (1994), S. 9 sowie Europäische Kommission - Grünbuch Teil II (1994a), S. 159.

sorgung anstrebt, als sich im Fall der reinen Marktlösung ergeben würde, sind mit ihr zwangsläufig Kosten (die sogenannte Universaldienstlast) verbunden, deren Finanzierung geregelt werden muß.

2. Begründungen des Universaldienstes

Für den Universaldienst werden politische, soziale und ökonomische Gründe angeführt. Die **politische Begründung** hebt darauf ab, daß in einer Demokratie die Bürger Zugang zu den Kommunikationseinrichtungen als einer Voraussetzung für die Ausübung des Rechts auf freie Meinungsäußerung haben sollen. Der Zugang sollte daher nicht allein vom Ergebnis des Marktprozesses abhängig sein.[10]

Die **soziale Begründung** sieht den Wert des Universaldienstes zum einen in der Vermeidung einer Aufteilung der Gesellschaft in Informationsarme und -reiche,[11] zum anderen in der Bedeutung eines Telefonschlusses zur Überwindung von Einsamkeit, zur Kontaktpflege zwischen Familienangehörigen sowie in persönlichen Gefahrensituatio‾nen.[12] Politische und soziale Begründung heben damit beide auf das "öffentliche Interesse" bzw. das staatsrechtliche Motiv der Daseinsvorsorge ab. Sie stellten das Hauptargument für die Einführung von Pflichtdiensten in Deutschland dar.[13]

Die **ökonomische Begründung** für den Universaldienst verweist auf die hohen Externalitäten von Telekommunikationsnetzen, die zu Marktversagen führen. Bei den Externalitäten eines Telefonnetzes handelt es sich um:

1. hohe positive Konsumexternalitäten eines Neuteilnehmers auf die bisherigen Teilnehmer sowie

2. hohe positive Externalitäten steigender Anschlußdichten auf das gesamtwirt-schaftliche Wachstum.

Hohe positive Konsumexternalitäten führen (vor allem im Stadium des Netzaufbaus) dazu, daß Private den sozialen Nutzen ihres Anschlusses notorisch unterschätzen und daher weniger Anschluß nachfragen als es gesamtwirtschaftlich wünschenswert wäre. Da Nichtteilnehmer wie Teilnehmer gleichermaßen von der Nichtberücksichtigung sozialer Nutzen bei der privaten Nachfrageentscheidung betroffen sind, existiert ein gesellschaft-liches Interesse an der Internalisierung dieser Externalität.

Die Betonung der externen **Nutzen hoher Anschlußdichten für das wirtschaftlicher Wachstum** stellt eine Umkehrung der traditionellen Sicht dar, derzufolge hohe Anschlußdichten das Ergebnis eines hohen Bruttosozialprodukts sind. Tatsächlich erhär-

---

10   Vgl. Blackman (1995), S. 172.

11   In der Begründung der amerikanischen Initiative zum Aufbau einer nationalen Informations-Infrastruktur heißt es hierzu: "As a matter of fundamental fairness, this nation cannot accept a division of our people among telecommunications or information "haves" and "have-nots." The Administration is committed to developing a broad, modern concept of Universal Service - one that would emphasize giving all Americans who desire it easy, affordable access to advanced communications and information services, regardless of income, disability, or location." Vgl. NTIA (1994), Kapitel 5.

12   Vgl. Cave/Milne/Scanlan (1994), S. 14f.

13   Vgl. Kapitel 2 Abschnitt C 3 b) "Die Regulierung im Bereich der Pflichtleistungen".

ten empirische Untersuchungen seit Ende der 80er Jahre auch den umgekehrten Kausalzusammenhang.[14] Die Folgen steigender Anschlußdichten wie etwa die Senkung der Produktionskosten oder die Erhöhung der Arbeitsproduktivität werden in entwickelten Industrienationen als Ursache zusätzlichen Wirtschaftswachstums interpretiert.[15]

Die reine Marktlösung wäre aufgrund dieser Externalitäten gesamtwirtschaftlich gesehen suboptimal. Die Universaldienstverpflichtung vermag diese Externalitäten zu internalisieren, indem sie zu einer größeren Anschlußdichte als bei rein marktlicher Bereitstellung führt. Die Universaldienstverpflichtung verbessert demnach die Effizienz der gesamtwirtschaftlichen Ressourcenallokation. Abbildung 3.1 verdeutlicht diesen Zusammenhang. D_1 und D_2 stellen die Nachfrage nach Telefonanschlüssen ohne bzw. mit Berücksichtigung der Externalitäten dar.[16]

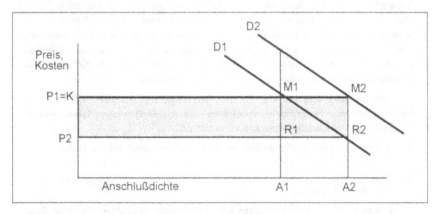

Abb. 3.1: Positive Externalitäten und die Nachfrage nach Telefonanschluß.
Quelle: Cave/Milne/Scanlan (1994) S. 17

Bei einem gegebenen Preis P_1 ergibt sich eine marktmäßige Nachfrage in Höhe von A_1, obwohl bei diesem Preis gesamtwirtschaftlich die höhere Nachfrage in Höhe von A_2 effizient wäre. Das Streben nach Anschlußdichte A_2, d.h. nach der universalen Verfügbarkeit von Telefonanschlüssen ist somit aus gesamtwirtschaftlicher Sicht ökonomisch rational.

---

14 Im liberalisierten Ausland stieg die Kennziffer "Anteil der Diensteumsätze der öffentlichen Netzbetreiber am BSP" laufend an. In der Zeit von 1980 bis 1990 verdoppelte sich dieser Quotient in den USA allein bei den öffentlichen Netzen von 1,8 auf 3,2 Prozent (das Wachstum des zunehmend wichtigeren Datenverkehrs auf privaten Netzen nicht eingeschlossen). In der Bundesrepublik sank dieser Vergleichswert im selben Zeitraum von 1,8 auf 1,6 Prozent und damit auf den niedrigsten Wert innerhalb der gesamten OECD (OECD Durchschnitt: 2,3%). Vgl. OECD (1993), S. 27. Für einen Überblick siehe auch Antonelli (1990).

15 Vgl. Cave/Milne/Scanlan (1994), S. 20.

16 Zur verbesserten Anschaulichkeit wurde in dieser Darstellung ein relativ elastischer Verlauf der Nachfragefunktion gewählt. In der Praxis ist die Nachfrage nach Telefonanschluß dagegen ausgesprochen preisinelastisch. Vgl. im vorliegenden Kapitel Abschnitt C 4 "Quersubventionen und gesamtwirtschaftliche Effizienz".

Die Zeichnung zeigt gleichzeitig die beiden Wege auf, mit denen die Ausweitung der Nachfrage auf Anschlußdichte A_2 erreicht werden kann. Die erste Methode ist die Senkung des Anschlußpreises für alle Teilnehmer auf das unter den Kosten liegende Niveau P_2. Bei dieser in der Bundesrepublik traditionell angewandten Methode entsteht Subventionsbedarf in Höhe der schraffierten Fläche $P_1M_2R_2P_2$.

Die zweite Methode ist die gezielte Subvention der Grenznachfrager (zwischen A_1 und A_2), wobei zu beachten ist, daß diese Gruppe nicht mit Beziehern niedriger Einkommen gleichgesetzt werden kann, da auch wohlhabende Kunden z.T. keinen Anschluß wünschen. Bei dieser subjektbezogenen Förderung entsteht ein Subventionsbedarf in Höhe der Fläche $M_1M_2R_2R_1$. Die Anwendungsverfahren und -probleme der beiden Methoden stehen im Vordergrund dieses und des folgenden Kapitels.

3. Interpretationen des Universaldienst-Konzepts

Der Universaldienstauftrag wird in den Staaten Westeuropas und Nordamerikas traditionell mit unterschiedlichen ökonomischen Inhalten gefüllt, weshalb die akademischen und politischen Diskussionen dieses Themas jeweils andere Schwerpunkte aufgreifen. Nach Angaben einer OECD-Studie aus dem Jahr 1991[17] füllten die Länder Westeuropas den Universaldienstgedanken bislang mit vergleichsweise passiven Elementen, indem sie ihn interpretierten als:

* universalen geographischer Zugang zu Telekommunikationsdiensten und als

* Zugang zu gleichen Konditionen (Qualität und Preis) unabhängig vom Wohnort des Kunden und der Höhe der jeweiligen Anschlußkosten.[18]

Diese Elemente sind passiv zu nennen, da der wesentliche Faktor für die Nachfrage nach Netzanschluß, die absolute Gebührenhöhe, unberücksichtigt bleibt. Die USA und Kanada dagegen haben seit jeher

* den universalen Zugang zu erschwinglichen Preisen

als dritten Inhalt des Universaldienstkonzepts berücksichtigt. In diesen Ländern ist also nicht nur die Einheitlichkeit der Tarife, sondern auch deren Erschwinglichkeit ("Affordability") konkretes Ziel der Universaldienstpolitik und Gegenstand öffentlicher Diskussion. Insbesondere das weiter unten zu erörternde Rate-rebalancing, d.h. die unter Wettbewerbsbedingungen zu erwartende Veränderung der Gebührenstruktur und ihr Einfluß auf den Universaldienst waren und sind in den Staaten Nordamerikas Gegenstand kontroverser Diskussionen.[19]

In den weitgehend von Fernmeldemonopolen geprägten Staaten Europas orientierte sich die absolute Höhe der Tarife dagegen bislang nicht allein am Ziel des Universaldienstes, sondern an der Erfüllung eines ganzen Bündels politischer Ziele. So wurde bislang in Europa "Universaldienst" auch nicht als eigenständiger Begriff verwendet. Das

---

17   Vgl. OECD (1991), S. 28f.

18   Vgl. Europäische Kommission (1987).

19   Vgl. OECD (1991), S. 28 sowie Kapitel 4 Abschnitt A 1 "Tarifstrukturen auf liberalisierten Auslandsmärkten".

Universaldienst-Konzept wurde vielmehr unter den "öffentlichen Infrastrukturauftrag" subsummiert, der sämtliche gemeinwohlorientierten Auflagen enthält.[20]

Die weltweite politische Diskussion über die **künftige Interpretation** des Universaldienstbegriffes kreist um

- geeignete Verfahren zur Beibehaltung der Netzanschlüsse "unökonomischer" Kunden und sozial benachteiligter Gruppen,
- die Frage nach der Höhe der hierbei entstehenden Kosten und
- die Frage, wer diese Kosten letztlich tragen soll.

Dabei wird die Universaldienstdiskussion innerhalb der Europäischen Union von Fragen nach den geeigneten Bereitstellungsverfahren dominiert. Im Unterschied dazu berücksichtigt die aktuelle Diskussion in den USA und Kanada die gesellschaftspolitische Frage nach neuen Diensten und Inhalten, deren universale Verfügbarkeit auf den Netzen gesichert werden soll.[21]

Bevor jedoch Fragen nach der *künftigen* Ausgestaltung des Konzeptes behandelt werden (Kapitel 4), resümiert das vorliegende Kapitel 3 zunächst die *bisherige* Ausgestaltung der bundesdeutschen Universaldienstpolitik (Abschnitt B) und die Effizienz dieser Politik (Abschnitt C).

---

20   Weil keine expliziten Universaldienstvorgaben bestanden, konnte beispielsweise die französische Telekommunikationspolitik Ende der 60er Jahre ohne Änderung des Regulierungsrahmens von einer Politik, die das Telefon als ein Luxusgut behandelte, zu einem beschleunigten Ausbau universal verfügbarer Telefon- und fortgeschrittener Dienste (z.B. Minitel) umschwenken.

21   Vgl. Kapitel 5 Abschnitt A 1 "Neudefinition der Grundversorgung".

B. Der traditionelle Universaldienst in Deutschland

1. Infrastrukturauftrag der DBP

In der Bundesrepublik Deutschland existierte - wie in den übrigen OECD-Ländern auch - bislang keine exakte Definition des Begriffs Universaldienst, die als operationale Bereitstellungsvorschrift hätte verwendet werden können.[22] Die Bereitstellung eines Universaldienstes war implizites Ziel im Rahmen des "öffentlichen Infrastrukturauftrags" der DBP. Die konkrete Umsetzung dieses Auftrags blieb der Regierung und der Postverwaltung überlassen, die sich bei der Wahl der Maßnahmen am Gemeinwohl der Gesellschaft zu orientieren hatten.

Das Fehlen einer expliziten Bereitstellungsvorschrift für den Universaldienst in der Bundesrepublik Deutschland geht zurück auf das historisch gewachsene Verständnis vom Fernmeldewesen als einer originär öffentlichen Aufgabe. Nach diesem Verständnis sind die vom Staat getroffenen Umsetzungsmaßnahmen per se gemeinwohlorientiert und bedürfen keiner Legaldefinition, die sie justiziabel machen würden.

Aus dem gleichen Grund wurden im deutschen Fernmeldewesen (aber auch im übrigen Europa) keine expliziten Qualitätsvorgaben für den Universaldienst formuliert. Das Bereitstellungsmonopol der staatlichen Postverwaltung galt als das geeignete Verfahren zur Übertragung des Gemeinwohlgedankens in praktische Telekommunikationspolitik.[23]

Die Universaldienst-relevanten Auflagen waren eingebettet in zahlreiche Auflagen, die das Monopolunternehmen an allgemeine politische Ziele sowie an gesamt- und betriebswirtschaftliche Ziele band. Gemäß § 2 PostVwG waren bei der Leitung der DBP die Grundsätze der Politik der Bundesrepublik Deutschland, insbesondere der Verkehrs-, Wirtschafts-, Finanz- und Sozialpolitik zu beachten.[24] § 15 PostVwG verpflichtete die DBP zudem zur Eigenwirtschaftlichkeit, d.h. sie mußte alle zur Erfüllung ihrer Aufgaben und Verpflichtungen notwendigen Ausgaben aus eigenen Einnahmen bestreiten. Zum Infrastrukturauftrag der DBP wurden folgende Verpflichtungen der DBP gerechnet:[25]

* die Interessen der Deutschen Volkswirtschaft zu berücksichtigen,
* jedermann die Benutzung öffentlicher Netze zu gestatten (Zulassungspflicht),
* alle Gebiete gleichmäßig zu versorgen (Betriebspflicht) sowie

---

22 "In most OECD countries the meaning of "universal service" has not been precisely defined and no specific statutes or administrative procedures have been enacted to implement the concept in a concrete way. In the case of the UK, where the requirement for "Universal Provision of Telecommunication Services" is written into British Telecom's licence, no mention is made of either price or quality characteristics of the service to be delivered." OECD (1991), S. 23.

23 Vgl. die Länderübersicht zur Ausgestaltung der Qualitätsanforderungen in OECD (1991), S. 70 - 86, wo darauf hingewiesen wird, daß zum Berichtszeitraum allein in Schweden explizite Qualitätsanforderungen an den Universaldienst bestanden. Die DBP-Telekom erhob lediglich für den internen Gebrauch Daten über Reparaturzeiten und über die Anzahl gestörter Verbindungen.

24 Im Jahre 1987 zählte eine Studie des BMPF insgesamt 37 verschiedene betriebsfremde politische Auflagen der DBP auf, von denen 26 den Fernmeldebereich betrafen. Vgl. Heuermann/Neu (1988), S. 37f.

25 Vgl. Rehfeld (1990), S. 53 u. 57 und Plagemann (1988a), S. 6 ff.

- jedermann ihre Leistungen zu gleichen Tarifen anzubieten (Tarifpflicht).[26]

Wie bereits in Kapitel 1 Abschnitt A 1 3 b) "Der Infrastrukturauftrag der DBP" ausführlich erörtert wurde, konnten aus dem Infrastrukturauftrag verteilungs- und raumordnungspolitische Ziele im Sinne eines Universaldienstkonzepts herausgelesen werden.

Das **verteilungspolitische Ziel** bestand in der Begünstigung von Bewohnern ländlicher Regionen durch bundeseinheitliche Tarife sowie der Begünstigung von Beziehern niedriger Einkommen durch bundesweit einheitlich unter den Bereitstellungskosten angesetzte Anschluß- und Grundgebühren.

Das **raumordnungspolitische Ziel** bestand in der flächendeckenden Versorgung mit Telekommunikationsleistungen, welche die gleichmäßige Entwicklung aller Landesteile fördern sollte. Hierdurch sollten unerwünschte Ballungstendenzen von Industrie und Bevölkerung vermieden und die Strukturschwäche ländlicher Räume ausgeglichen werden.

Die Zulassungs-, Betriebs- und Tarifpflichten der DBP sind das traditionelle Instrumentarium der bundesdeutschen Universaldienstpolitik.[27] Mit ihnen beschäftigt sich der folgende Abschnitt.

2. Die Zulassungs-, Betriebs- und Tarifpflichten der DBP

Die in §§ 7 und 8 FAG gesetzlich festgehaltene **Zulassungspflicht** legte der Deutschen Bundespost einen Kontrahierungszwang auf, d.h. sie war verpflichtet, jedermann die Benutzung öffentlicher Netze zu gestatten bzw. bei Bedarf einen Telefonanschluß bereitzustellen.

Eng mit dem Zulassungszwang verknüpft war die **Betriebspflicht**, derzufolge die DBP alle Gebietsteile unabhängig von der Verkehrsdichte und ihrer Rentabilität (auch qualitativ) möglichst gleichmäßig zu versorgen hatte. Die Betriebspflicht folgte nach Auffassung des Postrechts indirekt aus der Verpflichtung zur Gleichbehandlung aller Bürger nach Art. 3 GG.[28]

Ursprünglich wurde in der Betriebspflicht eine gemeinwirtschaftliche Aufgabe gesehen, die den Mißbrauch der Monopolstellung zuungunsten regional benachteiligter Kunden vermeiden sollte. Im Laufe der Zeit hatte sich die Betriebspflicht jedoch "vornehmlich zu einer regionalpolitischen Aufgabe"[29] entwickelt, um der flächendeckenden Versorgung den Vorzug vor einer rein nachfrageorientierten Investitionspolitik der DBP zu geben, bei der eine erhebliche Unterversorgung einzelner Gebiete befürchtet wurde.

Bei der konkreten Umsetzung der Betriebspflicht hatte die DBP einen - vom Verfassungsgericht bestätigten - weiten Ermessensspielraum, da die Versorgung nur in dem

---

26 "In diesen Grundpflichten dokumentiert sich der öffentliche regional-, infrastruktur- und (verteilungs-) sozialpolitische begründete Versorgungsauftrag mit Post- und Telekommunikationsleistungen zu bedarfswirtschaftlichen und nicht zu unmittelbar erwerbswirtschaftlichen Rentabilitätsbedingungen." Cox (1988), S. 40; ähnlich bei Plagemann (1988a), S. 4 und 7ff.

27 Aufgrund der fortbestehenden Alleinrechte im Fernmeldewesen ist auch die Deutsche Telekom AG bis zum Wegfall der verbliebenen Monopole im Jahr 1998 an diese Pflichten gebunden.

28 Vgl. Wegmann (1964), S. 39 ff. und Plagemann (1988a), S. 21.

29 Plagemann (1988a), S. 27.

Maße geleistet werden mußte, wie es der DBP technisch und wirtschaftlich möglich war.[30]

Die für den Infrastrukturauftrag bedeutsamste Vorgabe an die DBP war die **Tarifpflicht**, in der zwei Forderungen zusammengefaßt waren: die Pflicht zur Tarifpublizität und zur Tarifeinheit. Der Grundsatz der Tarifpublizität spielte eine untergeordnete Rolle, da die Gebühren der Deutsche Bundespost per Rechtsverordnung erhoben und somit stets veröffentlicht wurden.

Das Prinzip der **Tarifeinheit**, das eng mit dem Rechtscharakter für Gebühren öffentlicher Leistungen zusammenhing, bedeutete in der Interpretation der Gemeinwirtschaftslehre die "gleiche Behandlung aller Nachfrager bei gleichen sachlichen Voraussetzungen".[31] Dies hieß nicht, daß alle Anschlußteilnehmer einen einheitlichen Preis zahlen mußten, sondern daß Vorzugspreise für Einzelne gegenüber wirtschaftlich Gleichstehenden ausgeschlossen waren.[32] Auch hier wurde zur Begründung darauf hingewiesen, daß die (per Rechtsverordnung) erlassenen Gebühren materielles Recht sind und daher nicht gegen die im Art. 3 Abs. 1 GG vorgeschriebene Gleichheit aller vor dem Gesetz verstoßen dürfen.[33]

In der konkreten Anwendung interpretierte die Postverwaltung das Prinzip der Tarifeinheit als Tarifeinheit im Raum, bei der der gleiche Dienst an verschiedenen Orten zum gleichen Preis angeboten wurde, unabhängig von regionalen Kostenunterschieden in der Bereitstellung dieses Dienstes. Hierdurch entstanden automatisch Quersubventionen zwischen den kostenüber- und -unterdeckenden Geschäftsbereichen.[34]

3. Die Struktur der Fernmeldegebühren

Die Struktur der bundesdeutschen Fernmeldegebühren stellte de facto ein weiteres wichtiges Instrument zur Erreichung des Universaldienstzieles dar. Die bundesdeutschen Fernmeldegebühren haben sich traditionell nicht an betriebswirtschaftlichen Kosten, sondern an politischen Opportunitäten orientiert. Sie dienten u.a.:

- der Pauschalsubvention von Grund- und Ortsgebühren,
- der subjektbezogenen Subvention von Sozialanschlüssen und
- der Finanzierung dieser Subventionen aus dem Fernmeldesektor.

---

30 Das BVerfG sah die Betriebspflicht in einer Entscheidung vom 4.12.1970 dann als nicht verletzt an, "wenn trotz eines unverzüglichen Ausbaues des Fernmeldenetzes seine [gemeint ist der Telefonanschluß (C.G.)] Herstellung nicht möglich ist, weil keine freien Kabeladern zur Vermittlungsstelle oder keine freien Anschlußeinheiten (Rufnummern) in der Vermittlungsstelle vorhanden sind" S.a. Archiv PF (1971), S.189. Vgl. zu den fernmeldetechnischen Konkretisierungen "unmöglicher" Leistungen: Hefekäuser (1988), S. 295 und Scherer (1985), S. 80.

31 Wegmann (1964), S. 37.

32 Dies ist auch der Grund, warum die DBP viele Großkunden an private Anbieter verlor. Vgl. Volkers (1994), S. 39.

33 S.a. Knieps/Weizsäcker (1989), S. 460f.; Neumann (1983), S. 395 ff.; Plagemann, (1988a), S. 118 und Wegmann (1964), S. 37 ff.

34 Relativ hohe Bereitstellungskosten entstehen in dünnbesiedelten Ortsnetzen (geringe Größenvorteile) oder auf wenig genutzten Fernstrecken (geringe Bündelungsvorteile). Vgl. Wieland (1988), S. 226f.

Die Gebühren für die Installation der Anschlüsse, für die monatliche Grundgebühr sowie für Gespräche im Orts- und Nahverkehr waren kostenunterdeckend. Die künstliche Verbilligung dieser bei der Nachfrage nach einem Telefonanschluß entscheidungsrelevanten nutzungsunabhängigen Gebühren sollte die Nachfrage über das Niveau bei Kostenorientierung ausweiten. Es handelte sich um eine **Pauschalsubvention**, da sie alle Anschlußteilnehmer, unabhängig vom jeweiligen Wohnort oder Einkommen begünstigte

Eine **subjektbezogene Subvention** waren die sogenannten Sozialanschlüsse für Behinderte, Sozialhilfeempfänger und sonstige Bürger mit einem frei verfügbaren Einkommen von unter DM 400,-.[35] Die Begünstigten zahlten DM 5,- weniger für die monatliche Grundgebühr und erhielten - bei alleinstehenden Haushalten - monatlich dreissig zusätzliche freie Gebühreneinheiten. Diese sozialpolitisch motivierte Subvention förderte ebenfalls die universale Verbreitung von Telefonanschlüssen, indem sie Kunden mit marginaler Zahlungsbereitschaft den Zugang zum Telefonnetz ermöglichte. Die große Anzahl an Sozialanschlüssen in der Bundesrepublik (nach Angaben der Telekom AG 1,5 Mio. von insgesamt 39 Mio. Anschlüssen im Jahr 1995) stützt die Vermutung, daß dieses Förderinstrument tatsächlich die Versorgungsdichte erhöht hat.[36]

Die **Finanzierung** der pauschalen und subjektbezogenen Subventionen erfolgte im Rahmen der Globalkostendeckung der DBP vor allem durch deutlich kostenüberdeckende Gebühren bei Ferngesprächen. Die politisch gesetzte Struktur der Fernmeldegebühren in Verbindung mit der oben beschriebenen Tarifeinheit im Raum führte damit zu Subventionsströmen zwischen:[37]

- den Viel- und Wenigabnehmern,

- dem Fern- und Ortsverkehr,

- den Geschäftskunden und Privathaushalten sowie zwischen

- dicht und dünn besiedelten Gebieten.

Die mit diesen Begünstigungen und Belastungen einhergehende Umverteilung wurde ausschließlich durch die Fernmeldekunden finanziert.[38] Die Struktur der Fernmeldegebühren ermöglichte damit staatliche Verteilungspolitik bzw. Universaldienstpolitik ohne den Einsatz staatlicher Haushaltmittel.

---

35 Zum Ermitteln des frei verfügbaren Einkommens verrechnen die Sozialämter die laufenden Bezüge des Antragstellers mit den laufenden fixen Ausgabepositionen (Miete. Unterhalt). Sobald dieser Betrag unter DM 400,- monatlich liegt, wird dem Antrag stattgegeben.

36 Vgl. "Telekom: Investitionen von 130 Milliarden DM" in: FAZ vom 2.2.1996, S. 15. Nicht jeder Sozialanschluß ist ein zusätzlicher, weil viele Adressaten auch zum "normalen" Tarif einen Anschluß nachfragen würden. Empirische Untersuchungen belegen jedoch eine im Durchschnitt deutlich höhere Preiselastizität der Anschlußnachfrage bei Haushalten mit niedrigen Einkommen. Vgl. Kapitel 4 Abschnitt A 1 d) "Tarifänderungen und das Universaldienstziel".

37 Vgl. Kronberger Kreis (1987), S. 7f. und Monopolkommission (1991), S. 58. Nicht berücksichtigt in dieser Aufzählung sind die struktur- und raumpolitischen Subventionen für zahlreiche Benutzergruppen. Vgl. ausführlich Plagemann (1988a), S.112.

38 Die Finanzierung für den Großteil der politischen Auflagen im Post- und Fernmeldewesen erfolgte im wesentlichen durch den Telefonverkehr, wo aufgrund der besonders geringen Nachfrageelastizität sehr hohe Monopolgewinne erzielt wurden. Vgl. Jäger (1994), S. 33 und Monopolkommission (1991), S. 52 und 56f.

Das Beharrungsvermögen der politisch definierten Struktur der Fernmeldegebühren erklärten Neumann und Wieland bereits 1986 mit dem Hinweis, "*the distributional aspects of the present tariff structure seem to be a basic ingredient of the German sociopolitical consensus*"[39]. Auch Schnöring bezeichnet die Gebühren im Telekommunikationssektor der Bundesrepublik Deutschland als "politische" Preise, die einen "*zeitlich befristeten sozialen Konsens über mehrere, sich zum Teil widersprechende Ziele*"[40] darstellen. Aus Rücksichtnahme auf das Wählerpotential[41] wurden Änderungen der Tarifstrukturen stets mit Kompensationen für die potentiellen Verlierer der Reform verbunden.[42]

Die Förderung des Universaldienstes durch Quersubventionen im Fernmeldesektor hatte somit offensichtlich breiten gesellschaftlichen Rückhalt. Wie der folgende Abschnitt C zeigt, sind Quersubventionen jedoch aus ökonomischer Sicht kein geeignetes Instrument der Universaldienstpolitik, da sie die proklamierten Ziele nicht ausreichend erfüllen und gleichzeitig mit erheblichen Allokationsverzerrungen verbunden sind.

---

39   Vgl. Neumann/Wieland (1986), S. 125, die darauf hinweisen, daß in der Bundesrepublik sogar geringfügige Reformversuche dieser Gebührenpolitik diese polit-philosophischen Fragen aufwarfen.

40   Schnöring (1988), S. 144. Für die Diskussion in den USA vgl. Wenders, (1985) S. 54ff., der stimmenmaximierendes Politikerverhalten als Ursache für die pauschale Quersubvention vom Fern- zum Ortsverkehr sieht.

41   Webber (1986), S. 404, unterstreicht die Bedeutung der unteren Einkommensgruppen in der Wahlstrategie der regierenden CDU/CSU Fraktion.

42   Neumann/Wieland (1986), S. 124, führen als Beispiel die Tarifreform von 1974 an, bei der eine allgemeine Tariferhöhung begleitet wurde von der Einführung des Mondscheintarifs.

C. Effizienz der traditionellen Universaldienst-Instrumente

1. Quersubventionen und Verteilungsziele

Es ist strittig, ob die Instrumente der traditionellen Universaldienstpolitik, also Kontrahierungszwang, Tarifeinheit im Raum und politische Gebührenstruktur die proklamierten Verteilungsziele, also die Begünstigung der Bewohner ländlicher Regionen und der Bezieher niedriger Einkommen erreicht haben. Zu keinem Zeitpunkt haben Studien zur Empirie der internen Subventionierung innerhalb des deutschen Fernmeldewesens existiert.[43] Nach Ansicht von Soltwedel waren die durch das Gebührenrecht der DBP hervorgerufenen Effekte so komplex und unübersichtlich, daß es nahezu unmöglich war, den Umfang der Einkommenstransfers sowie Gewinner und Verlierer der internen Subventionierung eindeutig zu bestimmen.[44]

Ob die proklamierten Verteilungsziele im konkreten Einzelfall erreicht werden, hängt jeweils vom Verhältnis zwischen subventionierten und belasteten Leistungen im Nachfragekorb jedes Kunden ab. Neumann, Schweizer und von Weizsäcker stellten in ihrer Wohlfahrtsanalyse der Tarifpolitik im Fernmeldebereich aus dem Jahre 1982 die Hypothese auf, daß die Subvention von Orts- und Nahgesprächen durch Ferngespräche gerade nicht das erklärte Ziel erreicht, die Konsumenten in ländlichen Regionen zu begünstigen. Sie begründeten diese Hypothese mit dem Verhältnis geführter Orts- und Ferngespräche bei Konsumenten auf dem Land einerseits und Konsumenten in der Stadt andererseits. Da mit den überhöhten Ferngesprächsgebühren die Subventionierung der Orts- bzw. Nahgespräche finanziert wird, trifft diese Hypothese zu, wenn die Konsumenten auf dem Lande relativ gesehen mehr Ferngespräche führen als die Konsumenten in den Städten.[45]

Diese Hypothese erscheint nicht unplausibel, da Firmen und Privathaushalte auf dem Lande in ihrem Orts- bzw. Nahbereich faktisch viel weniger Ansprechpartner finden als in den Städten. Wenn ein Anschlußteilnehmer auf dem Land verhältnismäßig mehr Ferngespräche führt, dann trägt er auch mehr zur Finanzierung der Subvention bei, als daß er von ihr profitiert. In diesem Fall würde das Verteilungsziel nicht nur verfehlt, sondern sogar konterkariert.[46]

Auf eine weitere "unbeabsichtigte" Verteilungswirkung der Tarifstruktur weist die Monopolkommission in ihrem Sondergutachten aus dem Jahr 1991 hin. Sie vertritt die Hypothese, daß bei einer Gesamtbetrachtung keine Subvention der Privatkunden durch die Geschäftskunden (die auf die teuren Tagestarife angewiesen sind) erfolgt. Die Geschäftskunden würden ihre Telekommunikationskosten vielmehr auf die Endverbraucher überwälzen, was wie eine Verbrauchsteuer wirkt. Hiervon sind jedoch gerade Bezieher kleiner und mittlerer Einkommen überproportional belastet.[47]

---

43   Vgl. Cave/Milne/Scanlan (1994), S. 12 und Plagemann (1988a), S.113.

44   Vgl. Soltwedel et al. (1986), S. 139f.

45   Vgl. Neumann/Schweizer/von Weizsäcker (1982), S. 190 ff.

46   Zur Plausibilität dieser Annahme: vgl. Neumann (1983), S. 402.

47   Vgl. Monopolkommission (1991), hier: S. 55 und Wieland (1988), S. 247.

Auch diese Hypothese erscheint plausibel, da Geschäftskunden von den Telekommunikationskosten relativ gleichmäßig belastet sind und somit die Voraussetzung zur Über-
wälzung an die Endverbraucher vorliegt.[48]

Beide Hypothesen lassen es zumindest denkbar erscheinen, daß gerade diejenigen
Bevölkerungskreise, die mit Hilfe der Tarifstruktur begünstigt werden sollen, nicht nur
die Kosten der vordergründigen Umverteilung, sondern letztlich auch der geringen
Gesamteffizienz im System tragen müssen.

Unbestritten werden jedoch sämtliche Einkommenstransfers im Rahmen der Quersubventionierung durch jeweils andere Benutzergruppen finanziert. Diese Finanzierungsart
widerspricht im Grunde dem Verständnis von Verteilungspolitik als einer gesellschafts-
politischen Aufgabe. Mit den Worten von Soltwedel: *"Nicht einzelne Postkunden,
sondern die Gesellschaft als ganzes sollte eine solche Umverteilung tragen, wenn sie
Ausdruck eines allgemeinen politischen Konsenses ist."*[49]

2. Quersubventionen und Flächendeckung

Ziel der Universaldienstpolitik ist eine höhere Anschlußdichte als bei rein marktlicher
Bereitstellung. Es ist jedoch fragwürdig, ob die Pauschalsubvention der monatlichen
Grundgebühr und die einheitliche Tarifierung im Raum hierzu geeignete Instrumente
sind. Kaserman, Mayo und Flynn stellen grundsätzlich in Frage, ob die Subvention der
Grund- und Ortsgebühren durch Ferngebühren einen positiven Einfluß auf die
Anschlußdichten hat:

> *"Because the subsidy is spread across all consumers of local telephone ser-
> vice and because the demand for end user acces is extremely price inelastic,
> it is unlikely that observed subsidy flows will exert a significant influence on
> subscribership. Although the fairy tale told by regulators implies a strong
> simultaneous relationship between universal service and subsidy levels (with
> causation going in both directions), it is much more likely that no such rela-
> tionship exists."*[50]

Aber auch die **geschichtliche Entwicklung** zeigt, daß das Monopol für die flächendeckende Netzausdehnung weder zwingend erforderlich noch besonders erfolgreich war.

Um die Wende zum 20. Jahrhundert existierte im Fernmeldewesen des Deutschen Reichs
ein Monopol, in den USA dagegen Wettbewerb einer Vielzahl von Anbietern. Das
Monopol erzielte dabei im Ländervergleich der Anschlußdichten die schlechteren
Ergebnisse. In Berlin kamen damals auf einen Telefonanschluß 43 Einwohner, in der
Stadt New York waren es 29 Einwohner. Zur gleichen Zeit wurde im dünn besiedelten

---

48 Nach Ansicht von Jäger wird diese These auch durch die Tatsache belegt, daß Wirtschaft und
    Verwaltung für 80% des Umsatzes der defizitären gelben Post verantwortlich gewesen sind. Vgl.
    Jäger (1994), S. 35.

49 Soltwedel et al. (1986), S. 139.

50 Kaserman et al. (1990), S. 248. Die Autoren erkennen allein politische Rücksichtnahmen als
    Ursache der Quersubventionspraxis an.

Bundesstaat Iowa - im Wettbewerb von insgesamt 170 verschiedenen Telefonanbietern - das Verhältnis von 19 Einwohnern je Telefon erreicht, in den ländlichen Regionen Deutschlands dagegen lag es bei rund 500 Einwohnern je Telefon.[51]

Ein Blick auf die historische Entwicklung der Anschlußdichten innerhalb der Bundesrepublik belegt zudem, daß die ländlichen Regionen bis Ende der 70er Jahre dem Bundesdurchschnitt hinterherhinkten. Dies kann einer nach Berufsgruppen getrennten Untersuchung von Schulte über die "Hauptanschlußversorgungsgrade der Privathaushalte" in der Bundesrepublik entnommen werden (vgl. Abbildung 3.2)[52]

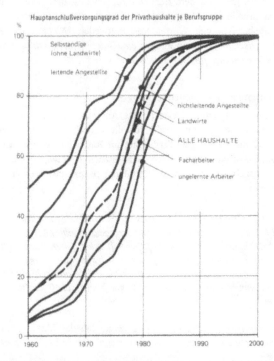

Abb. 3.2: Die Entwicklung der Telefonanschlußdichten ind der Bundesrepublik Deutschland.
Quelle: Schulte (1982), S. 319.

Noch im Jahr 1970 besaßen in der Bundesrepublik Deutschland nur gut 20% der Arbeiterhaushalte, 30% der Landwirts- und 42% der Angestelltenhaushalte einen Telefonanschluß. Der wesentliche Zuwachs erfolgte zwischen 1970 und 1980, als die Anzahl der Hauptanschlüsse von 9 auf über 22 Millionen und damit die Versorgungs-

---

51   Vgl. Brock (1981).

52   Diese Schlußfolgerung gilt unter der Annahme, daß landwirtschaftliche Haushalte häufiger in ländlichen als in städtischen Regionen angesiedelt sind.

dichte der Privathaushalte auf durchschnittlich 76% (Landwirte mit erstmals überdurchschnittlichen 80%) anstieg.

In den USA dagegen besaßen im Jahre 1988, d.h. ein halbes Jahrzehnt nach Einführung des Wettbewerbs im Fernverkehr, 96% aller US-Landwirte ein Telefon. In ländlichen US-Bundesstaaten war Ende der 1980er Jahre die Versorgungsdichte überdurchschnittlich hoch. Die Staaten Iowa und Kansas lagen im Jahr 1987 mit 95,1 bzw. 95,2% aller Haushalte über dem US-Durchschnitt von 92,4%. Zudem mußten Privathaushalte in ländlichen Gebieten der USA im Jahr 1985 mit durchschnittlich US$ 10,15 niedrigere monatliche Gebühren (inklusive freier Ortsgespräche) bezahlen als Privathaushalte in Ballungsgebieten mit durchschnittlich US$ 13,80 pro Monat.[53]

Betrachtet man den **aktuellen Stand der Telefonhauptanschlüsse** je 100 Einwohner, so nimmt Deutschland im Jahr 1992 mit 43,4 (Alte BL: 48,8; Neue BL: 18,0[54]) unter den OECD Ländern (Mittelwert 47,5) nur einen mittleren Rang ein (Vgl. Abb. 3.3).[55]

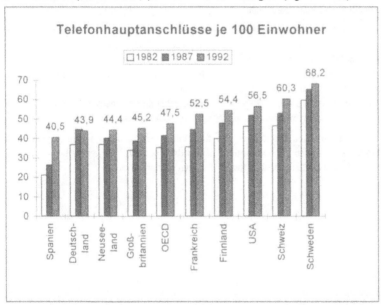

Abb. 3.3 Internationaler Vergleich der Telefonhauptanschlüsse je 100 Einwohner im Zeitraum 1982 - 92
Quelle: OECD (1995), S. 40

---

53 Vgl. Noam (1992), S. 56. Dieses Ergebnis ist umso bemerkenswerter, als in den Flächenstaaten der USA die Bevölkerungsdichten mit teilweise weniger als 15 Einwohner je km² deutlich unter denen der Bundesrepublik mit rund 230 Einwohner je km² (Alte BL: 264, Neue BL: 145) liegen. Vgl. Institut der Deutschen Wirtschaft (1995), Tabelle 1, S. 5 und Noam (1992), S. 443.

54 Vgl. Geschäftsbericht der DBP-Telekom für das Jahr 1993, S. 20. Nach Pressemitteilung Nr. 28/96 der Deutschen Telekom AG vom 07.03.1996 verfügten Anfang des Jahres 1996 bereits 40 Prozent aller Haushalte in den neuen BL über einen Telefonanschluß.

55 Dieser Vergleich ist sehr aggregiert, da Zweitanschlüsse, jeweilige Haushaltsgrößen, Geschäfts- und Privatkundenanschlüsse nicht getrennt ausgewiesen werden.

Die Entwicklung der Anschlußdichten gibt also keine Hinweise darauf, daß die Quersubventionen unter dem Monopoldach der DBP die flächendeckende Ausbreitung des Telefonnetzes besonders gefördert hätten. Das Tempo der Entwicklung sowie das erreichte Versorgungsniveau belegen eher den durchschnittlichen Erfolg der traditionellen deutschen Universaldienstpolitik.

3. Aktuelle Versorgungsstruktur in Deutschland

1993 existierten in Gesamtdeutschland rund 37,1 Mio. Telefonanschlüsse. Die resultierende durchschnittliche Versorgungsquote deutscher Haushalte wird 1993 - je nach Erhebungsverfahren - mit 96 bis 98% (alte Bundesländer) oder 51% (neue Bundesländer) angegeben.[56] Angesichts dieser Zahlen ist derzeit in den alten Bundesländern das Universaldienstziel erreicht, d.h. alle Haushalte, die dies wünschen, haben einen Telefonanschluß. In den neuen Bundesländern wird hiermit innerhalb der kommenden zehn bis fünfzehn Jahre gerechnet.

Für Zwecke der Universaldienstpolitik sind Informationen über Haushalte ohne Telefon besonders wichtig. Über die Ursachen fehlender Telefonanschlüsse liegen in der Bundesrepublik - anders als in den USA - keine sozio-demographischen Untersuchungen vor. Hinsichtlich der zwei bis vier Prozent der Haushalte in den **alten** Bundesländern, die Mitte der 1990er Jahre ohne Telefonanschluß sind, gilt die Vermutung, daß ein Großteil von ihnen entweder gerade umzieht, die Telefonrechnung nicht bezahlt hat und deswegen der Anschluß gesperrt wurde, oder einfach keinen Telefonanschluß wünscht.[57]

Den vom Statistischen Bundesamt alle fünf Jahre veröffentlichten Einkommens- und Verbrauchsstichproben können darüber hinaus drei indirekte Hinweise über telefonlose Haushalte in Gesamtdeutschland (Stand 1993) entnommen werden:[58]

---

56 Die Erhebungsverfahren unterscheiden sich dabei in der Abgrenzung der zugrundegelegten Haushaltseinheiten (Zweit- und Einliegerhaushalte) und in der Abgrenzung der Haushalte nach Staatsbürgerschaften der Bewohner. Vgl. Institut der Deutschen Wirtschaft (1995); "Wettbewerb läßt Preise für Telefone sinken" in: FAZ vom 23.5.1995, S. 19. In den neuen Bundesländern belief sich der jahresdurchschnittliche Zuwachs an Hauptanschlüssen von 1991 bis 1993 auf knapp 30%. Vgl. DBP-Telekom (1994), S.6.

57 Mündliche Aussage eines Mitarbeiters des Wissenschaftlichen Instituts für Kommunikationsdienste in Bad Honnef. Für die US-amerikanischen Verhältnisse vgl. Borrows et al. (1994), S. 5; Einhorn (1995) S. 16 mit Verweisen auf United States Telephone Association (1994) und Dordick/Fife (1991) sowie Gillis et al. (1986), S. 214.

58 Die 1993er Stichprobe enthält alle Haushalte von Ausländern, nicht aber sämtliche Gemeinschaftsunterkünfte von Alters- und Pflegeheimen, Bundeswehr und Bereitschaftspolizei sowie keine Haushalte mit monatlichem Nettoeinkommen oberhalb DM 35.000,-. Vgl. Statistisches Bundesamt (1994), S. 5.

Erstens: Haushalte ohne Telefon sind tendenziell Klein- oder
             Kleinsthaushalte (vgl. Tabelle 3.1)

Haushaltskategorie: HHe mit ... Personen	Anteil an allen Haushalten in %	Anschlußdichte in %
1 Person	32,59	85,8
2 Personen	31,8	88,8
3 Personen	17,15	87,0
4 Personen	11,76	87,3
> 5 Personen	4,48	89,7
INSGESAMT	100,00	87,3[59]

Tab. 3.1: Telefonanschlußdichten in Deutschland im Jahr 1993 nach Haushaltsgröße.
Quelle: Eigene Berechnungen auf Basis von Statistisches Bundesamt (1994), S. 10.

Zweitens: Haushalte ohne Telefon verfügen tendenziell über geringe
             Haushaltsnettoeinkommen (vgl. Tab. 3.2).

Haushaltskategorie: monatl. Netto-EK von...bis..	Anteil an allen Haushalten in %	Anschlußdichte in %
< 1.400 DM	13,72	75,03
bis 2.000 DM	15,36	82,28
bis 3.000 DM	26,33	85,27
bis 5.000 DM	22,72	91,28
bis 7.500 DM	11,09	96,19
bis 35.000 DM	3,59	98,89
INSGESAMT	rd. 100	87,3

Tab. 3.2: Telefonanschlußdichten in Deutschland im Jahr 1993 nach monatlichem Haushaltsnetto-
einkommen.
Quelle: Eigene Berechnungen auf Basis von Statistisches Bundesamt (1994), S. 11-28.

---

59   Der Gesamtwert von 87,3 Prozent ergibt sich als gewichteter Durchschnitt der Werte für die alten
     und neuen Bundesländern. In den alten Bundesländer war bereits im Jahr 1983 eine Anschluß-
     quote von 88 Prozent erreicht. Vgl. Statistisches Bundesamt (1984).

Drittens: Es existiert eine Verbindung zwischen der sozialen Stellung des
             Haushaltsvorstandes und der Telefonanschlußdichte (Vgl. Tab. 3.3).

Haushaltskategorie: Art der Beschäftigung	Anteil an allen Haushalten in %	Anschlußdichte in %
Landwirte	0,86	97,9
Gewerbetreibende, freiberuflich Tätige	5,61	96,5
Beamte	4,74	96,3
Angestellte	24,34	89,7
Arbeiter	22,71	82,4
Arbeitslose	4,29	65,1
Nichterwerbstätige	37,52	88,6
INSGESAMT	100,00	87,3

Tab. 3.3: Telefonanschlußdichten in Deutschland im Jahr 1993 nach sozialer Stellung des Haushaltsvorstandes.
Quelle: Eigene Berechnungen auf Basis von Statistisches Bundesamt (1994), S. 29-35.

Interessant ist in diesem Zusammenhang ein Blick in die USA, wo der hohe politische
Stellenwert des Universaldienstkonzeptes dazu geführt hat, daß im Rahmen der
Diskussion über die "National Information Infrastructure" Untersuchungen über
Haushalte ohne Telefonanschluß durchgeführt wurden.

Nach Angaben der National Telecommunications and Information Administration
(NTIA) waren im Sommer 1994 rund 6,2 Mio US-Haushalte ohne Telefon. Die größte
Gruppe innerhalb der telefonlosen Haushalte wohnt nicht auf dem Land, sondern in den
städtischen Ballungsgebieten. Hier sind rund 4,1 Mio Haushalte mit einem verfügbaren
Jahreseinkommen von weniger als 5.000 US$ pro Jahr (unter ihnen überproportional
viele Schwarze und südamerikanische Einwanderer) ohne Telefon.[60]

Mit Einschränkungen - etwa hinsichtlich der Relevanz vergleichbar niedriger
Haushaltseinkommen - können diese Resultate auf die Verhältnisse in der Bundesrepublik übertragen werden. Es kann daher festgehalten werden, daß die universelle Dienstebereitstellung tendenziell in städtischen Ballungsgebieten größere Probleme aufwirft als
auf dem Land. Dieses Resultat ist von besonderem Interesse bei der Formulierung einer
angemessenen künftigen Universaldienstpolitik (vgl. Kapitel 4).

4.   Quersubventionen und gesamtwirtschaftliche Effizienz

Unter allokativen Gesichtspunkten ist ökonomische Effizienz nur bei Preisen bzw.
Gebühren gegeben, die genau den entsprechenden Ressourcenverbrauch bei der Produktion widerspiegeln. In diesem Fall erfüllen Preise ihre gesamtwirtschaftliche Lenkungsfunktion für Angebot und Nachfrage auf optimale Weise.

---

60   Vgl. NTIA (1994), Tz. 21f.

Jeder politisch motivierte Eingriff in die Gebührenstruktur beeinträchtigt diese Lenkungs-funktion, indem er das Verhältnis von Kosten und Preisen künstlich verzerrt. Auf Anbieter- und Nachfragerseite setzt ein solcher Eingriff Anreize zu politisch erwünsch-tem, nicht aber zu allokativ effizienten Transaktionen. Politische Ziele durch Preisein-griffe können daher nur zu Lasten der ökonomischen Effizienz verfolgt werden. Der "Preis" für die Verfolgung politischer Ziele mittels Preiseingriffen zeigt sich auch im Fernmeldewesen in statischen und dynamischen Wohlfahrtsverlusten.

Statische Wohlfahrtsverluste ergeben sich durch die Abweichung der Preise von den zugrundeliegenden Kosten und den hieraus resultierenden allokativen Fehlanreizen. Wie bereits in Abschnitt B 3 (Struktur der Fernmeldegebühren) ausgeführt wurde, wurden im deutschen Fernmeldewesen traditionell Ferngespräche deutlich oberhalb, Ortsgespräche und Anschlußbereitstellung deutlich unterhalb der jeweiligen Grenzkosten tarifiert. Die aus dieser Verzerrung resultierenden Wohlfahrtsverluste beschreibt Abbildung 3.4, in der die drei wesentlichen Teilmärkte der Telekommunikation für Anschluß, Orts- und Fern-gespräche mit jeweils realitätsnahen Nachfragekurven dargestellt sind. Empirische Unter-suchungen haben gezeigt, daß die Preiselastizität der Nachfrage auf dem Markt für Anschluß deutlich geringer ist als auf den beiden anderen Märkten.[61]

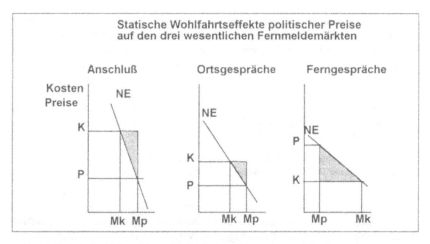

Abb. 3.4: Statische Wohlfahrtseffekte politischer Preise auf den drei wesentlichen Fernmeldemärkten.
Quelle: Perl (1986), S. 233.

Auf den Märkten für Anschluß und für Ortsgespräche würde die Erhöhung der Preise von P auf K, d.h. auf das wahre Kostenniveau, die Nachfrage von Mp auf Mk reduzieren. Der hieraus resultierende gesamtwirtschaftliche Nutzenzuwachs resultiert aus zwei gegenläufigen Effekten. Zum einen *sinkt* der gesamtwirtschaftliche Nutzen, da die Nachfrager weniger konsumieren können. Dieser Rückgang beläuft sich auf die Fläche

---

61   Vgl. Kapitel 4 Abschnitt A 1 d) " Tarifänderungen und das Universaldienstziel".

unterhalb der Nachfragekurve in den Grenzen von Mk bis Mp Zum anderen *steigt* der gesamtwirtschaftliche Nutzen, weil mit dem Rückgang der Produktion Kosten in Höhe von K für Mp-Mk Einheiten wegfallen. Der gesamtwirtschaftliche Einsparungseffekt überwiegt also den Nutzenverlust aus Minderkonsum im Umfang der schraffierten Dreiecke.

Umgekehrt bedeuten kostenorientierte Tarife auf dem Markt für Ferngespräche, daß durch die Ausdehnung der Produktion von Mp auf Mk der Konsumentennutzen durch Mehrkonsum ansteigt (schraffiertes Dreieck), ohne daß hierfür höhere marginale Kosten entstehen.[62]

Der gesamtwirtschaftliche Wohlfahrtsanstieg kostenorientierter anstelle politisch gesetzter Tarife besteht somit zum einen in der Ausweitung des Nachfragernutzens bei Senkung der Ferntarife und zum anderen aus der Kosteneinsparung bei einer Erhöhung der Anschluß- und Ortstarife. Das Ausmaß dieser Wohlfahrtseffekte ist dabei positiv korreliert sowohl mit dem bisherigen Ausmaß der Preisverzerrungen als auch mit den entsprechenden Preiselastizitäten der Nachfrage. Wie im folgenden Kapitel näher gezeigt wird, ist die Nachfrage nach Fernverbindungen sehr preiselastisch. Die bei Kostenorientierung der Tarife zu erwartendenden Wohlfahrtsgewinne sind demnach hier besonders hoch.

Neumann, Schweizer und von Weizsäcker haben im Jahr 1982 dieses analytische Konzept statischer Wohlfahrtsverluste auf die bundesdeutschen Verhältnisse im Jahr 1979 angewendet. Um kostenwahres Niveau zu erreichen, hätten ihrer Meinung nach die Gebühren für Ortsgespräche um 93% angehoben und für Ferngespräche um 27% gesenkt werden müssen. Die aus diesen beiden Preisveränderungen resultierenden gesamtwirtschaftlichen Wohlfahrtsgewinne schätzten sie - unter der Vorgabe, die DBP-Gewinne unverändert zu lassen - auf rund DM 1,9 Mrd.[63] Für die USA schätzte Lewis Perl die zu erwartenden Wohlfahrtseffekte im Jahr 1984 auf rund US$ 6 Mrd. pro Jahr oder auf US$ 77,- pro Jahr und Haushalt.[64]

Wesentlich schwieriger zu beziffern, in ihrem Ausmaß jedoch nicht zu unterschätzen, sind **dynamische Wohlfahrtsverluste**, die sich aus politisch motivierten Preisverzerrungen ergeben.

Auf seiten des Angebots etwa schränken künstlich überhöhte Preise das Wachstumspotential nicht nur der jeweiligen Telekommunikationsleistung, sondern auch der aufbauenden Produktionsstufen und nachfragenden Wirtschaftssektoren ein.[65] Zudem setzen

---

62 Dieses simple Modell berücksichtigt keine positiven Netzexternalitäten, die - bei ausreichender Größe - das Ausmaß der Wohlfahrtseffekte kostenorientierter Preise tendenziell senken. Vgl. auch Perl (1986), S. 236.

63 Soltwedel schätzte in einer ähnlichen Untersuchung die Wohlfahrtsgewinne allein bei Senkung der Gebühren für internationale Ferngespräche auf das in den USA geltende Tarifniveau auf über DM 200 bis 341 Mio., je nach Annahme über die Preiselastizität der Nachfrage. Vgl. Soltwedel et al. (1986), S. 158.

64 Vgl. Perl (1986), S. 239.

65 So klagten u.a. die Anbieter des privaten D2 Mobilfunknetzes über die im internationalen Vergleich überhöhten Gebühren für Mietleitungen der DBP-Telekom, einem wesentlichen

künstlich überhöhte Preise Anreize für konkurrierende Anbieter, alternative Technologien einzusetzen, die rentabel angeboten werden können, obwohl sie unter Umständen kostenintensiver hergestellt werden als das preisgebundene Produkt. In der Bundesrepublik ist beispielsweise an die Konkurrenz US-amerikanischer Anbieter von internationalen Ferngesprächen zu denken, die über den Einsatz sogenannter Calling Cards[66] das bundesdeutsche Tarifniveau unterbieten.

Aber auch Bereiche mit künstlich verbilligten Tarifen werden in ihrer Entwicklung durch die Abschottung von Rationalisierungsdruck, Effizienz- und Neuerungsanreizen behindert. Politisch ausgehandelte Preise üben für den Anbieter keinen Zwang zu ökonomisch sinnvollen Investitionsentscheidungen aus, weshalb mögliche Kostensenkungspotentiale zu spät oder gar nicht genutzt werden. Der Anfang der 90er Jahre auf durchschnittlich 20% geschätzte Produktivitätsrückstand der DBP-Telekom gegenüber Telefonanbietern im liberalisierten Ausland ist ein Indikator für das Ausmaß derartiger Fehlanreize.[67] Zudem können verbilligte Tarife zu Nachfragespitzen führen, zu deren Abdeckung die Kapazität des Gesamtsystems kostenintensiv erweitert werden muß. Der verbilligte Tarif übt somit auch nachfrageseitig keinen Zwang auf die ökomisch sinnvolle Nutzung des Telekommunikationssystems aus.

Es läßt sich festhalten, daß politisch motivierte Preise keine bloße Umverteilung bewirken, sondern aufgrund statischer und dynamischer Wohlfahrtsverluste die Kosten des Gesamtsystems erhöhen. Diese Verteilungskosten können langfristig so stark steigen, daß die beabsichtigte Begünstigung einzelner Gruppen konterkariert wird. Bereits im Jahr 1983 wollte etwa Neumann nicht ausschließen, daß die Kosten politisch verzerrter Preisstrukturen im Fernmeldewesen in Form von statischen und dynamischen Wohlfahrtsverlusten so groß sind, daß die subventionierte Gruppe höhere Preise zu zahlen hat als bei einer unverzerrten Preisstruktur. Die relative Begünstigung der Subventionierten bleibt dann zwar erhalten - auch als Argument zur Beibehaltung des Monopols -, jedoch sind die Kosten höher als sie sein müßten.[68]

D. Fazit

Das vorliegende Kapitel hat die Ursprünge des Universaldienstgedankens untersucht, der in allen Industrienationen das traditionell wichtigste Ziel der Telekommunikationspolitik darstellt. Nach der Definition der Europäischen Union sichert der Universaldienst allen Benutzern unabhängig von ihrem Einkommen oder ihrem Wohnort den Zugang zu einem

---

Aufwandsposten für D2. Hierdurch sei die Nachfrageentwicklung nach Mobil-Telefonen künstlich niedrig gehalten worden. Vgl. Mihatsch (1992), S. 40f.

66   Beim Einsatz von Calling Cards schaltet eine Vermittlungszentrale (etwa in USA) gleichzeitig zwei Ferngespräche, die zu einer Verbindung zwischen den beiden "angerufenen" Teilnehmern zusammengelegt werden. Die Arbitrage wird möglich durch praktisch entfernungsunabhängige Kosten. Vgl. ausführlich "Survey on Telecommunications" in: The Economist vom 30. 09.1995, S. 5f. sowie "Auslandsgespräche - Billiger per Umleitung" in: Wirtschaftswoche Heft Nr 12, 18.03.1994, S. 112-116.

67   Vgl. Kapitel 1 Abschnitt B 3 "Leistungsmängel der DBP-Telekom"

68   Vgl. Neumann (1983), S. 400 ff.

festgelegten Minimaldienst mit einer spezifizierten Qualität zu einem erschwinglichen Preis. Die wichtigste Begründung für den Universaldienst ist sozialer und politischer Natur, sie schätzt die Teilnahme am Telekommunikationsnetz als notwendige Voraussetzung zur Teilhabe am gesellschaftlichen Leben sowie als Mittel zur Abwehr von Gefahrensituationen und Einsamkeit ein.

In der Bundesrepublik war der Universaldienst in eine Vielzahl politischer Auflagen im Rahmen des Infrastrukturauftrags der Deutsche Bundespost eingebettet. In Abschnitt B wurden als eigentliche Universaldienst-Ziele die Begünstigung der Einkommensschwachen und der Bewohner ländlicher Regionen sowie die landesweit flächendeckende Versorgung mit Telekommunikationsleistungen identifiziert. Die Instrumente der traditionellen Universaldienstpolitik waren der Kontrahierungszwang, die Tarifeinheit im Raum sowie die politisch definierte Tarifstruktur. Die Tarifstruktur beinhaltete kostenunterdeckende Anschluß-, Grund- und Ortsgebühren sowie deutlich kostenüberdeckende Fernverkehrsgebühren für alle Anschlußteilnehmer. Mit der pauschalen Subvention aller Anschlußteilnehmer sollten höhere Anschlußdichten als bei rein marktlichen Tarifen erreicht werden.

Die Ausführungen in Abschnitt C haben allerdings gezeigt, daß Quersubventionen als traditionelles Instrument der deutschen Universaldienstpolitik

* keinen eindeutigen Beitrag für die Erreichung der proklamierten Verteilungsziele geleistet haben,

* hinsichtlich der universalen Dienstbereitstellung nur durchschnittliche Erfolge erzielt haben sowie

* mit erheblichen statischen und dynamischen Wohlfahrtsverlusten verbunden waren.

Wie die Analyse des Nachfragerverhaltens von Perl aus dem Jahr 1984 zeigte, sind die Netzexternalitäten nicht groß genug, um die pauschale Subvention der fixen Telefongebühren zu rechtfertigen. Die traditionelle Pauschalsubvention der fixen Gebühren sollte in jedem Fall zurückgeführt werden, weil das Ausmaß der mit ihr verbundenen Wohlfahrtsverluste ein unverhältnismäßig hoher Preis für die letztlich sogar fragliche Erzielung höherer als marktmäßiger Telefonanschlußdichten ist. Im Interesse ökonomischer Effizienz sollten raumordnungspolitische und distributive Ziele (Anschluß unabhängig vom Wohnort und vom Einkommen) der Universaldienstpolitik durch subjektbezogene Fördermaßnahmen verfolgt werden.

Die Entscheidung zur Liberalisierung des Telekommunikationsmarktes spiegelt vor diesem Hintergrund die politische Einschätzung wider, daß der bisherige Preis für das Erreichen der verteilungspolitischen Ziele in Form gesamtwirtschaftlicher Wohlfahrtsverluste zu hoch gewesen ist.[69] Mit dem Bedeutungszuwachs des Zieles ökonomische Effizienz im politischen Zielkanon wird gleichzeitig die Grundsatzentscheidung gefällt, soziale Ziele wie Effizienz, Innovation, Verteilungsgerechtigkeit und die gleichmäßige

---

69 Vgl. Mc Carren (1985), S. 197: "... over time, we can have a greater number of higher quality services at lower prices in a competitive environment."

100

Versorgung mit Kommunikationsdienstleistungen künftig primär durch die Ergebnisse des Wettbewerbsprozesses selbst zu realisieren.[70]

Die Einführung von Netzwettbewerb wird aufgrund der mittel- bis langfristig zu erwartenden Senkung und Angleichung der Ertragsmargen das Ende der Quersubventionen und damit auch das Ende der traditionellen Universaldienstpolitik in Deutschland bedeuten. Im folgenden Kapitel 4 wird eine Antwort auf die Frage gegeben, wie das Universaldienstziel in einem liberalisierten Umfeld verwirklicht werden kann. Zunächst wird in Abschnitt A der Einfluß wettbewerblicher Marktbedingungen auf das Universaldienstziel untersucht. Anschließend wird ein geeignetes Verfahren zur Ermittlung der Universaldienstlast identifiziert (Abschnitt B). Abschnitt C beschäftigt sich mit Fragen der Universaldienst-Finanzierung und Abschnitt D gibt schließlich einen Überblick über Ausgestaltungsformen des Universaldienstes im liberalisierten Ausland.

---

70   Vgl. Neumann (1983), S. 405.

IV. UNIVERSALDIENST IN EINEM LIBERALISIERTEN UMFELD

A. Die geänderten Rahmenbedingungen

1. Tarifstrukturen auf liberalisierten Telekommunikationsmärkten

Auf einem Telekommunikationsmarkt mit funktionsfähigem Wettbewerb verhindert das Rosinenpicken neuer Anbieter ein flächendeckendes Angebot zu einheitlichen Tarifen. Im Wettbewerb wird kein Anbieter dauerhaft Preise deutlich oberhalb des Kostenniveaus fordern können, um die Subvention defizitärer Geschäftsbereiche zu finanzieren. Die Ausprägungen kostenorientierter Tarife auf einem Telekommunikationsmarkt mit funktionierendem Wettbewerb stellt der folgende Abschnitt dar. Die Kenntnis dieser Ausprägungen ist Voraussetzung jeder Neukonzeption der Universaldienstpolitik, da je nach Höhe und Struktur der künftigen Tarife ein anderer Interventionsbedarf für die Regulierungsinstanz entsteht.

a) Erklärungsansätze für das Rate-restructuring

In den Ausführungen über Wohlfahrtsverluste von Quersubventionen wurde stillschweigend der kostenorientierte Tarif als Referenzmaßstab verwendet. In der Praxis gehen die Meinungen jedoch auseinander, was ein kostenorientierter Tarif in der Telekommunikation überhaupt ist. Der Dissens entzündet sich dabei an der Identifizierung der Gemeinkosten eines Telekommunikationsnetzes sowie an ihrer verursachungsgerechten Zuordnung auf einzelne Dienste.[1]

Die Investitionen beim Aufbau eines Ortsnetzes machen rund 60% der Gesamtinvestitionen eines kabelgebundenen Netzes aus. Diese Kosten können einerseits als Einzelkosten der Anschlußlegung betrachtet und vollständig den monatlichen Anschlußgebühren zugerechnet werden. Sie können andererseits als Gemeinkosten betrachtet werden und anteilig, d.h. nach Maßgabe eines Verteilungsschlüssels, dem gesamten Dienstebündel zugeordnet werden. Schließlich können, einer dritten Interpretation zufolge, Kosten überhaupt nicht einzelnen Diensten zugeordnet werden, da hierzu keine gültige methodische Grundlage existiere.[2] Die Frage nach der Struktur kostenorientierter Tarife könne daher nur durch den Markt beantwortet werden.[3] Mit den Worten von Wenders:

---

1   Einen Überblick zur Tarifierungskontroverse geben OECD (1991), S.114ff. und Cave/Milne/Scanlan (1994), S. 11f.

2   "Costs can be caused, and costs can be avoided, but they cannot be allocated. They are not a pie to be divided up amongst customers." Wenders (1987), S.59.

3   "Ultimately the setting of the ratio between access and usage represents an arbitrary marketing decision because there is no clear rule for which of the PTOs costs are directly attributable to each service." OECD (1993), S. 63.

"The market will quickly tell us by the entry and exit of capacity where prices do not stand in a reasonable relation to relevant costs. In this sense the market will do a more accurate and relevant (for pricing) costing than either economists or accountants will do."[4]

Größenvorteile beim Angebot von Telekommunikationsleistungen führen zu einem sinkenden Verlauf der Grenzkostenkurve. Wenn die Telefonanbieter Preise in Höhe der Grenzkosten verlangen, würden die resultierenden Umsätze nicht die Gesamtkosten des Angebots abdecken. Die Telefonanbieter müssen aus diesem Grund versuchen, Preise oberhalb ihrer Grenzkosten durchzusetzen, um überhaupt im Markt zu bleiben.

William Baumol und Gregory Sidak haben gezeigt, daß Telefonanbieter in einem wettbewerblichen Umfeld Interesse daran haben, Preise oberhalb der Grenzkosten nur bei solchen Tarifkomponenten zu verlangen, bei denen die Nachfrage weitgehend unelastisch ist.[5] Diese Preissetzungsstrategie minimiert die Einnahmeverluste der Telefonanbieter, da diese Preiserhöhung definitionsgemäß nur zu geringem Nachfrage- und entsprechendem Umsatzrückgang führt. Aufgrund der geringen Nachfrageverzerrung[6] minimiert diese Preissetzungsstrategie gleichzeitig die gesellschaftlichen Wohlfahrtsverluste, die aus der Abweichung der Preise von der Grenzkostenpreisregel resultieren (sog. Ramsey Preise).

Zahlreiche empirische Untersuchungen haben gezeigt, daß die Preiselastizität der Nachfrage auf dem Teilmarkt für Telefonanschlüsse besonders gering ist. Lewis Perl[7] schätzte sie 1984 auf -0,04.[8] Zu noch niedrigeren Ergebnissen kamen Haring und Gordon[9]. 1993 schätzten Hausman, Tardif und Belinfante[10] für die USA die Nachfrageelastizität in bezug auf die monatliche Grundgebühr auf -0,005 und in bezug auf die einmaligen Installationskosten auf -0,0206.[11]

Die Nachfrage nach Telefonanschlüssen ist so unelastisch, weil das Telefon Basisfunktionen ausübt, für die kein verwandtes Substitut besteht,[12] und weil der ständig steigende Gesamtnutzen des Systems Eingang in das Entscheidungskalkül der Nachfrager findet.[13]

---

4   Wenders (1987), S. 60. Macht man sich diese Sichtweise zu eigen, muß auf liberalisierten Telekommunikationsmärkten eher von markt-, denn von kostenorientierten Tarifen gesprochen werden.

5   Vgl. Baumol/Sidak (1994), S. 40f.

6   In der Terminologie der Mikroökonomik: Die Preiserhöhung bei preisinelastischer Nachfrage hat für die Kunden nur einen Einkommenseffekt und keinen Substitutionseffekt.

7   Vgl. Perl (1984).

8   Die direkte Preiselastizität der Nachfrage wird für eine konkrete Marktsituation ermittelt als Quotient aus relativer Mengen- und Preisänderung. Im konkreten Beispiel hat die Erhöhung des Preises um eine Geldeinheit den Rückgang von 0,04 Mengeneinheiten (Telefonanschlüsse) zur Folge.

9   Vgl. Haring/Gordon (1984).

10   Vgl. Hausman/Tardif/Belinfante (1993).

11   Knieps/Weizsäcker (1989), S. 462f. geben einen Überblick über den methodischen Ansatz und die Ergebnisse von insgesamt fünf empirischen Untersuchungen zu dieser Fragestellung.

12   Vgl. Neumann (1984a).

13   Nach Ansicht von Antonelli (1990), S. 463, vernachlässigt die traditionelle ökonometrische Analyse die nutzungsseitigen Faktoren in unzulässiger Weise: "The focus on the role of price and revenue elasticities has been shown to have limitations and demand is now thought to be

Jedoch variieren diese Elastizitäten zwischen verschiedenen Benutzergruppen erheblich, insbesondere besitzen sozial Schwache höhere Elastizitäten als Reiche oder Geschäftsleute.[14]

Die marktorientierte Preissetzungsstrategie auf Basis der Nachfrageelastizitäten führt daher zu einer Tarifstruktur, die sich auch bei Betrachtung der Ortsnetzinvestitionen als Einzelkosten für Anschluß und Ortsgespräche ergeben würde.[15] In beiden Fällen ist nach der Marktliberalisierung mit einem Anstieg der nutzungsunabhängigen Anschlußtarife bei gleichzeitiger Senkung der Gesprächstarife zu rechnen. Es ist international üblich, diese Tarifänderungen als "Kostenorientierung der Tarife" zu bezeichnen.

Weiterhin ist davon auszugehen, daß Entscheidungen über Tarifänderungen eingebunden werden in die wachsende Kundenorientierung der Anbieter, die Höhe und Struktur der Tarife zunehmend als wesentliche Wettbewerbsparameter verstehen.[16] Bei der Betrachtung der Tarifstrukturen im liberalisierten Ausland darf jedoch nicht außer Acht gelassen werden, daß die großen etablierten Anbieter in ihrer Preisgestaltung nicht völlig frei, sondern aufgrund ihrer dominanten Marktposition an Preisvorgaben der Regulierungsinstanz gebunden sind.

b) Die Rolle regulativer Preisvorgaben

Die zu erwartende Kostenorientierung auf wettbewerblichen Märkten stellt die Regulierungsinstanz vor die Aufgabe, das Konzept sozial tragbarer Preise auf eine neue Grundlage zu stellen. Nach Einschätzung von Knieps sollte sie bei der Definition sozial tragbarer Preise das Konzept der Einheitspreise aufgeben zugunsten der **Setzung von Preisobergrenzen**.[17]

Dies würde die Wohlfahrtsverluste der Quersubventionierung vermeiden und gleichzeitig den Anbietern die Möglichkeit zur Preisdiskriminierung geben, etwa zum Setzen niedrigerer Preise in Ballungsgebieten im Vergleich zu ländlichen Gebieten. Die Setzung von Preisobergrenzen erlaubt den Anbietern den Einsatz des Wettbewerbsparameters "Preis" und gibt damit einen wesentlichen Anstoß zur Entfaltung positiver Wettbewerbswirkungen. Durch die Möglichkeit von Preissenkungen erhalten die Anbieter zudem die nötigen Anreize zur Einführung kostensenkenden Fortschritts, der mittelfristig die Kosten des Universaldienstes zu senken vermag.

---

stimulated by the continuous increase in user-value, associated with the relevant dynamic externalities and learning processes."

14   Vgl. auch die folgenden Ausführungen in Abschnitt A 1 c) "Tarifänderungen und das Universaldienstziel".

15   "If, as we suspect, demands for access and local usage are highly inelastic but demands for toll services are relatively elastic, then it is likely that efficient pricing requires charging the bulk of the common costs to either access or local use, and relatively little to toll. This would result in a price structure very similar to that which emerges when common costs are assumed to be access costs." Perl (1986), S. 235.

16   "Rate restructuring reflects a shift from supply to demand based services and price structures." OECD (1991), S. 112.

17   Vgl. Knieps (1995), S. 39f. sowie Kapitel 2 Abschnitt C 3 a) "Die Regulierung im Monopolbereich".

Die Möglichkeit zur Preisdiskriminierung unterhalb regulatorisch vorgegebener Preis-obergrenzen gilt daher als notwendige Grundlage eines langfristig stabilen flächendek-kenden Angebots, das in seinem Bestand nicht durch "Rosinenpicken" konkurrierender Anbieter bedroht wird.[18]

c) Rate-restructuring im liberalisierten Ausland

Ein Blick auf die Entwicklungen im liberalisierten Ausland bestätigt die theoretischen Überlegungen zum Rate-restructuring auf wettbewerblich geprägten Telekommunika-tionsmärkten. Eine OECD Länderübersicht aus dem Jahr 1995[19] hat **auf liberalisierten Telekommunikationsmärkten** drei wichtige Trends identifiziert.

1. Die nutzungsunabhängigen Tarife (Grundgebühren) steigen deutlich an, während die nutzungsabhängigen Tarife (Gesprächsgebühren) etwa in glei-chem Umfang sinken.

2. Die absolute Tarifhöhe (Grund- und Gesprächsgebühren) sinkt - im Gegensatz zu der Entwicklung auf Monopolmärkten - sowohl für Geschäftskunden als auch für Privathaushalte.

3. Bei den Gesprächsgebühren sinken Ferntarife und steigen Ortstarife.

Zum **ersten Trend**: auf wettbewerblich organisierten Märkten ist der Anteil fixer Gebühren an der durchschnittlichen Telefonrechnung deutlich höher als auf Monopol-märkten. Abbildung 4.1 dokumentiert diesen Zusammenhang auf Grundlage der jahres-durchschnittlichen Telefonrechnungen von Geschäfts- und Privatkunden im Jahr 1994.

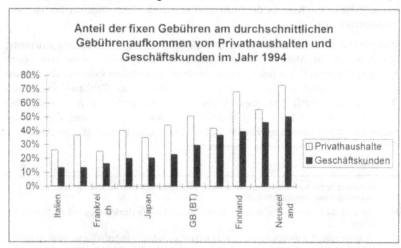

Abb. 4.1: Anteil fixer Gebühren am durchschnittlichen Gebührenaufkommen von Privat- und Geschäftskunden (Stand: Januar 1994)
Quelle: Eigene Darstellung auf Basis von OECD (1995b), Tabellen 5.1 und 5.2, S. 56f.

---

18   Vgl. Knieps (1995), S. 40 und Blankart/Knieps (1993), S. 6.
19   Vgl. die internationalen Marktdaten in OECD (1995b).

Auf den Telekommunikationsmärkten des liberalisierten Auslandes (Japan, USA, Großbritannien, Kanada, Finnland, Schweden und Neuseeland) ist der Anteil der Grundgebühren an der Telefonrechnung der Kunden höher als in Ländern mit Monopolmärkten. Im liberalisierten Großbritannien liegt er bei Geschäftskunden mit 29,6% (Finnland 39,7%) doppelt (dreifach) so hoch wie in Deutschland mit 13,3%. Neuseeländische Privathaushalte müssen durchschnittlich sogar 73% ihrer Telefonrechnung in Form fixer Gebühren aufbringen, im Vergleich zu knapp 37% in Deutschland.[20]

Der höhere Anteil fixer Gebühren ist im liberalisierten Ausland durch eine Bewegung fixer und variabler Gebührenkomponenten zustande gekommen, wie eine Zeitreihenanalyse von 1990 bis 1994 zeigt. Grundlage dieser Zeitreihenanalyse sind die Tarifkörbe der OECD für Privat- und Geschäftskunden, die jeweils 966 und 2694 Gespräche enthalten (vgl. Abb. 4.2 und 4.3).

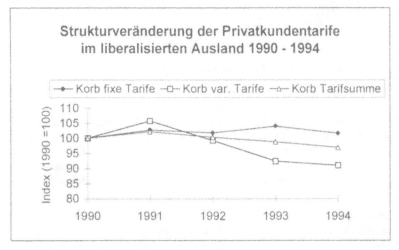

Abb. 4.2: Strukturveränderung der Privatkundentarife im liberalisierten Ausland im Zeitraum 1990-94.
Quelle: Eigene Darstellung OECD (1995b), Tab. 5.14, S. 74.

Abbildungen 4.2 und 4.3 dokumentieren für die Ländergruppe des liberalisierten OECD-Auslands für die Zeit von 1990 bis 1994 einen Anstieg der fixen Gebühren um 1,6% bei Privatkunden und um 7,9% bei Geschäftskunden. Im gleichen Zeitraum sanken die Gesprächsgebühren um 8,9 und 14,5%.

---

20 In die aggregierten Werte fließen auch andere Faktoren wie etwa die Besiedelungsdichte des Landes ein. Die Auslandswerte können daher nur als Trendindikatoren interpretiert werden.

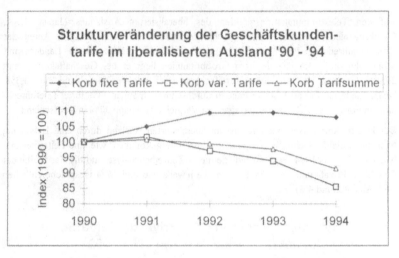

Abb. 4.3: Strukturveränderung der Geschäftskundentarife im liberalisierten Ausland im Zeitraum von 1990-1994.
Quelle: Eigene Darstellung nach OECD (1995b), Tab. 5.13, S. 72.

Diese Ergebnisse belegen das bereits theoretisch erörterte Phänomen des Rate-restructuring auf liberalisierten Telekommunikationsmärkten. Der Anteilszuwachs fixer Gebühren im liberalisierten Ausland stellt die tendenzielle Abkehr von der traditionellen Pauschalsubvention aller Anschlußteilnehmer dar bzw. den Versuch der Telefonanbieter, kostenorientierte Tarife durchzusetzen, um implizite Quersubventionen zwischen den Tarifkomponenten zu vermeiden.

Zugleich belegen diese Ergebnisse den **zweiten Tariftrend**: Im liberalisierten Ausland kam es im Zeitraum 1990 bis 1994 zu Senkungen des Gesamttarifniveaus, und zwar um 3,1% für Privatkunden und um 8,6% für Geschäftskunden.[21] Verantwortlich für diese Senkungen waren neben dem technischen Fortschritt produktivitätsfördernde Wettbewerbswirkungen und teilweise regulatorische Price-Caps. In der Ländergruppe mit monopolistischer Telefonversorgung kam es im selben Zeitraum dagegen für Privatkunden zu einem Anstieg der Gesamttarife um 8,65% und für Geschäftskunden zu einer Senkung um 3,1% (ohne Abbildung).

Bezogen auf die absolute Tarifhöhe (wiederum gemessen anhand des OECD-Gebührenkorbs) stellen sich die Kunden im liberalisierten Ausland gleich gut oder besser als die Kunden in den Monopolländern (vgl. Abb. 4.4).

---

21   Die OECD-Angaben beziehen sich stets auf das Standard-Leistungsangebot der "domain carrier" und nicht auf eventuell vorhandene maßgeschneiderte Tarifangebote für bestimmte Nutzergruppen, die zum Teil noch deutlich günstiger sind. Vgl. OECD (1995b), S. 63.

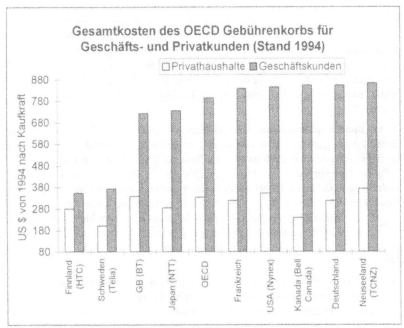

Abb. 4.4: Gesamtkosten des OECD-Gebührenkorbes für Geschäfts- und Privatkunden (Stand Januar '94)
Quelle: Eigene Darstellung nach OECD (1995b), Tabellen 5.9 und 5.11, S. 67 und 69.

Die **dritte Tariftrend** schließlich ist das im gesamten OECD-Bereich stattfindende "rebalancing" von Fern- und Ortstarifen (vgl. Abb. 4.5).

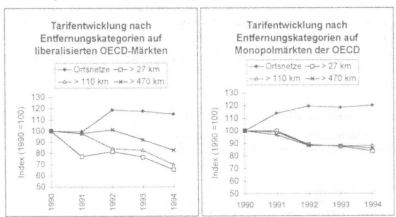

Abb. 4.5: Tarifentwicklung nach Entfernungskategorien auf liberalisierten und monopolisierten Telekommunikationsmärkten der OECD.
Quelle: Eigene Darstellung nach OECD (1995b), Tabelle 5.21, Seite 79.

Abbildung 4.5 zeigt, daß die tendenzielle Angleichung der Tarife bis zum Jahre 1992 von beiden Seiten erfolgte, d.h. durch steigende Ortstarife und sinkende Ferntarife. Die Verteuerung der Ortstarife scheint 1992 zu einem Stillstand gekommen zu sein, in einigen Ländern des liberalisierten Auslandes wurden sie sogar teilweise wieder zurückgenommen. Die Ferntarife dagegen fallen im OECD-Durchschnitt auch nach 1992 weiter, und zwar besonders schnell in der Ländergruppe mit liberalisierten Telefonmärkten.[22]

In der Bundesrepublik ist seit der Tarifreform von 1990 ein von Postministerium und Bundeskabinett gebilligtes Rate-restructuring im Gange. Die Gesprächsgebühren verbilligten sich insgesamt von 1990 bis 1994 auf Basis der OECD-Korbberechnung um knapp 20% für Geschäftskunden und um gut 13% für Privatkunden. Da die nutzungsunabhängigen Gebühren im selben Zeitraum konstant blieben, hat sich ihr relatives Gewicht im Jahr 1994 auf die in Abbildung 4.1 gezeigten Werte von 13,3 und 36,6% erhöht. Die Senkung der Gesprächsgebühren folgte ebenfalls dem Muster der Kostenorientierung. Gespräche in der Ferntarifzone drei (>100 km) wurden um 30% verbilligt, Ortsgespräche um 25% verteuert (Verkürzung der Zeiteinheit von acht auf sechs Minuten).

Die im Sommer 1994 beschlossene Tarifstrukturreform der Telekom für das Jahr 1996 treibt diese Entwicklung weiter voran. Die Kombination eines verkürzten Zeittaktes und niedrigerer Einheitenpreise verbilligt Ferngespräche in zwei Stufen zum 1. Januar und 1. Juli 1996 und verteuert Orts- und Nahgespräche.[23] Die monatlichen Gebühren für einen Standard-Telefonanschluß bleiben konstant.

Zusammenfassend zeigt sich, daß es im liberalisierten Ausland nicht zu einem Anstieg, sondern zu einer leichten Senkung der durchschnittlichen Gebührenbelastung für Privathaushalte kam. Die relative Verteuerung der Anschluß- und Ortsgebühren hat die pauschale Subvention für alle Anschlußteilnehmer und damit das Volumen gesamtwirtschaftlich wohlfahrtsmindernder Quersubventionen reduziert. Ansätze zu dieser Entwicklung zeigen sich bereits in der Bundesrepublik.

Mit dem Ende der pauschalen Subventionierung aller Anschlußteilnehmer verschwindet das traditionell wichtigste Instrument der Universaldienstpolitik. Der folgende Abschnitt untersucht die Auswirkungen, die mit diesem Verschwinden verbunden sind.

d) Tarifänderungen und das Universaldienstziel

Der bei Kostenorientierung der Tarife zu erwartende Anstieg der Anschluß- und Grundgebühren droht diejenigen Haushalte aus dem Netz zu drängen, die ein niedriges Ein-

---

22 Einen weiteren Ausdruck findet das Rate-rebalancing bei Tarifen für internationale Anrufe. Von 1990 bis 1994 sank der Indexwert des internationalen Gebührenkorbes für die gesamte OECD um über 21 Prozent. Besonders starke Gebührensenkungen führten europäische Telefonanbieter für Verbindungen nach Nordamerika durch. Die Gebühren für einen Anruf in die USA sanken in diesem Zeitraum beispielsweise in der Bundesrepublik um knapp 40 Prozent, in Spanien gar um über 52 Prozent. Vgl. OECD (1995b), S. 80.

23 Vgl. "Telefonieren soll 'drastisch verteuert' werden" in: Süddeutsche Zeitung vom 29.06.1994.

kommen haben oder besonders selten telefonieren.[24] Obwohl die Nachfrage nach Anschluß insgesamt sehr unelastisch auf Preisänderungen reagiert, variiert diese Elastizität doch sehr zwischen verschiedenen Benutzergruppen.

Perl schätzte Mitte der achtziger Jahre für die USA, daß ein Übergang von pauschal subventionierten zu marktorientierten monatlichen Grundgebühren das untere Einkommens-Drittel der US-Haushalte besonders stark treffen würde. Den preisbedingten Nachfragerückgang nach Telefonanschluß schätzte er bei den Haushalten mit Einkommen unter US$ 6.000 jährlich auf 9 Prozentpunkte, bei Einkommen unter US$ 12.000 immerhin noch auf 6 Prozentpunkte. Die Gesamtreaktion der Nachfrage auf auf kostenorientierte Tarife schätzte er auf einen Rückgang der Anschlußdichte um rund 4% (vgl. Tab. 4.1).

Einkommensgruppen Jahreseinkommen in US$	Anteil an der Gesamtbevölkerung	Anschluß- dichte: Status quo	Anschlußdichte bei marktorientierter monatl. Gebühr	Anschlußdichte bei Eink.-abh. monatlicher Gebühr
6.000 oder weniger	11,35	80,60	71,42	79,09
6.001 - 12.500	19,15	89,00	83,08	86,07
12.500 - 17.500	19,67	94,15	90,49	90,97
17.501 - 25.000	16,03	96,6	94,29	93,65
Mehr als 25.000	33,80	98,3	97,04	95,67
Durchschnitt aller Einkommensgruppen	100,00	93,05	89,19	90,35

Tab. 4.1: Empirische Schätzung der Anschlußdichten bei kostenorientierten Tarifen im Vergleich zum Status quo bei pauschaler Anschlußsubvention.
Quelle: Perl (1986), Tabelle 7, S. 243.

Bei "aufkommensneutraler" Umgestaltung der Grundgebühren in einkommensabhängige monatliche Beträge (gestaffelt von US$ 10,- bis US$ 35,-) kam es rechnerisch zu einem Gesamtrückgang der Anschlußquote von lediglich 2,7 statt von 3,9 Prozentpunkten. Wie Tabelle 4.1 zeigt, würde dieser Rückgang alle Einkommensklassen gleichmäßig betreffen. Perl zeigte darüber hinaus, daß einkommensabhängige Grundgebühren auch die Wohlfahrtsgewinne marktorientierter Tarife viel gleichmäßiger auf die Einkommens-klassen verteilen würden.[25] Die Ergebnisse der US-amerikanischen Studien hierzu faßt Brock wie folgt zusammen:

---

24 Diese Befürchtung hegt die EU-Kommission: "... die Kunden, die das Telefon als Notrufleitung verwenden oder die das Telefon nur wenig benutzen, können auf eine Anpassung [der Tarifstruktur, C.G.] empfindlich reagieren." Europäische-Kommission Grünbuch Teil II (1994a), S. 46.

25 Die geschätzten Wohlfahrtsgewinne kostenorientierter Tarife mit einkommensabhängigen monatlichen Gebühren waren mit US$ 71.95 pro Jahr und Haushalt nur wenig geringer als im Fall mit pauschalen monatlichen Gebühren (US$ 77,13). Die einkommensabhängige Gestaltung der

"All available estimates of the elasticity of demand for telephone access indicate a very low elasticity and therefore a small percentage change in the expected proportion of people with telephone service even after substantial price changes."[26]

In den entwickelten Telekommunikationsnationen **Westeuropas** führt das zu erwartende Rate-restructuring nach Ansicht von Serafini und Adrieu wegen der unelastischen Nachfrage nach Telefonleistungen sowie der Kreuzpreiselastizität zwischen der Nachfrage nach (verteuertem) Anschluß und (verbilligter) Nutzung insgesamt nur zu vernachlässigbar wenigen Telefonabmeldungen.[27]

Ein Anstieg der monatlichen Grundgebühren ist nicht die einzige Wettbewerbswirkung auf die Anschlußdichte, wie der folgende Abschnitt zeigt.

e) Sonstige Liberalisierungseffekte auf das Universaldienstziel

Die Erfahrungen des liberalisierten Auslands zeigen, daß die marktliche Bereitstellung von Telekommunikationsleistungen - unterstützt durch regulierende Eingriffe - insgesamt gesehen zu einer besseren Versorgung der Bevölkerung geführt hat, was Anschlußdichten, Preise und Versorgungsqualität angeht. In ihrer Untersuchung aus dem Jahre 1995 resümiert die OECD:

"In times past, analysts and policy makers have tended to ask, whether competition has impaired access to POTS. [Plain Old Telephone Service - C.G.] (...) With the experience of some Member countries stretching over nearly a decade of network facilities competition, it is possible to give a fairly definitive answer to this question. The available indicators suggest that telephone penetration has not been eroded in any of these Member countries. Indeed, in those Member countries that have liberalized telecommunication markets, access to the telephone has steadily improved."[28]

Gründe für die Auffassung, die Liberalisierung könne die Ausdehnung universaler Dienste sogar fördern, sind

- die Preis- und auch Kostendisziplinierung der traditionellen Monopolanbieter durch das Aufkommen konkurrierender Anbieter,

- die Einführung innovativer Technologien, Dienste und Tarifoptionen und gesenkte Endverbraucherpreise sowie

---

Gebühren verteilte die Wohlfahrtsgewinne jedoch annähernd gleichmäßig auf alle Einkommensklassen. Vgl. Perl (1986), S. 243.

26   Brock (1985), S. 205.

27   Vgl. Serafini/Andrieu (1980), die allerdings die Länder Irland, Portugal und Spanien von dieser Einschätzung ausklammern.

28   OECD (1995a), S. 22. Ähnlich auch Maher (1993), S. 10.

- das beschleunigte Wachstum des gesamten Telekommunikationsmarktes, das die relativen Kosten des Universaldienstes (bezogen auf den Branchenumsatz) senkt.[29]

Einen Beleg für diese Einschätzung liefert der Blick auf die jüngsten **Entwicklungen in Großbritannien.** Dort stieg nach den ersten Liberalisierungsschritten im Jahr 1982 die Anschlußdichte je 100 Einwohner von knapp 34 auf gut 45 im Jahr 1992. Seit Ende des Duopols im Jahr 1992 hat der in allen Bereichen zugelassene Wettbewerb die Anschlußdichten deutlich steigern können. Besonders erfolgreich ist hierbei das 1992 legalisierte Angebot von Telefondienst durch KabelTV-Anbieter. Etwa 15% der rund 500.000 (Stand 1994) KabelTV-Telefonkunden haben nach Angaben der britischen Cable Television Association dank der günstigen Tarifoptionen zum erstenmal überhaupt ein Telefon.[30]

Die anderen 85% der Kunden profitieren von Tarifen, die - gemessen am OECD-Korb - um 12% (bei Privathaushalten) oder 22% (bei Geschäftskunden) unter denen von BT liegen. Die Zulassung von Wettbewerb hat damit zwei wesentliche Universaldienstziele gefördert: die Ausdehnung des Kommunikationsnetzes sowie die Erschwinglichkeit des Anschlusses.

Die Einführung von Wettbewerb und mit ihr die Einführung marktorientierter Tarife hat wegen der geringen Nachfrageelastizitäten nach Telefonanschluß somit keinen meßbaren negativen Effekt auf die Anschlußdichte gehabt. Mehr noch: im liberalisierten Ausland setzt sich mittlerweile sogar die Auffassung durch, daß die dynamischen Wettbewerbseffekte (Innovationstempo, Preis- und Kostendisziplinierung) den Universaldienstzielen sogar förderlich sind, indem sie neue Kunden am Kommunikationssystem teilhaben lassen, die bislang außen vor standen.[31] Subjektbezogene Fördermaßnahmen, die auch Grenznachfrager nach Telefonanschluß zum Zuge kommen lassen, spielen bei dieser Entwicklung eine bedeutende Rolle. Ihnen ist der folgende Abschnitt gewidmet.

2. Subjektbezogene Fördermaßnahmen

a) Vorbemerkung

Marktorientierte Tarife senken den Subventionsbedarf des Gesamtsystems, indem sie unnötige Subventionen (von denen keine zielführenden Steuerungseffekte ausgehen) zurückführen. Wie gezeigt wurde, ist die pauschale Subvention **aller** Anschlußteilnehmer für das Erreichen des Universaldienstzieles auch nicht erforderlich, da ein Großteil der Kunden auch bei marktorientierten Tarifen am Netz bleibt.[32] Andererseits erhöhen marktorientierte Tarife die Zahl der (Grenz-)Nachfrager, die aus ökonomischen Gründen ihren Telefonanschluß kündigen. Eine Neuformulierung des Universaldienstkonzepts in

---

29 OECD (1995a), S.5.

30 Vgl. OECD (1995b), S. 16 sowie Tabelle 4.2, S. 40.

31 OECD (1995a), S. 22.

32 Vgl. Gillis et al. (1986), S. 216 sowie Kapitel 3 Abschnitt A 2 "Begründungen des Universaldienstes".

einem wettbewerblichen Umfeld muß daher nach Wegen suchen, diese Grenznachfrager, also Wenignutzer und Einkommensschwache, am Netz zu halten.

Im liberalisierten Ausland werden hierzu verschiedene subjektbezogene Fördermaßnahmen eingesetzt.[33] Inhaltliche Vorgabe für diese Fördermaßnahmen ist das Universaldienstziel jedermann unabhängig von seinem Wohnort einen erschwinglichen Zugang zu einem Telefonanschluß zu ermöglichen. Angesichts steigender Telefon-Grundgebühren lautet die Konkretisierung dieses Ziels, den Zugang zum Telefon auch für Haushalte mit niedrigen Einkommen erschwinglich zu machen.[34] Darüber hinaus sollte die Maßnahme auch zwei formalen Kriterien genügen; die Förderung sollte auf ökonomisch effiziente Weise erfolgen und sie sollte im Interesse der politischen Durchsetzbarkeit von der Bevölkerung als "gerecht" empfunden werden.

Direkte Einkommenstransfers aus Steuermitteln an die einkommensschwachen Haushalte fallen aus Gründen der politischen Durchsetzbarkeit als potentielle Fördermaßnahme aus. In der Bundesrepublik (aber auch in anderen Ländern) werden Grundversorgungsprogramme (Beispiel Rundfunkversorgung) mit Rücksicht auf die öffentliche Meinung vorzugsweise mit zweckgebundenen Mitteln gefördert.[35] Denkbare zweckgebundene Subventionen sind Wahl- und Sozialtarife sowie Gutscheine.

b) Wahltarife

Wahltarife sind Tarifpakete speziell für Kunden mit niedrigem Einkommen oder niedrigem Gesprächsaufkommen (Gelegenheitskunden). Sie bestehen aus einer reduzierten monatlichen Grundgebühr in Verbindung mit erhöhten Einheitenpreisen. Der Kunde kann durch die Anzahl seiner Telefoneinheiten die Höhe der empfangenen Subvention selber steuern. Die Subvention ist umso höher, je weniger Anrufe der Kunde tätigt. Über ein bestimmtes Kontingent an Einheiten hinaus wird es für den Kunden dann wieder billiger, auf die Standardtarife umzuschalten.[36] Derartige Wahltarife finden derzeit in Großbritannien Anwendung; in den USA wurden Wahltarife Mitte der 80er Jahre zugunsten von Sozialtarifen abgeschafft.[37]

In Großbritannien, wo von 1983 bis 1993 die Grundgebühren um nominal 35% auf rund £ 20,- pro Quartal gestiegen sind, existieren derzeit drei Wahltarifpakete, das Low User Rental Rebate Scheme (LURR), Support Line und das Light User Scheme (LUS).

---

33 Die Aufhebung der Versorgungsmonopole der "Regional Bell Operating Companies" im August 1995 löste in den USA eine umfangreiche Diskussion über neue Fördermaßnahmen aus. Vgl. Egan (1994) und Einhorn (1995). Zur praktischen Umsetzung vgl. Borrows et al. (1994) und Cave/Milne/Scanlan (1994).

34 Wohlhabende Haushalte, die freiwillig auf einen Telefonanschluß verzichten, sind nicht Gegenstand der Debatte. Vgl. Kapitel 3 Abschnitt A 1 "Das Förderziel des Universaldienstes".

35 Für die Verhältnisse in den USA: "The willingness of the public to provide subsidies for basic needs depends on assurances that the basic needs are in fact being purchased. Direct income transfers lack any such assurances, so society generally opts for some form of inkind subsidy (e.g. food-stamps)." Gillis et al. (1986), S. 213.

36 Vgl. Europäische Kommission Grünbuch Teil 2 (1994a), S. 47.

37 Vgl. Gillis et al. (1986), S. 216 sowie die Länderstudie zu Großbritannien in Abschnitt D 2 dieses Kapitels.

114

Auswahlkriterium aller drei Pakete ist nicht das Einkommen, sondern die Anzahl der telefonierten Einheiten des Kunden.

Beim **LURR** wird die Standard-Grundgebühr um 40% von £ 20,- auf £ 12,- pro Quartal ermäßigt. Die Gesprächseinheiten liegen dagegen um 6,6 pence über dem Standardtarif. Der Übergang zum Standardtarif lohnt sich dann für Kunden, die mehr als 120 Einheiten pro Quartal telefonieren.[38]

Das **LUS** tritt als einzige der drei Fördermaßnahmen automatisch in Kraft, d. h. es muß nicht extra vom Kunden beantragt werden). Es funktioniert ähnlich wie das LURR, besteht jedoch aus einer anfänglichen Ermäßigung der Grundgebühr um 60%, die erst nach 240 Einheiten abgetragen ist.

Support Line besteht aus einer um 50% ermäßigten Grundgebühr, 30 Gratis-Einheiten sowie einer um 15,8 pence erhöhten Gebühr für die 31. bis 50. Einheit. Für alle weiteren Einheiten gilt der Standardtarif von 4,2 pence.[39]

In den USA wurde bis Mitte der 80er Jahre die auf Ebene der Bundesstaaten organisierte **Lifeline Assistance** (LA) ebenfalls als Wahltarif ausgestaltet, mit ähnlichen Charakteristika wie die britischen LURR bzw. LUS. In der Folgezeit wurde das Programm jedoch in einen Sozialtarif mit einkommensabhängiger Bedürftigkeitsprüfung umgewandelt, da - neben technischen Umsetzungsproblemen[40] - immer mehr Teilnehmer hinzukamen, die nicht der Zielgruppe entsprachen.[41] Diese i.d.R. wohlhabenden Haushalte nutzten die Vergünstigung des Lifeline-Programms, indem sie ausgehende Anrufe von anderen Apparaten (evtl. am Arbeitsplatz) tätigten und den Lifeline Anschluß für eingehende Anrufe reservierten.[42]

Dem Vorteil von Wahltarifen, also dem geringen administrativen Aufwand und der damit damit verbundenen "Geräuschlosigkeit" dieser Subventionsform, steht der Nachteil der mangelnden Zielgenauigkeit gegenüber. Eine höhere Zielgenauigkeit wird den Sozialtarifen zugesprochen.

c) Sozialtarife

Sozialtarife werden Haushalten mit niedrigem Einkommen sowie behinderten Teilnehmern zuteil, die ihre besondere Bedürftigkeit vorab nachweisen müssen. Unter dem Namen **Lifeline Assistance** (LA), existieren in den USA seit Ende der 80er Jahre zwei

---

38 Vgl. Cave/Milne/Scanlan (1994), S. 49, wo die Anzahl der LURR Kunden für das Jahr 1994 auf 1,5 bis 2,0 Mio. geschätzt wird.

39 Vgl. Cave/Milne/Scanlan (1994), S. 49.

40 Die Identifikation von Wenignutzern konnte nur in den 27 Bundesstaaten mit Einzelerfassung und -abrechnung der Ortsgespräche (Local Measured Service) erfolgen. Zur Anwendungspraxis von LA in den USA vgl. Makarewicz (1991). Zur Diskussion pauschaler versus nutzungsabhängiger Ortsgebühren vgl. Mc Carren (1986).

41 Ende der 1970er Jahre kam eine Studie zu dem Ergebnis, daß die Einkommen von mehr als der Hälfte aller Lifeline Kunden über dem angestrebten Zielwert lagen. Vgl. Fochler (1979), S. 468.

42 Vgl. Gillis et al. (1986), S. 216.

Arten von Sozialtarifen Der sogenannte **Subscriber Line Charge Waiver** (SLCW)[43] zielt auf einen teilweisen oder kompletten Wegfall der kundenbezogenen SLC von (im Jahre 1993) US$ 3,50 pro Monat für einkommensschwache Haushalte. **Link-Up-America**, das seit 1987 die Neuanschließung von Haushalten fördert, ermöglicht einen bis zu 50-prozentigen Zuschuß (max. US$ 30,-) zu den einmaligen Installationskosten des Neuanschlusses. Die Lifeline Assistance wird von den Bundesstaaten verwaltet, die jeweils die Details für die Gewährung der Vergünstigungen festlegen.[44]

In der Bundesrepublik erfolgt die Überprüfung der Anträge auf Gewährung von Sozial-anschlüssen traditionell durch die kommunalen Sozialämter.[45] Diese Regelung senkt den administrativen Aufwand der Deutschen Telekom AG.

d) Gutscheine

Während Wahl- und Sozialtarife den Rechnungsbetrag des Telefonkunden ermäßigen, läßt die Gutschein-Lösung den Rechnungsbetrag unverändert, räumt aber dem Kunden ein zweckgebundenes Guthaben zur anteiligen Bezahlung dieser Rechnung ein. In einem wettbewerblich organisierten Markt liegen die Vorteile dieses Verfahrens in der Unab-hängigkeit des Kunden bei der Wahl seines Telefonanbieters und im Bewahren der Lenkungsfunktion der Preise.[46] Gutscheinlösungen existieren bisweilen nur auf dem Papier. In den USA rufen in jüngster Zeit verstärkt die von der bisherigen Regelung bela-steten Fernverkehrsanbieter nach ihrer Einführung.[47]

Allen drei vorgestellten Ausgestaltungsformen subjektbezogener Förderungen ist die - im Vergleich zu den implizit gestalteten traditionellen Mechanismen der pauschalen Quersubventionierung - große Transparenz von Kosten und Nutzen für das Universal-dienstziel gemeinsam. Sie stellen daher alle drei geeignete Instrumente für die Übertra-gung des Universaldienstgedankens auf liberalisierte Märkte dar.

3. Adressaten der Universaldienstverpflichtung

Eine weitere wesentliche Änderung auf liberalisierten Märkten ist die Vielzahl neuer Anbieter. Künftige Universaldienstauflagen richten sich nicht mehr an die Bundesverwal-tung DBP, sondern neben der Deutschen Telekom AG an eine Vielzahl privater Unternehmen, die im Wettbewerb stehen und längerfristige Planungshorizonte fordern. Zum ersten Mal in der über einhundertjährigen Geschichte des deutschen Fernmelde-wesens ist es daher erforderlich, die bisherigen Ziele und Inhalte der Universaldienst-

---

43 Die Subscriber Line Charge - SLC - ist eine Gebührenkomponente der lokalen Telefonanbieter in den USA, die von jedem Anschlußteilnehmer für die Bereitstellung des sog. interstate Verkehrs erhoben wird. Vgl. Borrows et al. (1994), S. 61.

44 Vgl. Borrows et al. (1994), S. 33; Cave/Milne/Scanlan (1994), S. 51ff. und Weinkopf (1994), S. 29.

45 Vgl. Kapitel 3 Abschnitt B 4 "Die Gewährung von Sozialanschlüssen".

46 Vgl. Gillis et al. (1986). S. 217 mit weiteren Verweisen.

47 Einhorn bietet einen Überblick über die Forderungen von Lipman/Blau (1993), MCI (1994) und AT&T (1994). Vgl. Einhorn (1995), S. 29ff. Zum traditionellen Mechanismus der Quersubven-tion der Ortsnetzbetreiber durch die Fernverkehrsgesellschaften vgl. den Überblick in Abschnitt C 1 "Universaldienst in den USA".

politik aus der Grauzone überlappender Politikbereiche zu isolieren und als explizite Universaldienst-Auflage für die künftigen Lizenzinhaber zu formulieren. Wer von ihnen soll die Universaldienstverpflichtung tragen? Im wesentlichen stehen drei Antworten zur Auswahl, die in engem Zusammenhang mit der Etablierung funktionstüchtigen Wettbewerbs stehen: alle, einer oder der kostengünstigste.

a) Flächendeckungsauftrag für alle Anbieter

Theoretisch könnten alle Betreiber von Netzen bzw. Diensten verpflichtet werden, bestimmte Telekommunikationsleistungen flächendeckend zu sozial erwünschten Preisen anzubieten. Dieser beispielsweise von der SPD-Bundestagsfraktion bis November 1995 für die Bundesrepublik aufrechterhaltene Vorschlag[48] orientiert sich an den Erfahrungen bei der Vergabe von Lizenzen im Mobil- und Satellitenfunk in der Bundesrepublik zu Beginn der 90er Jahre. Die Lizenznehmer mußten seinerzeit neben sonstigen Auflagen die Verpflichtung zur flächendeckenden Versorgung innerhalb eines bestimmten Zeitraums erfüllen.[49]

Bei kabelgebundenen Netzen, deren Errichtung mit erheblich höheren Anfangsinvestitionen verbunden ist als die von Mobilfunknetzen, ist die Verpflichtung aller Anbieter jedoch keine sinnvolle Lösung. Neumann wies bereits Anfang der 80er Jahre darauf hin, daß die hiermit verbundenen Investitionserfordernisse in allen praktisch relevanten Fällen zur Ausschaltung der Konkurrenz führen müssen.[50] Auch Knieps hält Auflagen für eine gleichzeitige flächendeckende Versorgung durch mehrere Kabelnetzbetreiber für den falschen Weg, da sie entweder den Wettbewerb von Anfang an unterbinden, oder aber - sofern sie tatsächlich ausgeführt werden - zu einer volkswirtschaftlich ineffizienten Kostenduplizierung führen würden.[51]

b) Flächendeckungsauftrag für das marktbeherrschende Unternehmen

Um Wettbewerb auf der Netzebene nicht von Beginn an durch übermäßige Auflagen zu behindern, kann allein dem marktbeherrschenden Unternehmen - in der Regel dem ehemaligen Monopolisten - die Universaldienstverpflichtung zugewiesen werden. Diese in Großbritannien und Neuseeland Anwendung findende Methode soll die Ingangsetzung funktionstüchtigen Wettbewerbs fördern.[52] Die Lasten sollen demnach zumindest in der Anfangsphase der Liberalisierung asymmetrisch auf die Anbieter verteilt werden, damit die Marktzutrittsbarrieren für annahmegemäß kleine Neuanbieter nicht zu hoch sind.

---

48   Vgl. "SPD bestreitet Kurswechsel" in: Hbl. vom 2.11.1995, S. 5 sowie "Freie Wahl für Telefonkunden ab 1998" in: Hbl. vom 10/11.11.1995, S. 1.

49   Zu den sonstigen Auflagen zählten die Einrichtung eines Notrufdienstes, einer Rufnummernauskunft, eines 24-Stunden Dienstes sowie die Garantie einer bestimmten Mindestqualität. Vgl. Berger (1993), S. 86f.

50   Vgl. Neumann (1983), S. 403; Jäger (1994), S. 67 und Monopolkommission (1991), S. 53f.

51   Vgl. Knieps (1995), S. 32.

52   Hinzu kam die sogenannte "asymmetrische" Regulierung, die den Großteil der Finanzierungslast den marktbeherrschenden Unternehmen übertrug. Vgl. Cave/Milne/Scanlan (1994), S. 47f.

Für die Bundesrepublik erscheint dieses Verfahrens aus vier Grunden ungeeignet.[53]

- Die ausschließliche Zuweisung der Universaldienstverpflichtung auf die Deutsche Telekom würde ihr de facto ein neues Monopol verschaffen, das sie bei der Informationsweitergabe uber die mit der Universaldienstverpflichtung einhergehenden Lasten zu ihren Gunsten ausnutzen könnte.

- Die Ausnutzung des Informationsmonopols durch die Deutsche Telekom könnte zu einer übermäßigen Ausdehnung der zu subventionierenden Gebiete führen, insbesondere wenn die Deutsche Telekom an Wettbewerbsfähigkeit verlieren sollte.

- Das Informationsmonopol der Deutschen Telekom könnte für die (praktisch nur schwer nachweisbare) Zweckentfremdung der Subventionsmittel miß-braucht werden. Die Erstattungszahlungen könnten eher der Verdrängungs-konkurrenz auf umstrittenen Märkten zugeführt werden als der Erfüllung der Universaldienstauflage. Und schließlich·

- Der exklusive Universaldienstanbieter erhält keine Anreize, kostengünstig zu produzieren.

Diese Nachteile werden beim folgenden Verfahren vermieden.

c) Wettbewerbliche Ausschreibung von Regionen

Eine wettbewerbsverträgliche Variante für die Zuweisung der Universaldienstverpflich-tung ist die Ausschreibung unökonomischer Regionen[54] an konkurrierende Anbieter. Dieses Verfahren wird häufig in Zusammenhang mit dem sogenannten **Universaldienst-fonds** diskutiert, einer bereits Anfang der 80er Jahre von Knieps, Müller und von Weizsäcker konzipierten Finanzierungsvariante des Universaldienstes.[55]

Den Auftakt einer derartigen Ausschreibung macht der dominante Anbieter, der für jede unökonomische Region einen Subventionsbetrag nennt, den er für die Aufrechterhaltung der universalen Versorgung für einen bestimmten Zeitraum benötigt. Nennt er einen zu hohen Betrag, dann läuft er Gefahr, die jeweilige Region an einen Wettbewerber zu verlieren. Bei periodischer Neuausschreibung der Regionen (oder gar der parallelen Zulassung mehrerer Universaldienstanbieter nach dem "Pay-or-Play-Prinzip"[56]) erhalten die teilnehmenden Anbieter einen Anreiz, zu Mindestkosten zu produzieren und jeweils den niedrigsten Subventionsbetrag zu fordern.[57]

Eine derartige Regelung ist darüber hinaus auch vorteilhaft, weil sie

---

53 Vgl. Wissenschaftlicher Beirat beim BMWi (1995), S. 14f.

54 Also Regionen, in denen die aus "erschwinglichen Preisen" resultierenden Umsätze die entspre-chenden Grenzkosten der Bereitstellung nicht decken. Vgl. Abschnitt B 2 d) "Kalkulation der finanziellen Universaldienstlast".

55 Vgl. Knieps/Müller/von Weızsäcker (1981).

56 Zur Idee, daß ein Neuanbieter die Wahl hat zwischen der physischen Bereitstellung des Dienstes (gegen Erhalt des gleichen Subventionsbetrags, den auch der günstigste Bewerber erhält) und der Leistung eines finanziellen Beitrags (Pay or Play) vgl. Europäische Kommission - Grünbuch, Teil II (1994), S. 96.

57 Zu der Funktionsweise des Ausschreibungsverfahrens vgl. Blankart/Knieps (1993); Cave (1994); Jäger (1994), S. 67 und Monopolkommission (1991), S. 57f.

- die Kosten der Universaldienstauflage über den Markt für Alternativ-Angebote ermittelt und damit der Diskussion der "richtigen" Kostenkalkulation der Regulierungsinstanz die Grundlage entzieht,

- dem dominanten Anbieter kein politisch verwertbares Monopol über defizitäre Versorgungsgebiete zuteilt,

- mit dem Anreiz zur Senkung des Subventionsbetrages gleichzeitig die Möglichkeiten des dominanten Anbieters senkt, die Subventionsmittel zweckwidrig einzusetzen.

In Australien, wo diese Methode seit dem Jahr 1991 angewandt wird,[58] sanken die Subventionsforderungen des dominanten Anbieters Telstra von ECU 150 Mio. im Jahr 1989 auf ECU 70 Mio. im Jahr 1994.[59]

Das traditionelle Argument gegen derartige Ausschreibungen - drohender Verdrängungswettbewerb durch den marktmächtigen dominanten Anbieter, der seine Preise auf das Niveau seiner variablen Kosten senkt - kam hier nicht zum Tragen. Der Markteintritt wird für Neuanbieter lohnend, da sie beim Einsatz funkbasierter Technologie Kostenvorteile gegenüber dem dominanten Anbieter haben.[60]

In Deutschland sind die Voraussetzungen für ein funktionierendes Ausschreibungsverfahren gegeben, obwohl die Deutsche Telekom mit ihrem Bestand an festen Anlagen und entsprechenden versunkenen Kosten über ein Abschreckungspotential gegenüber potentiellen Wettbewerbern verfügt.[61] Der Wissenschaftliche Beirat beim BMWi sieht im technischen Fortschritt einen bedeutenden Faktor zur Abschwächung dieses Drohpotentials. Unter Hinweis auf den aktuellen Entwicklungsstand bei der schnurlosen Telefon-Technologie der zweiten Generation (Digital European Cordless Telecommunications, DECT) hält der Beirat eine vorzeitige technische und wirtschaftliche Entwertung des Anlagenbestandes der Deutschen Telekom durchaus für möglich. Spätestens dann sei auch in der Bundesrepublik die Ausschreibung von Regionen sinnvoll.[62]

Die wettbewerbliche Ausschreibung erscheint daher ein geeignetes Verfahren, um die Erstattungsforderungen der Universaldienstanbieter zu minimieren. Hinzu kommt, daß dieses Verfahren den Keim zu seiner Selbstabschaffung in sich trägt. Sobald die Anbieter ein kommerzielles Interesse an der freiwilligen (subventionsfreien) Versorgung bestimmter Regionen entwickeln, fallen sämtliche Subventionszahlungen sowie damit verbundene Finanzierungsprobleme fort.

Solange die gegebenen Marktstrukturen eine echte Bestreitbarkeit der Märkte jedoch nicht zulassen, ist die Regulierungsinstanz weiterhin darauf angewiesen, die Universaldienstlast analytisch zu ermitteln. Geeignete Verfahren zur Ermittlung (und anschließenden Finanzierung) der Universaldienstlast stellt der folgende Abschnitt vor.

---

58 Vgl. Einhorn (1995), S. 31, mit weiteren Verweisen.

59 Vgl. Cave/Milne/Scanlan (1994), S. 43.

60 Gerade in dünn besiedelten Regionen wie in Australien liegen die Kosten des Aufbaus funkbasierter Ortsnetze unter denen der konventionellen Verkabelung.

61 Zur Bedeutung von Größenvorteilen und sunk costs im Zusammenhang mit der Bestreitbarkeit von Märkten vgl. Kapitel 1 Abschnitt A 2 c) "Der Telekommunikationssektor als nat. Monopol?".

62 Vgl. Wissenschaftlicher Beirat beim BMWi (1995), S. 17.

B. Ermittlung und Finanzierung der Universaldienstlast

1. Vorbemerkung

Mit der Universaldienstverpflichtung eines Anbieters bleibt eine finanzielle Last (Universaldienstlast) verbunden, da das Universaldienstkonzept eine höhere Anschlußdichte als bei einer reinen Marktlösung anstrebt. Auf wettbewerblichen Märkten ist prinzipiell damit zu rechnen, daß Telefonnetzbetreiber langfristig solche Kunden unversorgt lassen, deren Versorgung aufgrund hoher Bereitstellungskosten oder geringer Umsätze (oder einer Kombination von beidem) unwirtschaftlich ist. Die eigentliche Universaldienstlast tritt daher nur in den Fällen auf, in denen Telefonanbieter gegen ihr Gewinninteresse zu einem Angebot verpflichtet werden.

Die finanzielle Belastung bemißt sich nach den Gewinneinbußen, die dem Netzbetreiber nur deshalb entstehen, weil er zur Bedienung bestimmter Kunden verpflichtet ist, die er freiwillig nicht bedienen würde. Die Universaldienstlast ist mit anderen Worten die Differenz zwischen dem finanziellen Ergebnis eines Netzbetreibers mit der und ohne die Universaldienstverpflichtung.[63]

Die Evaluation der Universaldienstlast ist wesentliche Voraussetzung für die Neuformulierung der Universaldienstpolitik. Anhand dieser Evaluation kann die Regulierungsinstanz Aussagen treffen über

- das "natürliche" Versorgungsniveau bei marktlicher Bereitstellung und damit über

- den Bedarf an Restversorgung, zu deren Absicherung staatliche Universaldienstpolitik nötig ist, und schließlich über

- das Ausmaß erstattungsfähiger Kosten (Universaldienstlasten), die dem Telefonanbieter entstehen.[64]

Die folgenden Abschnitte stellen das auf Ebene der Europäischen Union vereinbarte Abgrenzungsverfahren zur Identifikation unwirtschaftlicher Kunden und der Universaldienstlast dar. Die EU-Kommission hat hierzu ausgeführt:

---

63 Vgl. Analysys (1995), S. 3f. und Ickenroth (1995), S. 19f.

64 Die Lasten der Universaldienstverpflichtung müssen korrekt ermittelt werden, damit die Erstattungszahlungen nicht ihrerseits zu Wettbewerbsverzerrungen führen.

120

"Es gibt keine stabile oder unumstrittene Antwort im Hinblick auf die Kosten für den universellen Dienst und warum diese entstehen. Die effektive Last des Universaldienstes kann nicht einfach geschätzt werden, indem die bestehenden Kostenstrukturen der derzeitigen TOs [= Telephone Operators. C. G.] betrachtet werden, weil diese die potentiellen Produktivitätssteigerungen und Kosteneinsparungen unberücksichtigt lassen, die in einer Wettbewerbssituation entstehen könnten."[65]

Der europäische Ansatz sieht vor, daß die Universaldienstlast auf Basis der Nettokosten für die Bereitstellung des Dienstes für unwirtschaftliche Kunden, plus den Kosten im Zusammenhang mit der unwirtschaftlichen Bereitstellung öffentlicher Telefone, Notrufdienste und anderer sozialer Verpflichtungen (Dienste für Sprech- und Hörbehinderte) erfolgen soll.

Als unwirtschaftliche Kunden gelten dabei diejenigen, die der Anbieter ohne die Verpflichtung nicht bedienen würde, d.h. Kunden, bei denen der Saldo aus dem Anschluß zurechenbaren Kosten und Umsätzen negativ ist. Das Grünbuch fügt hinzu, daß die langfristigen vermeidbaren Grenzkosten eine geeignete Basis für die Bewertung der Universaldienstlast sind.

Es sei an dieser Stelle bereits darauf hingewiesen, daß der Telefonanbieter seine Entscheidung zur Nichtbedienung bestimmter Kunden oder Regionen nicht allein auf Basis der Ergebnisse seiner Kostenrechnung treffen wird.[66] Er wird vielmehr zusätzliche Faktoren berücksichtigen, wie etwa den Wert längerfristiger Kundenbindungen oder auch Aspekte des Firmenimages in der Öffentlichkeit.

2. Ermittlung der buchmäßigen Universaldienstlast

Die folgende Analyse dient der Identifikation der relevanten Kosten und Umsätze, die sich für die Ermittlung der Universaldienstlast eignen. Zur Vereinfachung der Darstellung wird die Annahme vollständiger Flächendeckung getroffen, d.h. Investitionen zum flächendeckenden Netzausbau müssen nicht mehr getätigt werden. Für die zum Zeitpunkt der Marktliberalisierung annähernd vollversorgte Bundesrepublik erscheint diese vereinfachende Annahme durchaus berechtigt.

Bei gegebener Flächendeckung ändert sich die Sichtweise der Universaldienstlast. Es stellt sich nicht mehr die Frage, ob eine Angebots*ausweitung* für den Telefonanbieter rentabel wäre oder nicht, sondern ob eine Angebots*einschränkung* (Abschaltung unökonomischer Kunden) sein Geschäftsergebnis positiv oder negativ beeinflussen würde. Die folgenden vier Abschnitte sollen die Frage klären, welche Kosten der Telefonanbieter bei einer Angebotseinschränkung überhaupt einsparen kann und welche Umsätze ihm hierdurch entgehen.

---

65   Europäische Kommission Grünbuch Teil II (1994a), S. 48f.

66   Vgl. Analysys (1995), S. 9ff. sowie Europäische Kommission (1995), S. 8, derzufolge Vertreter der Industrie und einige Betreiber der Auffassung sind, die bisherigen Schätzungen über die Universaldienstkosten seien zu hoch, weil sie die kommerziellen Aspekte nicht berücksichtigen.

Die beiden wichtigsten Konzepte für die Kostenermittlung in der Telekommunikation sind das Vollkosten- und das Inkrementalkosten-Konzept.

a) Das Vollkosten-Konzept (Fully Distributed Costs)

Ausgangspunkt des Vollkosten-Konzepts ist die Aufteilung der Gesamtkosten in Einzel- und Gemeinkosten. Während die Einzelkosten direkt einzelnen Kunden oder Diensten zugerechnet werden können, stehen Gemeinkosten aufgrund der Verbundeffekte bei der Leistungserstellung mit diesen in keinem unmittelbaren kausalen Zusammenhang.[67] Diese Gemeinkosten müssen daher in einem zweiten Schritt unter Zuhilfenahme eines Zuweisungsschlüssels auf die einzelnen Leistungskategorien aufgeteilt werden. Als Zuweisungsschlüssel bieten sich an:[68]

- physische Leistungseinheiten (Gesprächsminuten),
- Bruttoumsätze einer Leistungseinheit,
- Nettoumsätze einer Leistungseinheit oder
- der Einzelkostenanteil einer Leistungseinheit.

Jede dieser Methoden ist mit besonderen Schwierigkeiten verbunden. So lassen sich beispielsweise nicht alle Komponenten des Leistungsbündels physisch getrennt erfassen. Bei der Zuweisung nach Maßgabe des Umsatzanteils droht dagegen ein unbeabsichtigter Rückschluß von den Preisen der Leistungen auf die zugrundeliegenden Kosten. Schließlich rechtfertigt kein objektiver Zusammenhang die Zuweisung der anteilig zu tragenden Gemeinkosten nach Maßgabe der Einzelkosten einer Leistung.

Anstelle der vergangenen kann auch die künftig erwartete Leistungserstellung als Grundlage der Gemeinkostenzuweisung herangezogen werden. Dies hätte zur Folge, daß neueingeführte Dienste, denen ein hohes künftiges Marktpotential vorhergesagt wird, einen vergleichsweise höheren Gemeinkostenanteil zu tragen hätten, was die etablierten Dienste relativ entlasten würde.[69]

Der große Vorteil des Vollkosten-Konzepts ist seine bisherige Anwendung im betrieblichen Rechnungswesen der Telefonanbieter, wodurch die praktische Datenaufbereitung erheblich vereinfacht wird. Das Konzept ruft jedoch **methodische Kritik** hervor.

Der erste Kritikpunkt bezieht sich auf die hohe Varianz der Ergebnisse in Abhängigkeit des verwandten Zuweisungsschlüssels. Die zum Teil mehr als 100prozentigen Abweichungen der jeweiligen Ergebnisse (die letztlich alle von der gleichen Gesamtkostensumme ausgehen) geben dem Anbieter arbiträren Spielraum für die Manipulation der Kosten bestimmter Dienste.[70] Ein Universaldienstanbieter könnte somit die Kosten der Verpflichtung nach oben manipulieren.

---

67 Die Kosten für den Aufbau einer Ortsvermittlungsstelle stehen beispielsweise nicht nur in Zusammenhang mit dem Führen von Ortsgesprächen, sondern auch mit der Weiterschaltung von Ferngesprächen. Diese Kosten sind (fixe) Gemeinkosten.

68 Vgl. ausführlich Brown/Sibley (1986).

69 Vgl. Cave/Milne/Scanlan (1994), S. 31.

70 Vgl. ebd.

Die zweite Kritik ist wohlfahrtstheoretisch begründet und hebt auf den fehlenden objektiven Zusammenhang zwischen den Ergebnissen des Vollkosten-Konzepts und effizienztheoretischen Überlegungen ab. Mit den Worten von Baumol:

"There is obviously not the slightest reason to expect that the prices emerging from a full costing process will bear the slightest resemblance to those known to be necessary for efficiency in resource utilisation."[71]

Für die Regulierungsinstanz stehen bei der Ermittlung der Universaldienstlast diese Fragen der volkswirtschaftlichen Effizienz jedoch im Vordergrund. Für ihre Zwecke ist das Inkrementalkosten-Konzept daher besser geeignet.

b) Der Inkrementalkosten-Ansatz

Die Zuordnung von Kosten auf bestimmte Kunden erfolgt beim Vollkosten-Ansatz vollkommen gleichmäßig in dem Sinne, daß jedem Kunden nach Maßgabe des Zuweisungsschlüssels jeweils gleiche Anteile an den Gemeinkosten zugeordnet werden. Im Unterschied hierzu behandelt der Inkrementalkostenansatz die Kunden als Kostenträger ungleich.

Der Gesamtmarkt wird eingeteilt in diejenigen Kunden, die im Rahmen der profitablen Leistungserstellung ohnehin bedient werden, und in die anderen, "zusätzlichen" Kunden. Der Inkrementalkosten-Ansatz ordnet den zusätzlichen Kunden keine Gemeinkosten zu, sondern fragt allein nach den zusätzlichen, d.h. inkrementalen Kosten für ihre Bedienung. Dahinter steht die Logik, daß die profitablen Kunden die anfallenden Gemeinkosten auch dann tragen müßten, wenn die zusätzlichen Kunden nicht angeschlossen sind (sog. Stand-Alone-Costs).

Die Gemeinkostenlast der bisherigen (profitablen) Kunden wird bei Anwendung der Inkrementalkosten-Methode beim Anschluß zusätzlicher Kunden nicht erhöht, aber auch nicht gesenkt. Vielmehr werden die Gemeinkosten einfach nicht auf die zusätzlichen Kunden verteilt.[72] Inkrementalkosten und Stand Alone Costs stehen damit für die minimale und maximale ökonomisch zu rechtfertigende Zuordnung der Gemeinkosten auf einzelne Kunden.[73]

Der Logik des Inkrementalkostenansatzes folgt beispielsweise die Tarifgestaltung von Fluggesellschaften, die einen Großteil der Gemeinkosten den Kunden der business class zuordnen und nur einen kleinen Anteil den Kunden der economy class.[74] Der Kunde der business class stellt sich im Vergleich zum Flug ohne zusätzliche Kunden nicht schlechter, aber auch nicht besser, da sich die gegebene Gemeinkostenlast nicht auf die Schultern der zusätzlichen Passagiere im Heck des Flugzeugs verteilt.

---

71 Baumol (1983a), S. 181.

72 Vgl. Wenders (1987), S. 43ff. und S. 60.

73 "Fairness, or equity amongst ratepayers, means that no one service or class of customers is allocated more than their fair share of costs. That is, there be no unreasonable intercustomer subsidies" Mc Carren (1986), S.197 mit weiteren Verweisen.

74 Vgl. Brock (1986), S. 205f.

In Analogie zu den Flugtarifen kann auch im Telekommunikationssektor die Gruppe der ohnehin profitablen Kunden als 'business class' betrachtet werden, die unabhängig von der Bedienung zusätzlicher Kunden die Gemeinkosten des Netzes tragen muß. Bei jeder Angebotsausweitung über diese Kundengruppe hinaus werden den zusätzlichen Kunden allein deren inkrementale Kosten zugeordnet. Umgekehrt kann der Telefonanbieter bei einer Angebotseinschränkung (Abschaltung eines Kunden vom Netz) nur die inkrementalen Versorgungskosten dieses Kunden einsparen.[75]

Im Fall der Angebotseinschränkung wird in diesem Zusammenhang der Begriff **Dekremental- oder vermeidbare Kosten** verwendet.[76] Das Ausmaß der vermeidbaren Kosten ist abhängig einerseits vom Betrachtungszeitraum und andererseits vom Umfang der betreffenden Leistungseinschränkung. Tabelle 4.2, die einer Untersuchung des australischen Bureau of Transport and Communications Economics aus dem Jahre 1989 entnommen ist, macht diese Abhängigkeiten deutlich.

Decision Level	Examples of cost items and categorisation				
	Electricity Wear & Tear of Switches	Customer connection to exchange	Terminal exchange cost	Network District office	PSTN Central office
Output	Avoidable	Joint			
Customer	Avoidable		Joint		
Exchange	Avoidable			Joint	
District	Avoidable				Joint
Telephone Network	All components of telephony costs are avoidable				
Telecom	All Telecom costs are avoidable				

Tab. 4.2: Vermeidbare Kosten und Gemeinkosten auf unterschiedlichen Entscheidungsebenen. Quelle: BTCE (1989), S. 26, zitiert nach Cave/Milne/Scanlan (1994), S. 39.

Wird die Leistungserstellung marginal um einen Anruf gekürzt, so spart der Anbieter kurzfristig lediglich die Kosten für Signalübertragung und Abnutzung der Vermittlungseinrichtungen. Alle sonstigen Kosten für die nachgelagerten Übertragungs- und Vermittlungskapazitäten sind versunken und können nicht ad hoc eingespart werden.

Kürzt der Anbieter die Leistungserstellung um einen Kundenanschluß, kann er zusätzlich auch die variablen Kosten der Teilnehmerverwaltung sowie längerfristig die versunkenen

---

75 Cave/Milne/Scanlan (1994), S. 32.

76 Die Dekrementalkosten der Angebotseinschränkung sind immer niedriger als die Fully Distributed Costs, da den betroffenen Leistungseinheiten keine Gemeinkosten aus dem bestehenden System zugewiesen werden. Diese gelten sozusagen als "bereits bezahlt".

Kosten der Anschlußinstallation einsparen.[77] Je größer also das Ausmaß der Leistungseinschränkung und je länger der zugrundegelegte Betrachtungszeitraum ist, desto höher ist der Anteil vermeidbarer Kosten dieser Leistungseinschränkung.

Bei der Ermittlung der Universaldienstlast sollte die, auch für Investitionen in den Netzaufbau relevante, langfristige Betrachtungsweise zugrundegelegt werden. Darüber hinaus sollten bei der Kostenermittlung nicht die historischen Anschaffungskosten der Anlagegüter, sondern deren Wiederbeschaffungswerte angesetzt werden, *"weil nur die Tagespreise und nicht die historischen Anschaffungskosten die jeweiligen aktuellen Knappheitssituationen widerspiegeln und damit als Signale für einen effizienten Ressourceneinsatz dienen können."*[78]

Das Konzept der inkrementalen Kosten erscheint bei Berücksichtigung dieser Vorgaben besonders gut geeignet zur Ermittlung der mit der Universaldienstverpflichtung einhergehenden Lasten für den Anbieter. Gerade in der Bundesrepublik macht die Gruppe unprofitabler Kunden eine deutliche Minderheit aus. Wird die Versorgung dieser Minderheit als zusätzliche Leistungserstellung definiert, dann besteht die eigentliche Last des Anbieters in den inkrementalen Kosten, die zur Bedienung dieser Minderheit nötig sind, bzw. in den vermeidbaren Kosten, die die Deutsche Telekom bei der Abschaltung dieser Kunden vom Netz einsparen kann.[79]

Bislang konzentrierte sich die Diskussion auf die Identifikation von Kosten und ihre Zuordnung auf einzelne Kunden oder Regionen. Die Beurteilung der Wirtschaftlichkeit von Kunden oder Regionen kann nur unter Berücksichtigung der ihnen zuzuordnenden Umsätze erfolgen.

c) Identifikation der relevanten Umsätze

Zu den Umsätzen, die bei der Nichtbedienung von Regionen oder Kunden für den Betreiber verloren gehen, zählen - neben den Beträgen auf den monatlichen Telefonrechnungen der jeweiligen Kunden - die Umsätze für:

- Anrufe, die von den betreffenden Kunden empfangen werden,
- gebührenfreie Anrufe, die von den betreffenden Kunden getätigt werden, jedoch von Dritten bezahlt werden (z.B. R-Gespräche, 0130er Nummern) sowie
- Durchleitungsgebühren konkurrierender Anbieter, die Zugang zu den betreffenden Kunden benötigen.

Die Berücksichtigung dieser Umsatzkomponenten ist wesentliche Voraussetzung für die korrekte Ermittlung der Universaldienstlast eines Anbieters. Mit ihr sind jedoch eine

---

77 Diese Einsparungen können nur in langfristiger Perspektive realisiert werden, wenn es zu Ersatzinvestition in den Netzausbau kommt. Bei der Kalibrierung der Ersatzinvestition kann dann die Nichtbedienung einiger Kunden berücksichtigt werden.

78 Vgl. BMPT (1993b), S. 29.

79 Auch die Studien zur Ermittlung der Universaldienstkosten in England und Australien haben mit dieser Begründung das Konzept der inkrementalen Kosten eingesetzt. S.a. Analysys (1995) und BTCE (1989).

Reihe methodischer und praktischer Probleme verbunden, die eine Zuweisung von Umsätzen zu Kunden oder Regionen problematisch machen:

- die Substitution von Umsätzen (call replacement),
- die Netzexternalität sowie
- die Berücksichtigung eingehender Anrufe.

Wenn ein Telefonanbieter einen als unwirtschaftlich eingeschätzten Kunden vom Netz schaltet, wird der betroffene Kunde nicht mit vollständiger Telefon-Enthaltsamkeit reagieren, sondern nach Wegen zur **Substitution seines gesperrten Anschlusses** (call replacement) suchen. Denkbare Substitute für ihn sind etwa Telefone von Freunden, der Anschluß seines Arbeitgebers oder öffentliche Telefonzellen. Aufgrund von Substitutionshindernissen (Zugangsmöglichkeiten, finanzielle Ausgleichsregelungen, evtl. das Ausweichen auf neue Anrufzeiten) wird der betreffende Kunde möglicherweise nicht sein gesamtes bisheriges Umsatzaufkommen über alternative Anschlußapparate erreichen. Bei der Prüfung, ob sich die Abschaltung eines Kunden für den Telefonanbieter finanziell rentieren würde, muß daher berücksichtigt werden, daß der Kunde auch nach seiner Abschaltung vom Netz weiterhin Umsätze generieren würde, deren genaues Ausmaß allerdings unbekannt ist.[80]

Der Rückgang des Umsatzes eines Kunden nach seiner Abschaltung vom Netz wird zudem vom **Ausmaß der Netzexternalität** bestimmt. Die Substitutionsmöglichkeiten des gesperrten Kunden sind korreliert mit der Anzahl ihm bekannter Teilnehmer, die gleichfalls abgeschaltet wurden (etwa, wenn eine ganze Region vom Netz genommen wird). Der Kunde findet dann weniger Apparate, von denen aus er ersatzweise anrufen kann, und weniger Teilnehmer, denen er telefonisch überhaupt etwas mitteilen kann. Netzexternalitäten treten also mit umgekehrten Vorzeichen auch beim Rückbau des Netzes auf und verstärken damit tendenziell den Umfang des Umsatzrückgangs.[81]

Die einem Kunden zuzuordnenden Umsätze umfassen schließlich auch die **Entgelte für ankommende Anrufe**, die von anderen bezahlt werden. Dies sind nicht nur Anrufe, die von Dritten getätigt und bezahlt werden, sondern auch vom Kunden initiierte Anrufe, wie etwa R-Gespräche oder die Inanspruchnahme gebührenfreier Service-Nummern. Diese Umsätze können nur dann einwandfrei den verlorenen Umsätzen zugeordnet werden, wenn sie von profitablen Kunden generiert werden. Eingehende Anrufe von unprofitablen Kunden drohen sonst zweimal ermittelt und den entgangenen Umsätzen bei Nichtbedienung zugerechnet zu werden.

Neben diesen methodischen Problemen resultiert ein **praktisches Problem** der korrekten Umsatzermittlung aus dem Umstand, daß die meisten Telefonanbieter nicht in der Lage sind, einzelnen Anschlüssen eingehende Anrufe zuzuordnen.[82]

---

80 "No empirical work aimed at obtaining call replacement estimates appears to have been published and in any case, the level of call replacement will vary from one case to another." Cave/Milne/Scanlan (1994), S. 35.

81 Da das Ausmaß positiver wie negativer Netzexternalitäten abhängig ist von der faktischen Netzgröße, handelt es sich bei der Ermittlung des entgangenen Umsatzes um ein nichtlineares Phänomen. Vgl. Analysys (1995), S. 5.

82 Vgl. Analysys (1995), S. 29.

Für die Regulierungsinstanz bleibt somit festzuhalten, daß bei der Rentabilitätsprüfung bestimmter Kunden oder Regionen nicht nur Umsätze auf den Telefonrechnungen der betreffenden Kunden anzusetzen sind, sondern zusätzlich die Umsätze für empfangene Anrufe und abzüglich der Umsätze für das sogenannte call replacement.[83]

d) Kalkulation der finanziellen Universaldienstlast

Als Ergebnis der Überlegungen zur Ermittlung von zurechenbaren Kosten und Umsätzen einzelner Kunden oder Regionen kann folgendes Schema für die Ermittlung der Universaldienstlast aufgezeichnet werden.

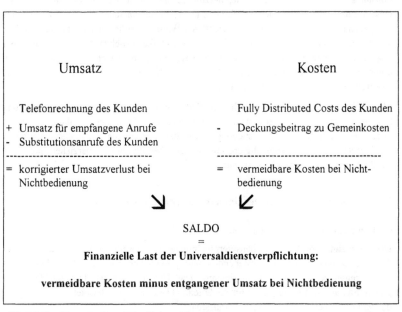

Abb. 4.6: Ermittlung der finanziellen Universaldienstkosten
Darstellung in Anlehnung an Cave/Milne/Scanlan (1994), S. 38.

Aus den Daten des betrieblichen Rechnungswesens des Universaldienstanbieters ermittelt dieses Verfahren die Universaldienstlast durch den Vergleich der vermeidbaren langfristigen Kosten bei Nichtbedienung (inklusive einer angemessenen Verzinsung auf das

---

83   Das Analysys Gutachten weist in diesem Zusammenhang auf ein weiteres Problem hin: Da Durchleitungsgebühren alternativer Netzbetreiber an den Universaldienstanbieter unter den vergleichbaren Endkundentarifen liegen, kann sich die Universaldienstlast unökonomischer Regionen oder Kunden allein durch eine Umsatzverlagerung auf die Konkurrenzanbieter erhöhen. In diesem Fall sinkt nämlich ceteris paribus die buchmäßig identifizierte Rentabilität dieser Kunden oder Regionen. Vgl. Analysys (1995), S. 69.

investierte Kapital) mit den Umsatzverlusten bei Nichtbedienung.[84] Die Universaldienstlast bei der Bedienung unwirtschaftlicher Kunden oder Regionen beziffert mit anderen
Worten den Betrag, den der Universaldienstanbieter zusätzlich benötigt, um die von ihm
gewünschte Kapitalverzinsung zu erreichen.

Ein großer Vorteil dieses Verfahrens liegt darin, daß mit seiner Hilfe die Universaldienstlast nicht nur für die flächendeckende Versorgung mit Hausanschlüssen - der Kernkom-
ponente des Universaldienstes -, sondern auch für die Bereitstellung von öffentlichen
Telefonzellen und Diensten für behinderte Teilnehmer ermittelt werden kann.

Das Grünbuch der Europäischen Kommission zur Liberalisierung der Telekommunikationsinfrastruktur zitiert eine Studie, derzufolge der Anteil der Universaldienstlast am
Gesamtumsatz im öffentlichen Telefonnetz Deutschlands im Jahre 1992 auf weniger als
2% geschätzt wird.[85] Auch nach Ansicht des Wissenschaftlichen Beirats beim BMWi
spricht in Deutschland alles dafür, daß der Markt das Problem des Universaldienst-
angebots aus eigenen Kräften zu lösen vermag. Daher sollte nicht von vornherein ein
kompliziertes Verrechnungssystem ins Leben gerufen werden, sondern zunächst eine
abwartende Strategie eingeschlagen werden.[86]

Mit ein Grund für diese optimistische Einschätzung des Beirats ist die Berücksichtigung
kommerzieller Interessen der Anbieter an der universalen Dienstbereitstellung. Diese gilt
es zu berücksichtigen bei der Festlegung, in welchem Umfang die Universaldienstanbieter
den betreffenden Dienst freiwillig anbieten würden. Mit diesen kommerziellen Interessen
beschäftigt sich der folgende Abschnitt.

3. **Kommerzieller Nutzen des Universaldienstes für den Anbieter**

a) Firmenimage in der Öffentlichkeit

Die Übernahme von Universaldienstverpflichtungen ist relevant für das Firmenimage des
Telefonanbieters gegenüber bestehenden und potentiellen Kunden, den Mitarbeitern
sowie gegenüber der Regulierungsinstanz. Das Unternehmen mit Universaldienstverpflichtung kann sein Engagement für die Öffentlichkeit, etwa am Beispiel der Versorgung
entlegener Gebiete, werbewirksam herausstellen.[87]

In diesem Zusammenhang ist auch die Bereitschaft der Telekom zu nennen, Sozialanschlüsse für bedürftige Kunden zum 1.1.1996 von bislang monatlich DM 19,60 auf
DM 9,- (bzw. auf DM 5,- für Schwerbehinderte) zu verbilligen. Die Telekom führte diese

---

84   Vgl. Analysys (1995), S. 19 und 24. Die Betrachtung der vermeidbaren Kosten ist dabei sinn-
      vollerweise nur in einer langfristigen Perspektive möglich, da die Netzinvestitionen aus kurz-
      fristiger Sicht "versunkene Kosten" darstellen. Vgl. ebda. S.6.

85   Vgl. Europäische Kommission - Grünbuch Teil II (1994a), S. 94.

86   Vgl. Wissenschaftlicher Beirat beim BMWi (1995), S. 15.

87   Nachdem bislang schon private Paketdienste in ihren Werbekampagnen ihre Zustellwagen bei der
      Belieferung entlegener Bauernhöfe zeigten, schaltete die Deutsche Telekom AG Anfang 1996 eine
      TV-Werbung, in der die Einsamkeit einer Hütte im Schneesturm durch das vertraute Klingeln des
      Telefons durchbrochen wird.

Tarifsenkung freiwillig durch, d.h. ohne rechtliche Verpflichtung durch den BMPT.[88] Mit dieser Bereitschaft dokumentiert die Telekom ihren Einsatz für die universale Dienstbereitstellung in Deutschland. Sie macht dies bislang nur in begrenztem Umfang gegenüber der Öffentlichkeit, verstärkt jedoch gegenüber der Regulierungsinstanz. Von ihr kann sie im Gegenzug mit entsprechend wohlwollender Behandlung bei regulatorischen Eingriffen rechnen.[89]

Der kommerzielle Wert eines positiven Firmenimages läßt sich umgekehrt auch am Beispiel unpopulärer Unternehmensentscheidungen ablesen. Hier sei an die Protestwelle gegen die von der Deutschen Telekom AG im August 1995 angekündigte Gebührenerhöhung für öffentliche Telefonzellen an exponierten Stellen (Flughäfen, Bahnhöfe) erinnert, die im Ergebnis die Telekom zur Rücknahme dieses Vorschlages veranlaßte.[90] Für die vergleichsweise viel problematischere Entscheidung, unwirtschaftliche Kunden oder Regionen nicht mehr zu bedienen, wäre angesichts dieser Erfahrung mit weitaus stärkeren öffentlichen Protesten zu rechnen.

Das Image des Universaldienstanbieters hat darüber hinaus eine konkrete Funktion beim Vertrieb der Leistungen, indem es die Informationskosten aller potentiellen Neukunden[91] bei der Anbietersuche senkt. Die Neukunden wissen automatisch um die Verfügbarkeit des Universaldienstanbieters an ihrem Wohnort, wie auch um die Lückenlosigkeit dieses Netzes.[92] Schließlich hat noch das Bereitstellen von öffentlichen Telefonzellen auch in entlegenen Regionen über den hiermit verbundenen Werbeeffekt positive Auswirkungen auf das Firmenimage.

b) Wert längerfristiger Kundenbindungen

Bei der Entscheidung, ob ein anhand der Daten des internen Rechnungswesen als unökonomisch identifizierter Kunde vom Netz geschaltet werden soll oder nicht, kann der Telefonanbieter neben den Auswirkungen dieser Entscheidung auf das Firmenimage auch den Wert längerfristiger Kundenbindungen berücksichtigen.[93]

Ähnlich wie in anderen Produktmärkten durchlaufen auch Telefonkunden unterschiedliche Konsum-Zyklen. Ein "unwirtschaftlicher" Kunde muß nicht auf Lebenszeit

---

88 Der BMPT hatte in einer Verwaltungsvorschrift vom 18.2.1994 zu den 'Politischen Zielvorgaben für die Deutsche Bundespost-Telekom' lediglich die "Einräumung von Vergünstigungen im Telefondienst für besondere Kundengruppen nach Maßgabe der gegenwärtigen Praxis" [Hervorhebung C.G.] gefordert. Vgl. Abl. BMPT 5/94, S. 241f.

89 Im Zuge der Imagekampagne zur Unterstützung der neuen Telefontarife Anfang 1996 bezifferte die Deutsche Telekom AG die Mindereinnahmen aus der Gewährung von Sozialanschlüssen auf rund DM 300 Mio. jährlich. Vgl. "Telekom: Investitionen von 130 Milliarden DM" in: FAZ vom 2.2.1996, S.12.

90 Vgl. "Protest gegen geplante Preiserhöhungen der Telekom" in: FAZ vom 15. August 1995, S. 9.

91 Zu denken ist vor allem an Personen, die von der Stadt auf das Land ziehen.

92 Vgl. Stihl (1995), S. 354 sowie Neumann (1988), S. 24, der auf das "enorme betriebswirtschaftliche Kapital" hinweist, "das die flächendeckende Präsenz für die DBP bedeutet". Und weiter: "Hierauf wird man freiwillig nicht verzichten, handelt es sich doch letztlich um einen Vorteil im Wettbewerb. Allein aus diesem Grund ist das Gerede vom 'Rückzug der DBP aus der Fläche' ein reines Schattenboxen, das überhaupt keine reale Basis hat."

93 Vgl. Analysys (1995), S. 11 und 26ff.

unwirtschaftlich für den Anbieter sein. Vielmehr kann er in Zukunft zu einem wirtschaftlichen Kunden werden, wenn sich beispielsweise seine Einkommenssituation verbessert oder etwa seine heranwachsenden Kinder zu telefonieren beginnen.

Jede Geschäftsbank vertraut auf Konsum-Zyklen, wenn sie Auszubildenden günstige Kontogebühren einräumt und sie dadurch bewußt zu unwirtschaftlichen Kontoinhabern macht. Für die Zeit nach dem Berufseinstieg hofft die Bank auf diese Weise einen für sie wirtschaftlichen Kontoinhaber gewonnen zu haben. Colin Blackman schätzt die Bedeutung des Konsum-Lebenszyklus für die Telekommunikationsbranche als sehr hoch ein:

> "...the uneconomic customer of today may well turn out to be a competing operator's customer tomorrow. So there is a value to incumbent operators in keeping uneconomic customers connected. Indeed it is argued by some that providing universal service is not an obligation at all but rather an opportunity and a privilege."[94]

Die freiwillige Gewährung von Sozialanschlüssen seitens der Telekom AG eignet sich als Beispiel für diese Form der Kundenbindung. In der Gruppe der Sozialhilfeempfänger, die einen großen Anteil der Sozialanschlüsse auf sich vereinigt, gibt es entgegen der landläufigen Meinung erhebliche Fluktuationen. Eine im Sommer 1995 veröffentlichte Studie über Sozialhilfeempfänger in Deutschland kam zu dem Ergebnis, daß mehr als ein Drittel von ihnen weniger als ein Jahr lang Sozialhilfe bezieht und sich anschließend wieder selber versorgen kann.

c) Konsequenzen des kommerziellen Nutzens für die Anbieter

Eingangs zum dritten Kapitel wurde die (ökonomische) Notwendigkeit von Universaldienstauflagen mit der unzureichenden Anschlußdichte begründet, die aus dem Marktgleichgewicht von durchschnittlichen Herstellungskosten und privatem Nachfragernutzen resultiert (Vgl. Abb. 3.1). Wird das kommerzielle Interesse der Anbieter berücksichtigt, kommt es bei marktlicher Bereitstellung zu einer tendenziell höheren Anschlußdichte als bislang angenommen. Im günstigsten Fall liegt diese "natürliche" Anschlußdichte sogar im Bereich der Vollversorgung.

Wie kann die Regulierungsinstanz den intangiblen kommerziellen Nutzen bei der Quantifizierung der erstattungsfähigen Universaldienstlast berücksichtigen? Aufgrund der asymmetrischen Informationsverteilung kann dies nur der Anbieter selber leisten. Der Anbieter handelt jedoch ökonomisch rational, wenn er diesen Nutzen offiziell gering einschätzt, da er auf diese Weise einen höheren Erstattungsbetrag erhält.

Die Regulierungsinstanz kann das Informations- und das Anreizproblem allein damit zu lösen versuchen, daß sie das Angebot von Universaldienstleistungen abhängig macht von einem Ausschreibungswettbewerb, bei dem der Anbieter mit dem günstigsten Gebot den Zuschlag erhält.[95] Bei diesem mittlerweile in Europa[96] und in den USA[97] favorisierten

---

94   Vgl. Blackman (1995), S. 173.
95   Vgl Knieps (1995), S. 33f.; Blankart/Knieps (1993), S. 9 ff. sowie Abschnitt A 3 c) "Wettbewerbliche Ausschreibung von Regionen".

Konzept verlagert sich das Quantifizierungsproblem der Universaldienstlast vollständig auf die Anbieter, die auf diese Weise Interesse an der Ausweisung eines geringen oder gar keines Subventionsbetrages erhalten.

Insgesamt läßt sich festhalten, daß Telefonanbieter auf einem künftig liberalisierten Markt durchaus auch kommerzielles Interesse daran haben werden, die Rolle des Universaldienstanbieters zu übernehmen. Dieser kommerzielle Nutzen muß bei der Bestimmung der Lasten des Universaldienstes für den Anbieter berücksichtigt werden.

Sollte dem betreffenden Anbieter jedoch selbst nach Berücksichtigung seines kommerziellen Interesses eine finanzielle Universaldienstlast entstehen, erwächst ihm hierdurch ein kostenseitiger Wettbewerbsnachteil. Für die Verfolgung von Universaldienstzielen in einem wettbewerblichen Umfeld muß daher die Finanzierung der verbleibenden Universaldienstlast auf eine wettbewerbskonforme Grundlage gestellt werden. Mit derartigen Finanzierungsverfahren beschäftigt sich der folgende Abschnitt.

4. Finanzierung des Universaldienstes

a) Anforderungen an die Finanzierungsform

"It should be understood that all real-world taxes and subsidies involve distortions which result in economic inefficiencies. The problem is to find the subsidy package involving the aspects of form, administration and finance that is most effective in achieving the social goal, and with the smallest efficiency loss. In short, there is no first-best solution. The task facing policymakers is to choose the least imperfect of second-best alternatives."[98]

Eine Abgabe sollte den Grundsätzen der Transparenz, der Nichtdiskriminierung und der Verhältnismäßigkeit entsprechen.[99] **Nichtdiskriminierung** bedeutet in diesem Zusammenhang, daß die Abgabe möglichst keinen Dienst einseitig belastet.[100] Der Grundsatz der **Verhältnismäßigkeit** bezieht sich auf das Verhältnis von angestrebten Zielen und unerwünschten Nebenwirkungen der Abgabe. Diese können vor allem in Form allokativer Verzerrungen oder marktschließender Effekte auftreten.[101]

Die Aufteilung der Finanzierungslasten auf die Schultern der Telefonanbieter ist ein wichtiger Faktor für deren jeweilige Wettbewerbsposition und damit ein Instrument der Wettbewerbspolitik. Die Regulierungsinstanz wird mit der Auswahl der Finanzierungs-

---

96 Vgl. Europäische Kommission - Grünbuch Teil II (1994a), S. 44ff.; Europäische Kommission, Generaldirektion XIII (1995), S. 10.

97 Vgl. Borrows et al. (1994); Egan (1994) und Einhorn (1994).

98 Gillis et al. (1986), S. 221.

99 Vgl. Europäische Kommission - Grünbuch Teil II (1994a), S. 44.

100 Vgl. Wissenschaftlicher Beirat beim BMWi (1995), S. 16; Einhorn (1994), S. 3 und Einhorn (1995), S. 2: "In this constrained context, network efficiency requires that no transport mode is favored or disfavored relative to other public or dedicated alternatives."

101 Vgl. Einhorn (1995), S. 20f.

form langfristig das Ziel verfolgen, ein "level playing field" für die Anbieter zu schaffen, d.h. allen Anbietern möglichst gleiche Wettbewerbsmöglichkeiten einzuräumen.[102] Kein Anbieter sollte demnach langfristig wegen seiner finanziellen Beteiligung an den Universaldienstlasten im Wettbewerb benachteiligt werden Dennoch kann die Regulierungsinstanz insbesondere in der Anfangsphase der Liberalisierung zur Förderung der Ingangsetzung des Wettbewerbs die Lasten einseitig (asymmetrisch) einzelnen Anbietern aufbürden.[103]

b) Finanzierung aus dem allgemeinen Staatshaushalt

Die Finanzierung der Universaldienstlasten aus dem Staatshaushalt erscheint naheliegend angesichts der Tatsache, daß der Universaldienst politische Umverteilungsziele verfolgt und daß von der Besteuerung der gesamten Wirtschaft durch allgemeine Steuern die geringsten allokativen Verzerrungen innerhalb des Telekommunikationssektors zu erwarten sind.[104] Dennoch sprechen gewichtige Gründe gegen die Finanzierung der Universaldienstlast aus dem Staatshaushalt.

Erstens ruft in der Praxis auch die allgemeine Besteuerung allokative Verzerrungen hervor. Gillis et al. zitieren eine Studie aus dem Jahre 1985, in der die marginalen Wohlfahrtsverluste des US-amerikanischen Steuersystems auf 17 bis 59% des zusätzlichen Volkseinkommens beziffert werden.[105] Unter der realistischen Annahme, daß wohlhabende Haushalte gleichzeitig Vielabnehmer von Telefonleistungen und zahlungskräftige Steuerzahler sind, dürften sich die allokativen Verzerrungen der allgemeinen Steuerfinanzierung nur unwesentlich von denen einer Abgabe aus dem Telekommunikationssektor unterscheiden.

Zweitens bezweifeln einige Kommentatoren die politische Durchsetzbarkeit einer Steuererhöhung zugunsten des Universaldienstes, da jede Regierung sich weigern werde, einen Ausgabenposten in den Staatshaushalt einzustellen, der bislang von den Kunden des Telekommunikationssektors finanziert wurde.[106] Diese Weigerung kann ebensogut auf seiten der Steuerzahler entstehen: "*It is difficult to imagine that taxpayers would willingly pay a higher general tax in order to subsidize telephone companies.*"[107]

---

102 Vgl. Cave/Milne/Scanlan (1994), S. 54 und Knieps/Weizsäcker (1989), S. 487f.

103 Zum Pro und Contra asymmetrischer Regulierung vgl. Weisman (1994).

104 Vgl. Analysys (1995), S. 62; Cave/Milne/Scanlan (1994), S. 56 und Einhorn (1995), S. 21.

105 Ballard/Schoven/Whalley (1985), S. 468 zitiert in Gillis et al (1986), S. 216.

106 Vgl. Analysys (1995), S. 62; ähnlich auch Einhorn (1995), S.22 und Wissenschaftlicher Beirat beim BMWi (1995). Andere Kommentatoren halten dieses Argument jedoch im Kern für antidemokratisch, so etwa Knieps und von Weizsäcker: "Falls ein solcher [politischer, CG] Widerstand auftritt, zeigt dies jedoch nicht die Unmöglichkeit der Erreichung erwünschter Infrastrukturziele, sondern lediglich, daß gewisse traditionelle Infrastrukturziele nicht mehr erwünscht sind." Knieps/Weizsäcker (1989), S. 487. Dieser Meinung schließt sich Noam (1992), S. 56 an: "If European governments and legislatures, faced with a transparent choice, choose to cut back some subsidies in favor of other social goals, they merely exercise their role of setting priorities for public expenditures."

107 Einhorn (1994), S. 2, ähnlich auch Jäger (1994), S. 67.

Drittens droht im Fall der Steuerfinanzierung eine starke Politisierung von Verteilungs-fragen in der Telekommunikation mit nachteiligen Auswirkungen auf die Wettbewerbs-freiheit dieses Sektors. Konkret ist zu befürchten, *"daß Mißgunst zwischen Subventions-empfängern und -zahlern aufkommt."*[108]

Viertens wird die Gefahr gesehen, daß die institutionelle Trennung zwischen Universal-dienstbereitstellung und -finanzierung bei den anbietenden Unternehmen Anreize zu einer Ausweitung des Finanzierungsvolumens setzen könnte.[109]

Angesichts dieser Durchführungsprobleme erscheinen branchenbezogene Abgabenkon-zepte realistisch, wie sie in anderen Bereichen der Grundversorgung (Rundfunkgebüh-ren) bereits zur Anwendung kommen. Ganz im Sinne des Äquivalenzprinzips der Steuer-erhebung erfolgt bei diesen Konzepten die Finanzierung der Subvention durch den Nutzerkreis, der vom Universaldienst profitiert. Prinzipiell bestehen zwei Möglichkeiten für branchenbezogene Abgaben. Die erste Methode ist die Zahlung von "Access Charges". Hierbei trägt ein Teil der Durchleitungsgebühren, die ein Wettbewerber dem Universaldienstanbieter für die Netzzusammenschaltung zahlt, zur Deckung der Univer-saldienstkosten bei. Die zweite Möglichkeit ist die Finanzierung durch einen "Universal-dienstfonds", in den die konkurrierenden Anbieter nach Maßgabe ihres jeweiligen Marktanteils einzahlen.

c) Finanzierung durch Access Charges

In einem liberalisierten Umfeld kann der Universaldienstanbieter die Lasten seiner Verpflichtung durch einen Aufschlag auf die Durchleitungsgebühren finanzieren, die er von seinen Konkurrenten erhält.[110] Die Durchleitungsgebühren enthalten diesem Ansatz zufolge zusätzlich zu den relevanten Kosten sogenannte Access Charges. Diese müssen so bemessen werden, daß sie gerade die Finanzierung der Universaldienstlast sicher-stellen.[111]

Zur Ermittlung der normalen, d.h. Access Charges-freien Durchleitungsgebühren existieren eine Reihe von Ansätzen, die hier nicht im Detail vorgestellt werden können. Allen Ansätzen ist jedoch gemeinsam, daß sie einen Aufschlag auf die Grenzkosten der Bereitstellung von Interconnection ermitteln. Bei der von Baumol[112] und Willig[113] entwickelten Efficient Component Pricing Rule (ECPR) besteht dieser Aufschlag aus den Deckungsbeiträgen, die dem etablierten Anbieter bei eigener Bereitstellung der betreffen-den Übertragungsleistung zufließen würden. Laffont und Tirole bestimmen den

---

108 Wissenschaftlicher Beirat beim BMWi (1995), S. 16.

109 Vgl. Cave/Milne/Scanlan (1994), S.56.

110 Ein Netzanbieter erhebt Durchleitungsgebühren (auch Zugangsgebühren genannt) für die teil-weise Überlassung seiner Netzkapazität an andere Anbieter. Beispielsweise wird Kapazität im Ortsnetz überlassen, damit ein (reiner) Fernnetzbetreiber überhaupt Zugang zu seinen Kunden erhält.

111 Vgl. Ickenroth (1995), S. 8.

112 Vgl. Baumol (1983b) und Baumol/Sidak (1994). S.a. den kritischen Kommentar von Albon (1994) sowie "Economic Focus: The price of competition" in: Economist vom 20.11.1993, S. 74.

113 Vgl. Willig (1979).

Aufschlag, indem sie die Preisstruktur der Gebuhrenkomponenten nach der Ramsey-Methode optimieren unter der Nebenbedingung einer angemessenen (und nicht etwa maximalen) Rendite des etablierten Anbieters.[114] Schließlich hat das Wissenschaftliche Institut für Kommunikationsdienste (WIK) in einer Studie aus dem Jahr 1994[115] vorgeschlagen, den Aufschlag zwischen den beteiligten Parteien frei aushandeln zu lassen, das Niveau jedoch an eine Obergrenze zu binden. Diese Obergrenze sollte dabei so bestimmt werden, daß der Aufschlag bei Anwendung auf **sämtliche** vom etablierten Netzbetreiber angebotenen Dienste genau ausreicht, um die Lücke zwischen der Gesamterlösanforderung und den Grenzkostentarifen zu schließen.

Die ECPR-Methode würde die volle Berucksichtigung der Universaldienstlasten garantieren, indem sie eventuell eingebüßte Gewinne durch entgangenes Geschäftsvolumen in vollem Umfang den Durchleitungsgebühren einrechnet, was einer Gewinnerhaltungsgarantie gleichkommt. Der eher effizienzorientierte Ansatz von Laffont und Tirole dagegen lehnt die Einführung derartiger Access Charges ab, da sie in ineffizienter Weise die nutzungsabhängigen Gebührenkomponenten einseitig belasten. Der WIK-Ansatz sieht ebenfalls keine Access Charges vor, da er diensteübergreifend konzipiert ist.[116]

Der **Vorteil** der Access Charges-Lösung liegt im geringen Verwaltungsaufwand. Der designierte Universaldienstanbieter behandelt bei der Kalkulation seiner Durchleitungsgebühren die Universaldienstlast als einen weiteren Kostenblock, den er anteilig für die Nutzung seiner Netzkapazitäten in Rechnung stellt.[117]

Die **Nachteile** der Access Charges-Lösung liegen neben den bereits erwähnten Nachteilen der exklusiven Zuweisung des Universaldienstangebotes an einen Anbieter[118] in

- der mangelnden Exaktheit des Finanzierungsvolumens, das entsprechend dem Volumen des Durchleitungsverkehrs Schwankungen ausgesetzt ist,

- in der Diskriminierung außenstehender Anbieter, da nur deren Zuleitungen belastet werden, nicht aber Leistungen, welche der etablierte Anbieter selbst betreibt,[119]

- der Schaffung von Anreizen für neue Anbieter, die implizite Marktzutrittsschranke von Access Charges durch ineffizienten (da volkswirtschaftlich mit höherem Ressourcenverbrauch produziertem) Bypass zu umgehen,[120]

---

114   Vgl. Laffont/Tirole (1993).

115   Vgl. WIK/EAC (1994).

116   Vgl. Ickenroth (1995), S. 19.

117   Vgl. Europäische Kommission - Grünbuch Teil II (1994a), S. 95. Zweifel an der Praktikabilität dieses Verfahrens äußerte Neumann:"So wirtschaftspolitisch faszinierend diese Idee der Zulassung aber Besteuerung von Wettbewerb ist, so wenig entwickelt ist die ökonomische Theorie zur exakten Ableitung einer derartigen Deckungsbeitragsabgabe." Neumann (1983), S. 404.

118   Vgl. Abschnitt A 3 b "Flächendeckungsauftrag für das marktbeherrschende Unternehmen".

119   Vgl. Wissenschaftlicher Beirat beim BMWi (1995), S. 16.

120   Großkunden (Firmenkunden) können dies über direkte Anschlüsse an das Fernnetz, kleinere Unternehmen über Mietleitungen bewerkstelligen. Nur Privathaushalte haben keine rentable Möglichkeit zur Umgehung der Ortsnetze. Vgl. Krüger/Tetens/Voß (1995), S. 101.

- der einseitigen Befreiung der Bypass-Anbieter von der Finanzierungslast sowie in

- der Verteuerung nutzungsabhängiger gegenüber fixen Tarifkomponenten.[121]

d) Finanzierung durch einen Universaldienstfonds

Bei der Finanzierung über einen Universaldienstfonds zahlen alle verpflichteten Anbieter in einen gemeinsamen Fonds ein. Die Höhe der erforderlichen Fondsmittel wird idealerweise im Rahmen der wettbewerblichen Ausschreibung der Universaldienstregionen ermittelt.[122] Aus wettbewerbspolitischen Gründen könnten Anbieter mit geringem Marktanteil von der Beitragspflicht zunächst befreit werden, damit die hieraus entstehende Marktzutrittsbarriere für sie entfällt.

Weithin besteht Einmütigkeit, daß die Fondseinzahlungen der konkurrierenden Telefonanbieter in engem Zusammenhang zu ihren Marktanteilen stehen sollen.[123] Dieser Marktanteil kann anhand des Gewinns oder des Umsatzes bestimmt werden.

Der **Gewinn** erscheint aus ökonomischer Sicht die bessere Bemessungsgrundlage, da seine Besteuerung die unternehmerischen Entscheidungen hinsichtlich der gewinnmaximalen Faktorallokation unberührt läßt und daher theoretisch keine Allokationsverzerrungen hervorruft.[124] In der praktischen Anwendung zeigt sich jedoch,

- daß mangelnde Ergiebigkeit droht, da sich im Wettbewerb die Preise den Kosten annähern und Gewinne entsprechend sinken;

- daß Anbieter sehr wohl ihren Gewinn manipulieren können, etwa durch die ineffiziente Substitution von Eigenkapital durch Fremdkapital.[125] Nach Ansicht von Analysys bedeutet dies: *"...operators would be able to reduce their contributions by increasing costs - clearly a rather perverse state of affairs."*[126]

- Daß bei vertikal integrierten Telefonanbietern der Gesamtgewinn erst den zu besteuernden Geschäftsbereichen zugeordnet werden müßte mit allen damit verbundenen Abgrenzungsschwierigkeiten, und schließlich,

- daß die Gewinnbesteuerung aus Sicht der Kunden, die letztlich die Finanzierungslast tragen, nicht transparent ist. Der Kundenbeitrag zur Finanzierung ist allein abhängig vom Gewinnausweis des Telefonanbieters und nicht von einer Wahlentscheidung des Kunden.

---

121 Aus effizienzorientierter Sicht bietet sich innerhalb des Telefondienstes eher die Tarifkomponente "monatliche Anschlußgebühr" zur Besteuerung an, da die Nachfrage nach Anschluß die geringste Preiselastizität aufweist.Vgl. Cave/Milne/Scanlan (1994), S. 57 sowie Kapitel 3 Abschnitt C 4 "Gesamtwirtschaftliche Wohlfahrtseffekte von Quersubventionen".

122 Blankart/Knieps (1993), S. 15, schlagen hierzu ein "trial and error" Verfahren vor, bei dem die Höhe des Abgabensatzes laufend an den Finanzierungsbedarf angepaßt wird.

123 Vgl. Analysys (1995), S. 67.

124 Vgl. Einhorn (1995), S. 3.

125 Nur Fremdkapitalzinsen fließen als Aufwand in die Gewinnermittlung ein. Vgl. Einhorn (1995), S. 27.

126 Analysys (1995), S. 67.

Die **Umsätze** der Anbieter, die nach dem Netto-Mehrwertsteuerverfahren erfaßt werden sollten, um Anreize zur vertikalen Integration zu vermeiden,[127] eignen sich aus folgenden Gründen besser als Bemessungsgrundlage:

- Umsatzzahlen sind vom Anbieter schwieriger zu manipulieren als Gewinne.

- Bei der Besteuerung der Umsätze weiß der Kunde, daß sein (indirekter) Finanzierungsbeitrag allein von der Höhe seiner Telekommunikationsausgaben abhängt, unabhängig für welche Dienste oder Anbieter er die Ausgabe tätigt.[128]

- Die Umsatzsteuer ist bei hinreichend groß definierter Bemessungsgrundlage relativ unmerklich. Hierdurch kommt es zu geringeren Abweichungen von den Wirtschaftsplänen der beteiligten Akteure und damit zu geringeren allokativen Verzerrungen.

Die Frage, **welche Umsätze** konkret für die Universaldienstabgabe herangezogen werden sollen, wird in der wissenschaftlichen Literatur unterschiedlich beantwortet. Gemäß dem Äquivalenzprinzip sollten prinzipiell alle Nutzer von öffentlichen Telekommunikationsdiensten zur Abgabe beitragen, da sie alle von der universalen Dienstbereitstellung (und der damit verbundenen Erreichbarkeit von Teilnehmern) profitieren. Durch eine weite Definition der Bemessungsgrundlage würden alle Kunden und Dienste gleich behandelt, da kein Kunde der Abgabe ausweichen könnte. Theoretisch sollte die Bemessungsgrundlage daher alle Dienste auf öffentlichen Netzen umfassen.

Die umfassende Definition der Steuerbemessungsgrundlage hätte allerdings die folgenden praktischen Nachteile:[129]

- Die Anzahl der abgabepflichtigen Anbieter und der mit ihrer Kontrolle verbundene Verwaltungsaufwand würde sehr groß werden und der Erfassungsaufwand dementsprechend hoch ausfallen.

- Integrierte Anbieter, die beispielsweise auch Endgeräte oder Rundfunkleistungen produzieren, müßten Umsatzabgrenzungen durchführen, für die keine zweifelsfreien Methoden existieren.

- Die Einbeziehung von Endgeräten in die Bemessungsgrundlage ist problematisch, da aufgrund des technologischen Fortschritts zahlreiche digital arbeitende Geräte aus anderen Anwendungsbereichen **auch** für Zwecke der Telekommunikation genutzt werden können. Eine Abgrenzung von Telekommunikationsendgeräten und sonstigen Elektronikgeräten wird daher zunehmend schwierig.[130]

Angesichts dieser Schwierigkeiten bietet es sich an, die Bemessungsgrundlage auf den Telefondienst zu begrenzen, der weiterhin mit Abstand den größten Anteil am Gesamtumsatz der Telekommunikationsanbieter ausmacht. Bemessungsgrundlage für Abgaben

---

127 Für die Besteuerung nach dem Vorbild der Netto-Mehrwertsteuer spricht die Behandlung von Interconnection Zahlungen als "vorsteuerabzugsfähigen" Input. Zur Erfassung der Interconnection-Umsätze in der Bemessungsgrundlage vgl. BT (1995), S. 6f.

128 Vgl. Analysys (1995), S. 68.

129 Vgl. ebd. S. 70.

130 Vgl. Einhorn (1995), S. 22.

an den Universaldienstfonds wären mithin alle Umsätze von Betreibern, die Anrufe im öffentlich vermittelten Netz beginnen oder abschließen.[131]

Die **Vorteile** der Fondslösung liegen darin, daß

- die Kosten für den Universaldienst separat berechnet und finanziert werden, wodurch die Transparenz der Subventionsströme gegenüber dem Access Charges-Modell erhöht wird,

- dem etablierten Anbieter kein politisch verwertbares Monopol über defizitäre Versorgungsgebiete zuteil wird,

- die Kosten für die Universaldienstauflage endogen über den Markt für Alternativ-Angebote aufgedeckt werden und daher keine Sachverständigen über die "richtigen" Kosten zu debattieren brauchen,

- der etablierte Anbieter keinen Anreiz hat, überhöhte Kosten anzugeben oder die zu subventionierenden Regionen übermäßig auszudehnen, und schließlich, daß

- die Fondslösung aus diesem Grund bereits den Keim der Selbstauflösung in sich trägt.

Die **Nachteile** der Fondslösung bestehen allenfalls im Verwaltungsaufwand, der jedoch nicht notwendigerweise höher sein muß als bei Anwendung der Access Charges-Lösung.[132] Die mit der Fondslösung einhergehende Verzerrung der individuellen Wirtschaftspläne dürfte ebenfalls geringer ausfallen als bei der Access Charges-Lösung. Aus rechtlicher Sicht bestehen allerdings Bedenken, ob es sich bei den Zahlungen an den Fonds nicht schon um eine verfassungsrechtlich unzulässige Sonderabgabe handelt. Diese Frage ist für die Bundesrepublik derzeit noch nicht entschieden. Summa summarum scheint jedoch die Fondslösung das verhältnismäßigere der beiden Finanzierungsverfahren zu sein.[133]

Mit beiden vorgestellten Finanzierungsverfahren wurden im liberalisierten Ausland bereits Erfahrungen gesammelt. Diese werden im folgenden Abschnitt dargestellt.

---

131 Diese Vorgehensweise schlägt etwa die Europäische Kommission vor. Vgl. Europäische Kommission - Grünbuch Teil II (1994a), S. 94.

132 Vgl. Ickenroth (1995), S. 24.

133 Auch die EU-Kommission kommt zu der abschließenden Einschätzung: "Im allgemeinen sollte daher die Finanzierung des universellen Dienstes bevorzugt durch den Fonds für den universellen Dienst anstatt durch Zugangsgebühren erfolgen" Europäische Kommission - Grünbuch Teil II (1994a), S.97.

C. Universaldienst im liberalisierten Ausland

1. Universaldienst in den USA

a) Der US-amerikanische Telekommunikationsmarkt

Im Jahre 1984 wurde der vormals integrierte Monopolanbieter AT&T entflochten in einen Fernverkehrsanbieter und sieben Regional Holding Companies, die das Geschäft der 22 lokalen Telefongesellschaften von AT&T (Regional Bell Operating Companies) leiten. Während AT&T auf dem Markt für Fernverbindungen in Wettbewerb zu neuen Anbietern stand, waren die insgesamt rund 1.300 verschiedenen lokalen Telefonanbieter weiterhin durch Gebietsmonopole geschützt.[134] Dahinter steckte die Annahme der Regulierungsinstanz, daß das Angebot von lokalen Telekommunikationsdiensten eher ein natürliches Monopol darstellt als der Fernverkehr.

Mitte der neunziger Jahre ist der US-amerikanische Fernverkehrsmarkt mit über 500 Anbietern einer der kompetitivsten der Welt. Anfang 1996 begannen erste Bundesstaaten, nun auch die lokalen Gebietsmonopole aufzubrechen und neue Anbieter im Geschäft um den Endkundenzugang im Ortsnetz zuzulassen. Hiervon machen bislang vor allem die Fernverkehrsanbieter Gebrauch.[135]

In den USA, wo Anfang des 20. Jahrhunderts der Begriff des universal service erstmalig geprägt wurde, ist das Universaldienstziel im Abschnitt 1 des Communication Act aus dem Jahre 1934 wie folgt festgeschrieben:

"To make available so far as possible, to all people in the United States, a rapid, efficient, nationwide, and worldwide wire and radio communications service with adequate facilities at reasonable cost."[136]

b) Arten der Subventionierung

Das US-amerikanische System von Universaldienstsubventionen ist ähnlich komplex wie die Marktstruktur. Die Komplexität ist im wesentlichen auf die dreifache, manchmal konfligierende Regulierung des Marktes durch drei Institutionen zurückzuführen. Die bundesstaatenübergreifende Federal Communications Commission (FCC), die bundesstaatlichen Public Utilities Commissions (PUCs) sowie das allgemeine Wettbewerbsrecht nehmen Einfluß auf den Wettbewerb. Es überrascht daher nicht, in den USA ein Nebeneinander zahlreicher spezifischer und unspezifischer Subventionen zur Universaldienstförderung vorzufinden.

Die **spezifischen Subventionen** werden in Form von Sozialtarifen im Rahmen des Lifeline Assistance-Programms gewährt (Vergleiche die Ausführungen im Abschnitt

---

134 Rund 70% des Marktes werden von den 7 Regional Holding Companies und von der GTE Corp. kontrolliert. Vgl. "Lokale Anbieter erwarten Probleme" in: Hbl. vom 15./16.3.1996, S. 27.

135 In die lokalen Märkte drängen Competitive Acess Providers - CAPs - , also Kabelfernsehgesellschaften sowie Fernverkehrsanbieter. Vgl. Siegele (1996), S. 25.

136 zitiert nach Cave/Milne/Scanlan (1994), S. 50.

A 2 b) "Sozialtarife"). Hinzu kommen die bundesstaatlichen Regelungen zur Durchführung des "Americans with Disabilities Act" aus dem Jahr 1990, der die Bundesstaaten
dazu verpflichtet, spätestens ab Juli 1993 dafür zu sorgen, daß spezielle Telefondienste
für Schwerhörige zu subventionierten Tarifen angeboten werden.[137]

Die **unspezifischen Subventionen** des US-amerikanischen Telekommunikationsmarktes
bestehen in Transfers zugunsten von lokalen Telefonnetzbetreibern, deren Kosten durch
die Anschluß- und Grundgebühren nicht gedeckt sind. Die Transfers werden zum einen
durch Access Charges der Fernverkehrsanbieter, zum anderen durch Zuweisungen von
sogenannten Low-Cost Local Carrier finanziert. In den Jahren 1990 und 1991 wurden
zwei weitere Programme zur Unterstützung ländlicher Gebiete ins Leben gerufen. Der
Rural Electrification and Telephone Revolving Fund subventioniert in Höhe von rund
US$ 4 Mrd. jährlich Zinszahlungen auf Darlehen lokaler Telefonanbieter und das High-
Cost Assistance Program der FCC zahlt jährlich rund US$ 470 Mio. direkt an
Ortsnetzbetreiber, die in dünnbesiedelten Gebieten tätig sind.[138]

Die unspezifischen Subventionen zugunsten ländlicher Telefonanbieter haben dazu
geführt, daß in den USA landwirtschaftliche Haushalte mit 96% eine höhere Anschlußdichte aufweisen als der Landesdurchschnitt aller Haushalte mit 93%. Hinzu kommt, daß
im Jahre 1993 die jahresdurchschnittliche Telefonrechnung der US-amerikanischen
Haushalte auf dem Land mit US$ 601,- niedriger war als in städtischen Regionen mit
US$ 621,-.[139] Dieses Ergebnis legt die Vermutung nahe, daß es sich beim US-amerika-
nischen Transfersystem zugunsten ländlicher Telefonanbieter eher um eine reine Verteilungspolitik denn um gezielte Universaldienstpolitik handelt.

c) Finanzierung durch Access Charges

Ein Großteil der Transfers an lokale Netzanbieter wird durch Access Charges der Fernverkehrsanbieter finanziert, die einem strengen regulatorischen Regime unterliegen.[140]
Die Regelungen sehen die Übernahme bestimmter fixer und variabler Kosten der Ortsnetzbetreiber durch Fernanbieter vor.

Eine recht willkürliche Festlegung der Regulierungsbehörden definiert 25% der
Fixkosten des Ortsnetzes als Kosten, die im Zusammenhang mit dem Fernverkehr entstehen und daher durch Access Charges der Fernanbieter finanziert werden müssen.
Obwohl es sich um Fixkosten handelt, erfolgte die Finanzierung auf Basis von Nutzungs-
minuten, auf die beispielsweise Anfang der 90er Jahre ein knapper Cent aufgeschlagen
wurde.[141] Ursprünglich war aus Effizienzgründen geplant, die Finanzierungslast für
diesen 25-Prozent-Anteil von 1984 bis 1989 allmählich von den Fernanbietern auf die
Endkunden umzuschichten. Öffentlicher Widerstand gegen dieses Vorhaben führte jedoch dazu, daß die Umschichtung auf die Endkunden nur zu etwa zwei Dritteln erfolgte.

---

137 Vgl. Cave/Milne/Scanlan (1994), S. 52f.
138 Vgl. Ickenroth (1995), S. 38.
139 Vgl. Cave/Milne/Scanlan (1994), S. 52.
140 Vgl. dazu ausführlich Mitchell/Vogelsang (1994).
141 Vgl. Ickenroth (1995), S. 41.

Ihrem Umfang nach bedeutsamer waren die von der Regulierungsbehörde festgelegten Finanzierungsbeitrage der Fernanbieter für **variable Kosten der Ortsnetzbetreiber** Sie beliefen sich Anfang der 90er Jahre auf landesdurchschnittlich etwa 2,5 Cent pro Gesprächsminute mit deutlichen regionalen Schwankungen. Die Access Charges-Regelungen zur Finanzierung der variablen Kosten konfrontierten die Ortsnetzbetreiber mit starren Preisvorgaben. Sie hatten keine Möglichkeit zur Preisdifferenzierung gegenüber den Fernanbietern, etwa durch kostenorientierte Dispositionen oder Rabattvereinbarungen.[142]

Access Charges haben im Jahr 1993 dazu geführt, daß Endkunden für Ferngespräche landesweit rund US$ 20 Mrd. mehr bezahlten als bei kostenorientierten Tarifen nötig gewesen wäre.[143] Das Access Charges-System ist angesichts dieses Volumens zunehmender Kritik ausgesetzt.

Trotz der langen Tradition von Access Charges wurde es in den USA bislang versäumt, eine Methode zur Bestimmung der Universaldienstlasten der lokalen Carrier zu bestimmen. Die Access Charges, die immerhin 40% der Ausgaben der Fernverkehrsanbieter ausmachen, fließen daher als relativ ungezielte und daher wenig anreizkompatible Subvention an die lokalen Carrier. Die wesentliche Kritik an den Access Charges bezieht sich in den USA jedoch auf die volkswirtschaftliche Ineffizienz der verzerrten Preisstrukturen, die falsche Signale für Anbieter und Nachfrager sowie Anreize zur ineffizienten Substitution des Ortsnetzes durch Bypass setzen. Nach Ansicht von Egan haben verzerrte Preisstrukturen das qualitative Wachstum des öffentlichen Netzes stark behindert.[144]

d) Finanzierung durch Universaldienstfonds

Universaldienstfonds stellen neben den Access Charges in den USA die zweite wichtige Finanzierungsform für den Universaldienst dar. Derzeit existieren in den USA neben zahlreichen bundesstaatlichen Initiativen zwei nationale fondsfinanzierte Programme: der Universal Service Fund und die Lifeline Assistance-Programme.

Der **Universal Service Fund** (USF) zielt auf eine anteilige Subventionierung lokaler Telefongesellschaften ab, die wegen geographischer oder demographischer Besonderheiten mit besonders hohen Kosten (mehr als 115% des Durchschnitts aller Local Exchange Carrier - LECs) konfrontiert sind. Finanziert wird dieser Fonds von Fernverkehrsanbietern mit einem Marktanteil von mehr als 5 Prozent nach Maßgabe ihrer Kundenzahl.[145]

Im Jahre 1993 zahlten 28 Fernverkehrsgesellschaften USF-Beiträge zugunsten von 833 definierten Regionen in 47 Bundesstaaten. Hierbei wurden rund US$ 741 Mio. ausbezahlt (das entspricht knapp 1,25% des Gesamtumsatzes im Fernverkehr in Höhe von

---

142 Vgl. Ickenroth (1995), S. 42.

143 Monson/Rohlfs (1993) schätzen das Volumen auf US$ 18,3 bis 21,1 Mrd - Leighton (1994) ermittelte einen Wert von US$ 17,5 Mrd.

144 "Given the record of stagnant or declining investment in the public network, however, it is hard to argue that the funding system has worked well to promote investment in advanced network capabilities." Egan (1994), Abschnitt II, Absatz 2.

145 Ausführlich bei Borrows et al. (1994), S. 52 ff. und Weinkopf (1994) S. 29 ff.

US$ 62,4 Mrd.).[146] Ein gutes Viertel der 139,4 Mio. Hauptanschlüsse in den USA profitierte damit indirekt von diesem Programm. Die Subvention pro Empfänger-Anschluß belief sich auf durchschnittlich US$ 1,58 pro Monat, in Einzelfällen auf bis zu US$ 6,74 monatlich.[147]

Die **Lifeline Assistance (LA)** umfaßt den Subscriber Line Charge Waiver und das Link Up America-Programm, deren Funktionsweise bereits im Abschnitt über Sozial-tarife vorgestellt wurde.[148] Im Jahr 1993 wurde ca. 3,6 Mio. US-Haushalten der SLC-Waiver gewährt, was zu Subventionszahlungen von insgesamt US$ 104 Mio. führte. Das Link Up America-Programm erreichte im gleichen Jahr rund 875.000 Haushalte und bewegte ein Subventionsvolumen von US$ 18,4 Mio. Für das Jahr 1995 werden die Belastungen der Lifeline Assistance auf rund US$ 150 Mio. geschätzt.[149]

USF und LA werden im Jahr 1995 einen Finanzierungsbedarf von schätzungsweise US$ 898 Mio. erzeugen. Die Fernverkehrsanbieter tragen aus diesen Programmen daher eine Belastung von ca. 1,45% ihrer Umsätze. Dieser Betrag ist relativ gering im Vergleich zu den etwa US$ 20 Mrd., die durch die Access Charges von den Fernver-kehrsanbietern an die lokalen Netzbetreiber umverteilt werden. Insofern führt die aus-schließliche Betrachtung der Fondsprogramme zu einer erheblichen Unterschätzung der tatsächlichen Universaldienstlasten im US-amerikanischen Telekommunikationsmarkt.

In der öffentlichen Diskussion im Rahmen des National Information Infrastructure-Pro-gramms der Regierung Clinton zeichnet sich jedoch eine wachsende Zustimmung zur Fondsfinanzierung zuungunsten der Access Charges-Programme ab. Die wichtigsten Argumente für die Fondslösung sind die größere Zielgenauigkeit der Subventionen und ihre stärkeren Anreize zu kostenminimaler Produktion bei den lokalen Netzanbietern.

2. Großbritannien

a) Der britische Telekommunikationsmarkt

Die Liberalisierung des britischen Telekommunikationsmarktes begann 1982 mit der Zulassung eines zweiten national tätigen Festnetzbetreibers (Mercury) neben dem etablierten Anbieter British Telecom (BT). Zehn Jahre später entschloß sich die britische Regulierungsbehörde OFTEL, den Duopolmarkt für weitere Anbieter zu öffnen. Seit 1992 erhielten eine Reihe weiterer Anbieter Lizenzen zum Aufbau von Fest- und Mobil-funknetzen, Anfang 1996 waren bereits rund 160 Lizenzen vergeben.

Trotz der weitgehenden Liberalisierungsschritte dominiert der etablierte Anbieter BT weiterhin den britischen Markt. Anfang 1995 lag der Umsatzanteil von BT am gesamten

---

146   Vgl. Einhorn (1995), S. 9. Für 1995 werden die Fondsausgaben auf rd. US$ 750 Mio geschätzt.
       Vgl. Ickenroth (1995), S. 47.
147   Vgl. Borrows et al. (1994), S. 52 ff.
148   Vgl. Abschnitt A 2 b) "Sozialtarife".
149   Vgl. Borrows et al. (1994), S. 61f.

Telefonverkehr bei rund 88% und bei der Zahl der Anschlüsse sogar bei 95%. Langfristig wird ein Rückgang des BT-Marktanteils auf rund 60% prognostiziert [150]

Entgegen ursprünglichen Befürchtungen verbesserte sich seit Beginn der Marktliberalisierung die Qualität der von BT angebotenen Dienste. 1993 funktionierten 96% aller BT-Telefonzellen im Vergleich zu lediglich 75% im Jahr 1987 1993 wurden rund 96% der Anschlußanträge von Privatkunden innerhalb der vereinbarten Frist erledigt und mehr als 92% aller Anrufe bei der Telefonauskunft innerhalb von 15 Sekunden beantwortet. [151]

b) Universaldienstverpflichtung von BT

Ähnlich der deutschen Regelung ist auch in Großbritannien die Regulierungsinstanz Adressat der gesetzlichen Verpflichtung, einen universalen Dienst sicherzustellen Der britische Telecommunications Act weist dem Direktor der Regulierungsbehörde OFTEL die Pflicht zu, "*... to secure that there are provided throughout the United Kingdom, save in so far as the provision thereof is impracticable, such telecommunication services as satisfy all reasonable demands for them including, in particular, emergency services, public call box services, ship-to-shore services and services in rural areas.*"[152]

Die Spezifizierung dieses Auftrags erfolgt in Form einer Lizenzbedingung an die marktbeherrschende BT, nicht jedoch an die Konkurrenten. Die Condition 1 des Lizenzvertrages zur Universal Provision of Telecommunication Services verpflichtet BT dazu,

• jeder begründeten Nachfrage nach Basis-Telefondiensten nachzukommen,

• bestimmte Kunden oder Kundengruppen - vor allem in ländlichen Regionen - nicht durch ungerechtfertigte Tarife oder Vertragsbedingungen zu diskriminieren,

• Wenignutzern günstige Tarife einzuräumen,[153]

• behinderten Kunden bestimmte Dienste z.T. kostenlos bereitzustellen,

• öffentliche Telefonstellen einzurichten sowie

• kostenlose Notrufmöglichkeiten bereitzustellen.

Mit Ausnahme der Auflage zur Tarifeinheit im Raum entspricht diese Auflistung dem traditionellen Infrastrukturauftrag eines Monopolanbieters. Der aus den Verpflichtungen resultierende Subventionsbedarf mußte von BT durch Quersubventionen finanziert werden. Zum mittelfristigen Abbau der Quersubventionen wurde BT im Rahmen enger regulatorischer Price-Cap-Vorgaben der kostenorientierte Umbau der Tarife erlaubt.[154]

---

150 Vgl. "In Großbritannien verschärft sich der Fernmeldewettberb weiter" in: FAZ vom 8.2.1996, S. 16.

151 Vgl. OECD (1995a), S. 12.

152 zitiert nach OECD (1991), S. 68.

153 Vgl. Abschnitt A 2 b) "Wahltarife" in diesem Kapitel.

154 Allein im Zeitraum von 1984 bis 1987 stiegen für britische Privatkunden Grundgebühr und Miete des Telefonapparates um insgesamt 36 Prozent. Vgl. Inhuber (1990), S. 384f.

c) Höhe der Universaldienstlast

Im Sommer 1995 veröffentlichte die britische Regulierungsbehörde OFTEL ein Gutachten der Beratungsfirma Analysys zur Höhe der Universaldienstlast von BT.[155] Der Gutachter verglich hierzu das finanzielle Gesamtergebnis von BT mit und ohne der Universaldienstverpflichtung. Um unrentable Kunden oder Regionen zu identifizieren, die BT freiwillig nicht bedienen würde, wurde das in Abschnitt B 3 dargestellte Verfahren angewendet, bei dem die langfristig vermeidbaren Kosten mit den korrigierten Umsatzverlusten bei Nichtbedienung verglichen werden. Darüber hinaus wurden Annahmen über den Nutzen getroffen, der BT aus seinem Status als Universaldienstanbieter erwächst.

Von den insgesamt 5.593 britischen Ortsvermittlungsstellen wurden auf diese Weise 326 (Annahme 1) bzw. 761 (Annahme 2) als unwirtschaftlich identifiziert. (Aufgrund fehlender Daten über eingehende Anrufe je Anschluß wurden zwei unterschiedliche Annahmen über den Anteil eingehender Anrufe pro Anschluß getroffen.) Die unwirtschaftlichen Ortsvermittlungsstellen machen demnach 9% (22%) der Fläche Großbritanniens aus, in denen 0,2% (1,4%) aller Anschlußteilnehmer leben. Die im obigen Sinne definierte finanzielle Last zur Bedienung dieser Regionen wird für das Jahr 1994 auf £ 9 Mio. (£ 21 Mio.) geschätzt.[156]

Wiederum abhängig von den getroffenen Annahmen über den Anteil empfangener Anrufe je Anschluß identifiziert das Gutachten darüber hinaus von den rund 22 Mio. britischen Anschlußteilnehmern 1,9 Mio. (2,2 Mio.) als unwirtschaftliche Kunden, deren Umsätze so gering ausfielen, daß sie die laufenden Kosten für Rechnungslegung, Mahnwesen und Kundendienst nicht deckten. Die finanzielle Last ihrer Bedienung wird auf £ 50 Mio. (£ 68 Mio.) für das Jahr 1994 geschätzt.

Jede Fünfte der rund 130.000 öffentlichen Telefonzellen der BT wurde als unwirtschaftlich identifiziert, was im Jahr 1994 zu einer finanziellen Belastung in Höhe von £ 14 Mio. führte.[157] Die rechnerischen Verluste aus der Lizenzauflage an BT, besondere Dienste für behinderte Anschlußteilnehmer bereitzustellen (gebührenfreie Auskunftsdienste für Blinde, Textübertragungsdienste für Gehörlose), beziffert das Gutachten auf weitere £ 8,6 Mio.[158]

Insgesamt belief sich die Universaldienstlast von BT im Jahre 1994 auf £ 80 Mio. (£ 111 Mio.) oder ein halbes (drei Viertel) Prozent des Jahresumsatzes von rund £ 16 Mrd. (vgl. Abb. 4.7). Obgleich BT für diese Kosten keinerlei Kompensation erhielt (vgl. unten), erzielte das Unternehmen auch im Jahr 1994 hohe Gewinne.[159]

---

155 Vgl. Analysys (1995).

156 Vgl. Analysys (1995) S. 20, wo allerdings keine Angaben über den zugrundegelegten Wert für die "erwünschte" Kapitalrendite gemacht werden.

157 Vgl. Analysys (1995), S. 39f.

158 Vgl. Analysys (1995), S. 40f.

159 BT erzielte im Jahr 1994 eine Umsatzrendite nach Steuern von 12,5 Prozent. Die Vergleichswerte lagen für die Deutsche Telekom AG bei 2,1 Prozent, für Sprint (USA) bei 7 Prozent. Vgl. "Allianzen öffnen den Telekommunikations-Unternehmen neue Märkte" in: FAZ vom 23.6.1995, S. 24.

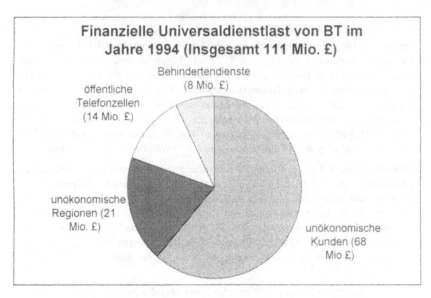

Finanzielle Universaldienstlast von BT im Jahre 1994 (Insgesamt 111 Mio. £)

Behindertendienste (8 Mio. £)

öffentliche Telefonzellen (14 Mio. £)

unökonomische Regionen (21 Mio. £)

unökonomische Kunden (68 Mio £)

Abb. 4.7: Finanzielle Universaldienstlast für BT im Jahre 1994
Quelle: eigene Darstellung nach Analysys (1995), Tabelle 0.2, S. "x".

Hinsichtlich des kommerziellen Nutzens, den BT aus seinem Status als Universaldienstanbieter zieht, trifft der Gutachter eine Reihe von quantifizierenden Annahmen. So geht der Gutachter beispielsweise davon aus, daß ein Teil der unwirtschaftlichen Kunden innerhalb der nächsten fünf Jahre zu wirtschaftlichen Kunden wird und daher von BT freiwillig nicht vom Netz geschaltet würde.[160] Eine weitere Annahme berücksichtigt die mögliche Wandlung von derzeit unwirtschaftlichen in wirtschaftliche Telefonzellen.[161] Angesichts dieser Rentabilitätsschwankungen wird BT ein Eigeninteresse daran unterstellt, "vorsichtshalber" mindestens ein Viertel der unwirtschaftlichen Zellen weiterhin stehen zu lassen, was die Universaldienstlast um £ 3-4 Mio. jährlich senken würde. Hinzu kommt der kommerzielle Nutzen auch unwirtschaftlicher öffentlicher Telefonzellen als potentielle Werbeträger.[162]

Insgesamt senken intangible kommerzielle Nutzen der universalen Dienstbereitstellung dem Gutachten zufolge BTs Universaldienstlast um £ 49 Mio. bis £ 80 Mio. Der Saldo

---

160   Dieser Anteil wurde über eine Trendextrapolation vergangener Jahre ermittelt. Die Unsicherheit, ob diese potentiellen Gewinnchancen tatsächlich realisiert werden, stellt gerade den kommerziellen Nutzen für BT dar. Vgl. Analysys (1995), S. 28.

161   Vgl. Analysys (1995), S. 37, mit dem Hinweis, daß bei einem Viertel der untersuchten Telefonzellen in Kingston upon Hull jährliche Umsatzschwankungen von bis zu 20 Prozent auftraten.

162   Ein Indikator für das Interesse der Telefongesellschaften am Werbeträger "Telefonzellen" ist die Eile, mit der Zellen nach einer Umfirmierung auf die neuen Firmenlogos umgestellt werden. Werden die Kosten für vergleichbare Werbeträger vorsichtig in Rechnung gestellt, beläuft sich der entsprechende geldwerte Vorteil der Telefonzellen von BT auf weitere £ 3-4 Mio. jährlich.

144

aus Kosten und Nutzen der Universaldienstverpflichtung beläuft sich unter Berücksichtigung des kommerziellen Nutzens für BT lediglich auf £ 12 Mio. bis £ 48 Mio.

BT hat in einer Stellungnahme vom September 1995 der gutachterlichen Methodik zur Ermittlung der Universaldienstkosten im wesentlichen zugestimmt. Die Nutzen der Universaldienstverpflichtung jedoch schätzte BT mit maximal £ 3,25 Mio. jährlich deutlich geringer ein.[163]

d) Finanzierung der Universaldienstlast

In den ersten neun Jahren des Duopols von BT und Mercury erhielt BT keine finanzielle Kompensation für die Übernahme der Universaldienstverpflichtung. Die britische Regulierungsbehörde OFTEL sah in dieser einseitigen Verpflichtung keinen unzumutbaren Wettbewerbsnachteil für die marktmächtige BT. Erst mit Verabschiedung des Duopoly-Review im Jahr 1991 entschloß sich OFTEL dazu, die - auf historischen Vollkosten basierenden - Interconnection Preise von BT um die sogenannten Access Deficit Contributions (ADCs) zu erweitern.

Es handelt sich bei den ADCs um Finanzierungsbeiträge der Wettbewerber für die Verluste, die BT durch die regulatorischen Preisvorgaben im Bereich der Ortsanschlüsse entstehen. Diese Preisvorgaben schreiben BT weiterhin kostenunterdeckende Anschlußgebühren vor. Die weiteren Komponenten der Universaldienstlast, also Kosten beim Angebot unprofitabler, aber sozial erwünschter Pflichtleistungen sowie Verluste beim Diensteangebot für bestimmte Kunden und Regionen werden durch ADCs dagegen nicht abgedeckt.[164]

Die ADCs der Wettbewerber werden auf Basis von Gesprächsminuten in den drei Kategorien lokale, nationale und internationale Anrufe erhoben. Der Minutenaufschlag wird dabei gewichtet nach dem Gewinnanteil, den die einzelnen Kategorien anteilig zum Gesamtgewinn von BT beitragen. Für internationale Gespräche wird die ADC beispielsweise doppelt so hoch angesetzt wie für nationale Anrufe. 1994 erließ OFTEL konkrete Rechnungslegungsvorschriften zur Ermittlung des Access Deficit von BT, die stärker dem Inkrementalkostenansatz als dem bisher verwandten Vollkostenansatz entsprechen.

Der Leiter des OFTEL kann aus wettbewerbspolitischen Gründen vor allem kleine Unternehmen (mit weniger als 10% Marktanteil) von der Zahlung der ADCs befreien. Diese Ausnahme entwickelte sich im Lauf der Anwendungspraxis zur Regel: von den rund 150 Telekommunikationsunternehmen auf dem britischen Markt ist bislang ein einziges (Mercury) zur Zahlung von ADCs verpflichtet worden. Und selbst Mercury erhält auf die ersten 10 Prozent seines Anteils an den Märkten für lokale, nationale und internationale Anrufe eine ADC-Befreiung.

In seinem "Consultative Document. A Framework for Effective Competition" aus dem Jahr 1994 kritisiert der britische Regulierer OFTEL das (von ihm selbst entworfene) ADC-Regime als zu komplex und intransparent. In einem Konsultationsverfahren mit den Marktteilnehmern kristallisierte sich weitgehende Zustimmung für den OFTEL-Vor-

---

163 BT (1995) Anhang 2.

164 Vgl. Ickenroth (1995), S. 28ff.

schlag heraus, das ADC-Regime ab Mitte 1997 ganz abzuschaffen.[165] Im Gegenzug sollen die restriktiven Preisvorgaben für BT bei den Grundgebühren gelockert werden, damit BT das eigentliche Access Deficit verringern kann. Darüber hinaus sollen die Interconnection Preise auf eine völlig neue Basis gestellt werden. Sie sollen auf Grundlage der langfristigen durchschnittlichen Inkrementalkosten bestimmt werden und einen Aufschlag zur Deckung bestimmter Gemeinkosten des Universaldienstanbieters enthalten. Die Kosten der Universaldienstverpflichtung sollen nach Ansicht von OFTEL künftig über einen Universaldienstfonds und nicht über Aufschläge auf die Interconnection Preise finanziert werden.[166] Die konkrete Ausgestaltung eines derartigen Fonds für Großbritannien ist seit Anfang 1996 Gegenstand eines erneuten Konsultationsverfahrens von OFTEL.[167]

3. Australien

a) Der australische Telekommunikationsmarkt

Bis zum Jahr 1991 existierten in Australien drei staatliche Telefongesellschaften, die für nationale und internationale Telefondienste sowie nationale Satellitendienste zuständig waren. Nationale und internationale Telefondienste wurden 1991 unter dem Dach der weiterhin staatlichen Telstra verschmolzen. Gleichzeitig mit der Fusion wurde eine Lizenz zum Aufbau eines zweiten privaten Festnetzes und zum umfassenden Angebot von Telekommunikationsdiensten an ein Konsortium mit internationaler Beteiligung versteigert (Optus). 1992 wurde eine dritte Gesellschaft für den Mobilfunkbereich lizenziert (Vodaphone).

Neben diesen drei Netzbetreibern sind auf dem australischen Telekommunikationsmarkt über 100 lizensierte Diensteanbieter tätig. Für Mitte 1997 plant die australische Regulierungsbehörde AUSTEL die vollständige Marktliberalisierung durch Aufhebung des Duopols im Festnetz.[168]

b) Universaldienstverpflichtung von Telstra

Die in Abschnitt 288 des australischen Telecommunication Act definierte Universaldienstverpflichtung von Telstra beschränkt sich auf die landesweite Bereitstellung von Telefonzellen sowie die Gewährleistung,

---

165   Vgl. OFTEL (1995a).
166   Vgl. Ickenroth (1995), S. 36.
167   Vgl. OFTEL (1995b).
168   Vgl. den Überblick bei Ickenroth (1995), S. 49ff.

*"that the standard telephone service is reasonably accessible to all people in
Australia on an equitable basis, wherever they reside or carry on business"*[169]

Es ist eine Besonderheit der australischen Universaldienstpolitik, daß spezifische Subventionen an bedürftige Teilnehmer (-gruppen) direkt von der öffentlichen Hand und nicht vom Telefonanbieter bezahlt werden. Behinderte, öffentliche Einrichtungen sowie Rentner erhielten Mitte der 80er Jahre aus öffentlichen Kassen rund AUS$ 55 Mio. an direkten Zuwendungen.

c) Höhe der Universaldienstlast

Die Universaldienstlast resultiert in Australien aus der Anwendung von "equitable access", d.h. annähernd gleichen Tarifen im Raum, ungeachtet der zugrundeliegenden Kostenstrukturen. Nach einer Studie des Australian Bureau of Transport and Communications Economics (BTCE) belief sich die Last von Telstra bei der Versorgung unökonomischer Regionen im Jahr 1987 auf AUS$ 240 Mio. (DM 300 Mio.).[170] Für das Jahr 1992 schätzt ein für die australische Regulierungsbehörde AUSTEL durchgeführtes Gutachten die Universaldienstkosten von Telstra auf AUS$ 150 Mio. (DM 190 Mio.).

Der Grund für diesen deutlichen Rückgang ist zum einen die Änderung des Kostenmodells von AUSTEL, zum anderen der Anreiz für Telstra, die Kostenwerte eher zu unterschätzen als zu überschätzen. Das australische Procedere sieht vor, daß zunächst Telstra seinen Subventionsbedarf für bestimmte Regionen (Service Areas) anmeldet. Alle sogenannten participating carriers, die zur Finanzierung dieses Betrags herangezogen werden, können sich anschließend für die Übernahme der Universaldienstverpflichtung in einer Service Area bewerben, wenn sie dies billiger als Telstra bewerkstelligen können. Die wettbewerbliche Ausschreibung der Universaldienstregionen scheint damit selbst im Fall des australischen Duopols von Telstra und Optus einen Anreiz dafür zu setzen, daß der Universaldienst kostenminimal angeboten wird.[171]

d) Finanzierung der Universaldienstlast

AUSTEL bemüht sich um eine Tarifstrukturreform, die durch entsprechende Tariferhöhungen das pauschale Defizit im Anschlußbereich (vgl. den Abschnitt über Großbritannien) auf Null reduziert. Die verbleibenden Kosten der Universaldienstverpflichtung, die aus der Anwendung vergleichbarer Tarife im Raum resultieren, werden über einen speziellen Fonds abgedeckt.

Die Subventionsbeträge, die im oben geschilderten Ausschreibungsverfahren ermittelt werden, müssen von den sogenannten Participating Carriers finanziert werden. Es handelt sich hierbei um vom zuständigen Minister anhand der jeweiligen Marktanteile nominierte Anbieter (derzeit nur Optus und Vodaphone).[172]

---

169 Telecommunications Act, zitiert nach Cave/Milne/Scanlan (1994), S. 43.

170 Dieser Betrag wurde durch Anwendung des Inkrementalkosten-Ansatzes ermittelt (siehe Abschnitt B 3 dieses Kapitels). Vgl. BTCE (1989).

171 Vgl. in diesem Kapitel Abschnitt A 3 c) "Wettbewerbliche Ausschreibung von Regionen".

172 Vgl. Ickenroth (1995), S. 55.

Jeder Participating Carrier leistet einen Finanzierungsbeitrag nach Maßgabe seines Anteils am gesamten australischen "Timed Traffic", d.h. dem Verkehr, der den End-nutzern nutzungsabhängig in Rechnung gestellt wird. Anders als in Großbritannien ist dieser Finanzierungsbeitrag allein von den Verkehrsminuten abhängig, nicht aber von der Profitabilität der einzelnen Gesprächskategorien.

Die Zahlung erfolgt an einen Fonds, der speziell zu diesem Zweck bei der Regulierungs-behörde eingerichtet wurde Optus und Vodaphone, die derzeit als einzige Participating Carrier nominiert wurden, zahlen entsprechend ihrem Anteil am Gesamtverkehr 15% der Universaldienstlast in den Fonds ein. Die restlichen 85% trägt der Universaldienstan-bieter Telstra selbst.

4. Schlußfolgerungen für die Bundesrepublik

Aus den Entwicklungen im liberalisierten Ausland lassen sich für die Verhältnisse in der Bundesrepublik Schlußfolgerungen hinsichtlich der Höhe der Universaldienstlast sowie hinsichtlich der Eignung der Finanzierungsverfahren ziehen.

Obwohl die Deutsche Telekom im Zuge der beiden Postreformen einen Universaldienst-auftrag erhielt, ist bislang noch kein Versuch unternommen worden, die hieraus resultie-renden Belastungen zu quantifizieren.[173] Die Erfahrungen Großbritanniens, das bezogen auf die Besiedelungsdichte am ehesten mit der Bundesrepublik vergleichbar ist,[174] erscheinen hinsichtlich der künftigen **Höhe der Universaldienstlast** in der Bundesrepu-blik daher besonders interessant:

- Das relative Gewicht der Universaldienstlast am Gesamtumsatz von BT ist selbst bei vorsichtiger Schätzung[175] mit weniger als einem Prozent eher klein. Der Kostenfaktor "Universaldienstverpflichtung" liegt damit in einer ver-gleichbaren Größenordnung zu staatlichen Auflagen in anderen Wirtschafts-bereichen (Umweltschutz, Arbeitssicherheit etc.).

- Der Großteil der Universaldienstlast (etwa zwei Drittel) wird in Großbritan-nien verursacht durch unökonomische Kunden, die aufgrund mangelnden Ein-kommens so selten telefonieren, daß ihr Umsatz nicht die Kosten für Rech-nungserstellung, Mahnwesen und Kundendienst deckt. Nur ein geringer Teil (rund ein Fünftel) wird durch unökonomische ländliche Regionen verursacht. Für die Bundesrepublik ist daher zu erwarten, daß die Versorgungslast der Wenignutzer die Versorgungslast entlegener Regionen übersteigen wird.[176]

- Diese Einschätzung dürfte angesichts der insgesamt homogenen Besiedelungs-dichte Deutschlands umso zutreffender sein. Diese läßt erwarten, daß der

---

173 Mündliche Aussage eines Mitarbeiters des Regulierungsreferats beim BMPT im Oktober 1995.

174 Vgl. Heuermann/Neu (1985); Noam (1992), Kapitel 7 und 8.

175 D.h. großzügiger Ansatz der buchmäßigen Kosten, Vernachlässigung der kommerziellen Vorteile.

176 Vgl. Blackman (1995), S. 171.

Anteil unökonomischer Regionen an der Universaldienstlast noch geringer ausfällt als in Großbritannien.[177]

- Eine weitere Senkung der Universaldienstlast ist in Großbritannien von der angekündigten Tarifstrukturreform zu erwarten, die BT von der Pflicht zur Pauschalsubvention aller Anschlußteilnehmer durch kostenunterdeckende Grundgebühren befreien soll.

Hinsichtlich der **Eignung von Finanzierungsverfahren** der Universaldienstlast sind folgende Ergebnisse hervorzuheben:

- Access Charges, wie sie in USA und Großbritannien zur Finanzierung der Universaldienstlasten eingeführt wurden, sind in beiden Ländern zunehmend der Kritik ausgesetzt, da sie stets auf arbiträren Annahmen über die Zuordnung von Kosten zu einzelnen Dienstekomponenten beruhen und allokative Verzerrungen hervorrufen, die als Hemmschuh für die Entwicklung des öffentlichen Netzes wirken.

- Die britische Regulierungsinstanz optiert bereits für die Abschaffung der Access Charges bis Mitte 1997 zugunsten der Einführung einer Fondslösung.

- Der potentielle Wettbewerb, der in Australien durch die wettbewerbliche Ausschreibung von Service Areas auf den etablierten Anbieter Telstra ausgeübt wird, scheint tatsächlich dazu geeignet, die kostenminimale Universaldienstbereitstellung zu fördern.

Die Erfahrungen aus dem liberalisierten Ausland legen der deutschen Regulierungsinstanz somit nahe,

- die Entwicklung wettbewerblicher Tarifstrukturen nicht durch starre Preisvorgaben zu behindern,

- die Höhe der Finanzierungslast soweit möglich durch ein Ausschreibungsverfahren zu ermitteln, sowie

- die Universaldienstlast durch eine umsatzabhängigen Universaldienst-"Steuer" und nicht durch Aufschläge auf die Durchleitungsgebühren des Universaldienstanbieters zu finanzieren.

Die hieraus abgeleitete Botschaft an die Regulierungsinstanz in einem liberalisierten Umfeld lautet daher nach Ansicht von Colin Blackman:[178]

"But then isn't the solution fairly simple: let competition rip, rebalance price structures and provide some targetted assistance to those who really need it? Perhaps the solution really is that simple."

---

177 Allgemein besteht die Auffassung, daß für die Bundesrepublik die Forderung nach flächendeckender Versorgung "viel weniger problematisch ist, als dies behauptet wird." Witte (1994a), S. 100.

178 Blackman (1995), S. 173.

D. Fazit

Das vorangehende Kapitel hat zunächst gezeigt, wie sich die Rahmenbedingungen der Universaldienstpolitik durch die Marktliberalisierung ändern. Als wesentliche Änderungen wurde hervorgehoben

- Das Ende der Quersubventionen als traditionellem Finanzierungsinstrument der Universaldienstpolitik,

- der Abbau der allokativen Verzerrungen auf den Telekomunikationsmärkten durch die tendenzielle Kostenorientierung der Tarife,

- der hierdurch bedingte Abbau der pauschalen Subvention der Anschluß- und Grundgebuhren,

- der gewachsene Bedarf an subjektbezogenen Fördermaßnahmen, um Grenznachfrager im Netz zu halten, sowie

- die sonstigen Liberalisierungseffekte auf die universale Dienstbereitstellung, die sich in qualitativen Neuerungen sowie beschleunigten Anschlußzuwächsen innovativer Anbieter von Telekommunikationsleistungen zeigen.

Die Regulierungsinstanz sollte angesichts dieser Änderungen die Kostenorientierung der Tarife zum Abbau der pauschalen Anschlußsubvention so wenig wie möglich verhindern und den Anbietern durch die Vorgabe von Preisobergrenzen die Möglichkeit zur Preisdiskriminierung geben.

Mit den subjektbezogenen Fördermaßnahmen wurden anschließend Instrumente beschrieben, mit denen das Universaldienstziel auch angesichts kostenorientierter Tarifstrukturen erreicht werden kann. Die Beschreibung der Wahl- und Sozialtarife sowie der Gutscheinlösungen verdeutlichte den distributiven Charakter der neuen Universaldienstpolitik. Für die Bundesrepublik ist davon auszugehen, daß Sozialtarife auch künftig die dominante Form subjektbezogener Fördermaßnahmen sein werden.

Die durch die Marktliberalisierung aufgeworfene Frage nach den geeigneten Adressaten der Universaldienstverpflichtung wurde dahingehend beantwortet, daß der Adressat idealerweise durch eine wettbewerbliche Ausschreibung ermittelt werden sollte. Da der Markt jedoch nicht von Beginn an wettbewerblich sein wird, sollte in der Anfangsphase der Liberalisierung die Verpflichtung einem Anbieter und nicht allen Anbietern gleichzeitig zugewiesen werden.

Für den Fall, daß eine wettbewerbliche Ausschreibung der Universaldienstverpflichtung nicht in Frage kommt, wurde ein Verfahren zur analytischen Bestimmung der Universaldienstlast eines Anbieters vorgestellt. Dieses Verfahren orientiert sich an den langfristigen vermeidbaren Kosten und entgangenen Umsätzen des Anbieters bei Nichtbedienung einzelner Kunden oder Regionen. Die Regulierungsinstanz sieht sich bei der konkreten Lastermittlung mit einer ganzen Reihe praktischer und methodischer Probleme konfrontiert. Ein erhebliches Problem ist hierbei die Quantifizierung des kommerziellen Interesses der Universaldienstanbieter an einer flächendeckenden Dienstbereitstellung.

Die theoretische Erörterung wettbewerbskompatibler Finanzierungsverfahren führte zu einer klaren Präferenz der Fondsfinanzierung gegenüber der Access Charges-Lösung, bei der zur Kompensation der Universaldienstlast alle Anbieter einen Aufschlag auf die

Durchleitungsgebühren des Universaldienst-Anbieters entrichten. Die wesentlichen Vorteile der Fondslösung liegen darin, daß

- dem etablierten Anbieter kein politisch verwertbares Monopol über defizitäre Versorgungsgebiete zuteil wird,

- der etablierte Anbieter keinen Anreiz hat, überhöhte Kosten anzugeben oder die zu subventionierenden Regionen übermäßig auszudehnen, und schließlich, daß

- aus diesem Grund die Fondslösung bereits den Keim der Selbstauflösung in sich trägt.

Die anschließende Betrachtung der Universaldienstpolitik in den USA, Großbritannien und Australien zeigte einerseits die praktische Relevanz der theoretischen Ergebnisse (vor allem die wachsende Beliebtheit der Fondslösung) und vermittelte andererseits einen Eindruck von der absoluten Höhe der auf wettbewerblichen Märkten zu erwartenden Universaldienstlasten.

Die Besonderheiten der künftigen Universaldienstbereitstellung in der Bundesrepublik sollen im folgenden Kapitel beschrieben und der sich abzeichnenden gesetzlichen Lösung gegenübergestellt werden.

V. UNIVERSALDIENST IM DEUTSCHEN TELEKOMMUNIKATIONSMARKT

A. Die Universaldienstlast in der Bundesrepublik

Wesentlichen Einfluß auf die künftige Höhe der Universaldienstlast in der Bundesrepublik haben:

1. der Umfang der Grundversorgung,

2. die Effizienz des Angebotes sowie

3. sonstige Faktoren, etwa die gleichmäßige Besiedelungsdichte, das kommerzielle Interesse der Deutschen Telekom AG am Universaldienst sowie das zu erwartende Marktwachstum.

Mit diesen Faktoren und ihrem jeweiligen Einfluß auf die Höhe der Universaldienstlast in der Bundesrepublik beschäftigen sich die drei folgenden Abschnitte.

1. Neudefinition der Grundversorgung

a) Technischer Fortschritt und Universaldienst

Der technische Fortschritt hat nicht nur die traditionelle Vermittlungs- und Übertragungselektronik revolutioniert, sondern durch die Digitalisierung von Prozessen auch eine Fülle neuer Dienste ermöglicht. Ein Beispiel sind die jüngsten Fortschritte auf dem Feld der Spracherkennung durch Computer, die eine Vielzahl neuer Anwendungen und Dienste ermöglichen. Dank der Fortschritte auf dem Gebiet der Datenkompression wird zudem der Zugang zu zahlreichen neuen Diensten über altmodische Kupfer-Telefonanschlüsse möglich sein.[1]

Insgesamt ermöglicht der technische Fortschritt in absehbarer Zukunft das Angebot von interaktiven audiovisuellen Diensten für alle Haushalte. Ein wesentliches Charakteristikum dieser neuen Dienste ist ihre Anpassung an individuelle Kundenbedürfnisse.[2]

Jede Regulierungsinstanz muß entscheiden, ob, und wenn ja, welche dieser neuen Dienste in den Katalog der universalen Grundversorgung aufgenommen werden sollen. Diese für die künftige Entwicklung des Telekommunikationsmarktes äußerst relevante Frage wird in der Bundesrepublik weitgehend unter Ausschluß der Öffentlichkeit in den zuständigen Gremien und Ministerien beantwortet.[3] Im Gegensatz zu den Verhältnissen in Deutschland wird in den USA seit Ende der 80er Jahre die Modernisierung des Universaldienstkonzepts im Licht der technischen Entwicklungen auf breiter gesellschaftlicher Ebene diskutiert.[4] In den USA lautet die Befürchtung, daß bei einer rein

---

1   Vgl. Booz·Allen & Hamilton (1995), S. 69ff. und Cave/Milne/Scanlan (1994), S. 20f.

2   S.a. OECD (1993), S. 47. Die stärkere Orientierung des Angebots an den Präferenzen der Nachfrager war ein entscheidender Grund für die Liberalisierung des Marktes, da dem Monopol die Fähigkeit abgesprochen wurde, diese Vielseitigkeit zu gewährleisten. Vgl. auch Kapitel 1 Abschnitt B 2 a) "Quantitative und qualitative Änderungen der Nachfrage."

3   Diesen Umstand beklagt u.a. Kubicek (1995a).

4   Vgl. den hervorragenden Überblick bei Kubicek (1995b) sowie NTIA (1994).

marktlichen Bereitstellung der neuen Dienste die Nation in Informationsreiche und -arme geteilt wird und der Katalog der universalen Pflichtleistungen um die neuartigen Dienste erweitert werden muß.

Für die Auswahl neuer Dienste in den Grundversorgungskatalog existieren im wesentlichen zwei methodische Ansätze, der marktwirtschaftliche und der politisch motivierte Ansatz. Während der marktwirtschaftliche Ansatz auf Effizienzvorteile bei der Dienstbereitstellung für Endkunden abhebt, nähert sich der politische Ansatz dem Problem aus der Perspektive meritorischer öffentlicher Guter.

b) Der marktwirtschaftliche Ansatz

Der marktwirtschaftliche Ansatz[5] sieht die Beschränkung des universalen Pflichtkatalogs auf die klassische Grundversorgung vor, wie sie etwa in der Bundesrepublik durch die derzeit gültige Pflichtdienstverordnung festgelegt ist. Die universale Verbreitung neuer Dienste oder Dienstemerkmale wie Anruferkennung oder Anrufweiterschaltung soll sich allein durch das freie Spiel der Marktkräfte ergeben.

Dieser effizienzorientierte Ansatz führt zu optimalen Allokations- und Investitionsentscheidungen der Anbieter in dem Sinne, daß Investitionsentscheidungen - ungehindert von weitergehenden regulatorischen Vorgaben - allein abhängig vom betriebswirtschaftlichen Risiko- und Ertragswert getroffen werden und die Anbieter unmittelbar vom Erfolg oder Mißerfolg ihrer Investition sanktioniert werden. Hinzu kommt, daß bei diesem Ansatz solche Anschlußteilnehmer, die ausschließlich Grunddienste abonniert haben, nicht zur Finanzierung neuer Dienste herangezogen werden.

Die Hauptkritik am marktwirtschaftlichen Ansatz lautet, daß die rein marktliche Bereitstellung die positiven Externalitäten neuer Dienste nicht zu internalisieren vermag und daher zu einem aus gesamtwirtschaftlicher Sicht zu geringem Angebot führt. Zu den nicht berücksichtigten Externalitäten gehören im Fall neuer Dienste nicht nur die Nutzeneffekte für die restlichen Anschlußteilnehmer (Netzexternalitäten), sondern auch die Effekte auf das Bruttosozialprodukt und andere Politikfelder. Die Berücksichtigung dieser Effekte macht sich der politische Ansatz zur Aufgabe.

c) Der politische Ansatz

Im Gegensatz zum marktwirtschaftlichen Ansatz berücksichtigt der politische Ansatz die positiven Externalitäten neuer Dienste auf das gesamtwirtschaftliche Wachstum sowie soziale und meritorische Aspekte.[6] Auswahlkriterium für den Katalog der Grundversorgung ist demnach das im politischen Prozeß ermittelte "öffentliche Interesse" an einem Dienst.

Exemplarisch werden die sozialen und meritorischen Aspekte deutlich im Themenpapier der politischen Führer der großen Industriegesellschaften auf dem G-7 Gipfel im Februar 1995 in Brüssel, in dem vor einer künftigen Spaltung der Bevölkerung in Informationsarme und -reiche gewarnt wird:

---

5   Vgl. ausführlich Selwyn (1992).

6   Vgl. Kapitel 3 Abschnitt A 2 "Begründungen des Universaldienstes".

"Access to information is a basic right for every citizen. The information infrastructure will be vitally important for social and economic integration. The benefits of the information society should not be limited to business but should be available to society as a whole. Social cohesion both in a national context as well as on a world scale requires that all citizens, wherever they live, can benefit from essential information services at an affordable price." [7]

Die Aufteilung der Bevölkerung in Informationsarme und -reiche ließe sich durch eine umfassende Definition der Telekommunikations-Grundversorgung vermeiden. Für die Bundesrepublik leitet sich nach Ansicht von Kubicek der Auftrag für eine weite Definition der Grundversorgung bereits aus der Verfassung ab, nach der der Staat die Freiheit der Meinungsbildung zu gewährleisten hat Hierzu gehöre der Zugang zu solchen Informationen, die für eine Teilhabe am öffentlichen Leben und eine aktive Mitwirkung im demokratischen Prozeß erforderlich sind. [8] Spätestens dann, wenn Teile der Gesellschaft allein aufgrund ihres Telekommunikationsanschlusses spürbare Vorteile gegenüber den Nichtanschlußteilnehmern erlangen, ist dem politischen Ansatz zufolge die Aufnahme neuer Dienste in den Katalog der Grundversorgung gerechtfertigt. [9]

Die politische Entscheidung über den Umfang der Grundversorgung ist mit Risiken behaftet. Das größte Risiko sind politische Fehleinschätzungen und darauf aufbauende Investitionen, die sich später als nicht bedarfsgerecht erweisen und/oder zu einer unabsehbaren Kostenausweitung führen. Die gescheiterte Einführung von Bildschirmtext durch die DBP Anfang der 80er Jahre ist ein Beispiel für beide Fehlentwicklungen. Bezogen auf die Ausweitung der Grundversorgung auf Multimedia-Dienste stellt sich das konkrete Problem, ob sich die Telefonleitung oder das Fernsehkabel als bessere Zugangstechnologie zu modernen Informationsnetzen erweisen wird. Auch hier könnte sich eine vorzeitige politische Festlegung als kostspieliger Fehler erweisen.

Das Risiko politischer Fehleinschätzungen ist besonders hoch in einem Markt, dessen Produkt- und Anbieterstruktur so umfangreichen und schnellen Veränderungen unterworfen ist wie der Telekommunikationssektor. [10] Noch höher wird das Risiko von staatlichen Fehlentscheidungen, wenn besondere Endgeräte zur Teilnahme an den neuen Diensten erforderlich werden. Zu denken ist an die Verluste der DBP bei der Entwicklung und Anschaffung der Btx-Terminals oder aber der auf europäischer Ebene geförderten digitalen Fernsehgeräte. Zudem würden staatliche Eingriffe in den Endgerätemarkt einen erheblichen Rückschritt im bisherigen Liberalisierungsprozeß bedeuten. Die politisch motivierte Ausweitung der Grundversorgung würde schließlich ähnlich wie die gemeinwirtschaftlichen Auflagen der DBP zu einer Verteuerung der Basisdienste führen,

---

7   G-7 Ministeral Conference on the Information Society, Theme Paper. 27.1. 1995, zitiert nach Kubicek (1995b), S. 370.

8   Vgl. Kubicek (1995b), S. 371, der auf elektronische Informationen über Selbsthilfeeinrichtungen und Verkehrsverbindungen bis hin zu Protokollen und Tagesordnungen parlamentarischer Gremien auf Kommunal-, Landes- und Bundesebene hinweist, die schneller erschließbar werden als in gedruckter Form.

9   Vgl. Cave/Milne/Scanlan (1994). S. 22.

10   Die mangelnde Treffsicherheit von Prognosen für den Telekommunikationsmarkt wird dokumentiert in: "Starker Glaube, schwache Fakten", Die ZEIT vom 24.03.1995, S. 41.

mit allen unerwünschten Auswirkungen auf den Wettbewerb in der Branche und auf einkommensschwache Teilnehmer

Für die Bundesrepublik sieht Staatssekretar Frerich Görts beim politischen Ansatz schließlich noch die Gefahr, daß unter dem Vorwand der Infrastruktursicherung politische Einflüsse das Geschehen auf den Telekommunikationsmärkten dominieren.[11] Cave/Milne und Scanlan kommen angesichts dieser Bedenken zu dem Ergebnis:

> *"... although it is proper that universal service obligations be reviewed in the light of changing economic, social and technological conditions, the case for the extension of the obligations is at present weak."*[12]

d) Die Synthese beider Ansätze

Der Königsweg für die Identifikation neuer Dienste für das Universaldienstkonzept ist in einer Kombination der beiden oben geschilderten Ansätze zu finden. Ein Dienst wird demnach erst dann in den Katalog der Grundversorgung aufgenommen, wenn er sich im freien Zusammenspiel der Marktkräfte etabliert hat, aber noch nicht universal verfügbar ist. Cave et al. votieren für die Aufnahme neuer Dienste in den Grundversorgungskatalog, wenn sie im Marktprozeß einen Verbreitungsgrad von mehr als 50 oder 60 Prozent erreicht haben.[13]

Vor der Aufnahme dieses Dienstes in den Katalog der Grundversorgung sollte die Analyse stehen,[14]

- welche Zusatzkosten für die universale Bereitstellung dieses Dienstes anfallen,

- wie stark die relevante Technologie oder der Dienst die Teilnahme jedes Haushalts am sozialen, kulturellen und ökonomischen Leben beeinflußt und

- in welchem Maß die Nutzung des neuen Dienstes durch staatliche Vorgaben überhaupt beeinflußt werden kann.

Ergänzt werden kann dieser kombinierte Ansatz durch regulatorische Vorgaben zur Zusammenschaltung konkurrierender Netze. Diese in den USA diskutierte Variante eines universalen Dienstes hebt darauf ab, daß jeder Anschlußteilnehmer dank der Zusammenschaltung der Netze Zugang zu allen verfügbaren Diensten auch anderer Netzanbieter erhalten soll. Eine derartige Interconnection-Regelung wäre möglicherweise kostengünstiger als die Angebotsverpflichtung jedes Netzbetreibers und würde die Regulierungsinstanz von der Aufgabe befreien, die Pflichtenhefte laufend anzupassen. Borrows faßt diese Idee wie folgt in Worte:

---

11   Vgl. Müller (1992), S. 314.
12   Cave/Milne/Scanlan (1994), S. 2.
13   Vgl. Cave/Milne und Scanlan (1994), S. 23.
14   Vgl. Einhorn (1995), S. 2 mit weiteren Verweisen.

*"Basic service definitions within minimum service requirements are not likely
to be expanded to include mandatory provisioning of services or enhance-
ments that many or most customers would not find useful. A more likely
alternative is the establishment of minimum availability standards identifying
requirements for network capabilities to be extended, so that individual
customers can choose the services they need."*[15]

Die Arbeit der Regulierungsinstanz würde sich hierbei wegverlagern von der Erstellung
von Pflichtenheften und Preisvorgaben für jeden Anbieter, hin zu technischen Verfahren
und kaufmännischen Regelungen der Netz-Zusammenschaltung.

Im Sommer 1990 haben sich die seinerzeit zwölf EG-Mitgliedsstaaten auf eine Richtlinie
über Open Network Provision (ONP) geeinigt, die den europaweiten freien Diensteverkehr
auf den öffentlichen Netzen sicherstellen soll.[16] Gegenstand der Richtlinie ist die
Definition der Bedingungen für den offenen und effizienten Zugang zu öffentlichen Telekommunikationsnetzen und -diensten. Die vom European Telecommunications Standards
Institute (ETSI) zu harmonisierenden Bedingungen für festgelegte Einzelbereiche sollen
das Angebot von Diensten auf der Basis öffentlicher Netze innerhalb und zwischen den
Mitgliedsstaaten erleichtern. Netzzugangsbeschränkungen sind demnach ausschließlich
aus Gründen möglich, die auf grundlegenden Anforderungen beruhen und mit dem
Gemeinschaftsrecht vertretbar sind. Als grundlegende Anforderungen gelten:

- Sicherheit des Netzbetriebs,
- Aufrechterhaltung der Netzintegrität,
- Interoperabilität der Dienste, wo dies begründet ist, sowie
- Datenschutz, wo dies angebracht ist.

Am Problem der Auswahl neuer Dienste für den Katalog der Grundversorgung spiegelt
sich der Wandel der Telekommunikationsdienste; weg vom öffentlichen Gut mit
Einheitstechnik, hin zu einem eher privaten Gut mit individuell zugeschnittenen Funktionen.[17] Die alten Vorstellungen vom Grundversorgungskatalog als einem abschließend
definierten und überschaubaren Leistungsbündel sind damit überholt und müssen neuen
Konzepten weichen.

e) Künftiger Umfang der Grundversorgung in der Bundesrepublik

Das BMPT hat sich bei der Definition des künftigen Grundversorgungskataloges für den
deutschen Telekommunikationsmarkt an die europäischen Vorgaben angelehnt. Laut

---

15   Borrows et al. (1994), S. 80. Ähnlich auch NTIA (1994) Tz. 29.

16   Richtlinie des Rates vom 28. Juni 1990 zur Verwirklichung des Binnenmarktes für Telekommu-
      nikationsdienste durch Einführung eines offenen Netzzugangs (Open Network Provision, ONP),
      Abl. EG L 192 vom 24. Juli 1990, S. 1-9.

17   Vgl. Noam (1992), S. 31 sowie die Ausführungen unter Kapitel 1 Abschnitt B 2 b)
      "Veränderungen auf der Angebotsseite".

Entschließung des EG-Ministerrats vom 7. Februar 1994[18] zählen zu den wesentlichen Elementen des universellen Dienstes:[19]

- die Bereitstellung eines Basis-Telefondienstes sowie von Mietleitungen,
- die Dienstequalität,
- die Gebührenpolitik,
- die Veröffentlichung von Informationen über den Dienst,
- Verfahren zur Beilegung von Streitfällen für die Nutzer,
- Veröffentlichung von Teilnehmerverzeichnissen,
- Vermittlungshilfe und Telefonauskunft,
- öffentliche Telefone,
- der Zugang zu Notrufdiensten und
- spezielle Bedingungen für behinderte Benutzer und Personen mit speziellen Bedürfnissen.

Hinsichtlich der Aufnahme neuer Dienste in die Grundversorgung bleiben die Aussagen der Kommission unbestimmt. Einerseits wird darauf hingewiesen, daß sich das Konzept des Universaldienstes mit der Zeit entwickeln muß, weil sich die Anforderungen der Technologie und der Benutzer weiterentwickeln.[20] Andererseits ist es nach Auffassung der Kommission angesichts der Tatsache, daß zum gegenwärtigen Zeitpunkt der lokale Zugang zum öffentlichen Telefonnetz durchschnittlich nur wenige Minuten pro Tag genutzt wird und die neuen Dienste sich gegenwärtig nur eingeschränkt entwickeln, noch zu früh, um den Begriff oder die Definition des Universaldienstes auf neue Bereiche auszudehnen.[21]

Entsprechend der europäischen Vorgaben propagierte die Bundesregierung unter Federführung des BMPT im Eckpunktepapier von März 1995[22] sowie im Entwurf der Universaldienstleistungsverordnung vom Oktober 1995[23] für den Universaldienst in der Bundesrepublik eine Minimalversorgung, die im wesentlichen die bisherigen Pflichtleistungen der Telekom AG enthält. Die oppositionelle SPD rückte erst Anfang des Jahres 1996 von ihrer Forderung ab, die anstehende Liberalisierung als Chance für eine Neudefinition der Inhalte des Universaldienstes in Richtung "gesellschaftspolitisch gewollter neuer Dienste"[24] zu nutzen.

Die sich abzeichnende gesetzliche Definition der Grundversorgungsdienste läuft somit auf eine einfache Lösung hinaus, von der keine kostentreibenden Effekte für die künftige Universaldienstlast zu erwarten sind.

---

18 Entschließung des Rates vom 7. Februar 1994 über die Grundsätze für den Universaldienst im Bereich der Telekommunikation (94/C 48/01).
19 Vgl. Europäische Kommission Grünbuch Teil II (1994a), S. 91f.
20 Vgl. ebd. S."v".
21 Vgl. ebd. S. 50.
22 Vgl. BMPT (1995a).
23 Vgl. BMPT (1995c).
24 Börnsen (1995), S. 352.

2. Produktivität der Deutschen Telekom AG

Für die künftigen Kosten der Universaldienstbereitstellung ist neben dem Umfang der Grundversorgung die Effizienz der Leistungserstellung ein wesentlicher Faktor. Denkbare Kriterien zur Beurteilung der Produktivität eines Fernmeldeanbieters sind die Produktionseffizienz, die Höhe des Tarifniveaus sowie Qualität und Sortimentbreite des Angebotes. Da in der Bundesrepublik - im Gegensatz zu anderen Staaten[25] - bislang kein öffentlich zugängliches Datenmaterial über die Qualität der angebotenen Dienste existiert, beschränken sich die folgenden Vergleiche auf das Tarifniveau, Faktorproduktivitäten und Umsatzkennzahlen.

a) Tarifvergleich

Internationale Tarifvergleiche werfen eine Reihe methodischer Probleme auf, da sie die nationalen Unterschiede der Nutzungsstruktur hinsichtlich Dauer, Entfernung, Tages- und Wochenzeit der Orts- und Ferngespräche berücksichtigen und gleichzeitig die unterschiedlichen Belastungen verschiedener Benutzergruppen widerspiegeln sollten.[26] Unabhängig von der gewählten Methode bestätigen alle Untersuchungen den häufig gemachten Vorwurf, die Gebühren im bundesdeutschen Fernmeldewesen seien im internationalen Vergleich zu hoch.[27]

Eine Studie der Siemens AG aus dem Jahr 1993 verglich weltweit den Preis eines Jahres-Gebührenkorbes, der fixe und variable Komponenten enthielt.[28] Beim nominalen Vergleich nach Wechselkursen nahm die Bundesrepublik Anfang 1993 mit jährlichen Gebühren von DM 760,- hinter Iran (DM 3.093,-), Irland (DM 866,-), Österreich (DM 792,-) und dem Senegal (DM 772,-) den fünften Platz weltweit ein. Beim nach Kaufkraft gewichteten Gebührenvergleich innerhalb der OECD-Staaten rückte die Bundesrepublik sogar auf den zweiten Platz hinter Irland vor. Großbritannien folgte auf dem dritten Rang mit jährlich DM 752,- deutlich günstiger dagegen die USA mit jährlich DM 428,-.

Im Jahr 1990 kam eine OECD-Studie zu dem Ergebnis, daß die Bundesrepublik für Geschäfts- und Privatkunden zu den teuersten Anbieterländern gehört. Bei den Geschäftskundentarifen lag die Bundesrepublik auf Platz 2 hinter Japan mit US$ 1.326,- gegenüber OECD-durchschnittlichen US$ 930,-.[29] Bei den Privatkundentarifen lag die Bundesrepublik ebenfalls hinter Japan auf Platz zwei mit knapp US$ 450,- im Vergleich zu OECD durchschnittlichen US$ 350,-.

Der OECD Korbvergleich für das Jahr 1993 kommt ebenfalls zu dem Ergebnis, daß der Durchschnitt der Telefontarife der 24 OECD Länder (ohne Luxemburg) um ca. 15%

---

25 Das französische Datenmaterial umfaßt beispielsweise - ohne ausdrückliche gesetzliche Vorschrift hierüber - neun unterschiedliche Qualitätsindikatoren, die für sämtliche Geschäftsbereiche (also auch für das Mietleitungsgeschäft) ermittelt werden.

26 Einen umfassenden Überblick über Anforderungen an aussagekräftige Tarifvergleichverfahren bietet OECD (1990).

27 Vgl. Busch (1992), S.55ff.; Ungerer (1989), S. 48 und Werle (1990), S. 121f.

28 Der Korb enthielt ein Zehntel der einmaligen Anschlußgebühr, die monatlichen Grundgebühren sowie die Gebühren für 700 Orts- und 200 Ferngespräche bis zu 100 km (à 3 Minuten) Tages- und Nachttarife gemischt. Vgl. Siemens AG (1993), S. 15.

29 OECD (1990), S. 51.

unter dem deutschen Telefontarifniveau liegt. Der Abstand zu den sieben OECD Ländern, in denen Wettbewerb auf dem Telefondienstmarkt zulässig ist,[30] liegt bei durchschnittlich 20%, zu den USA und GB bei 26%.[31]

Zusammengefaßt fügen sich die Ergebnisse der verschiedenen Tarifvergleiche zu dem Gesamtbild, daß das bundesdeutsche Tarifniveau etwa 20% oberhalb des Niveaus auf wettbewerblichen Telekommunikationsmärkten liegt.

b) Faktorproduktivitäten

Das BMPT ließ im Jahre 1991 einen Produktivitätsvergleich der internationalen PTOs auf Grundlage totaler Faktorproduktivitäten durchführen. Der Vergleich bestätigte den deutlichen Produktivitätsrückstand der DBP-Telekom gegenüber ausländischen Telekommunikationsanbietern. Die totale Faktorproduktivität der untersuchten Vergleichsunternehmen (BT, France Telecom, NTT, AT&T, Bell Atlantic) lag im Jahr 1991 "allenthalben deutlich über der Produktivität der DBP-Telekom", am deutlichsten um 183% in der Untersuchungskategorie "Anrufe je Input", im geringsten Fall noch um 11% in der Kategorie "Telefonumsatz je Input".[32]

Der Rückstand der DBP-Telekom lag bei der Kapitalproduktivität zwischen 26 und 236%; bei der Arbeitsproduktivität zwischen 5 und 160%. Das BMPT schätzte auf Basis dieser Ergebnisse den Produktivitätsrückstand der DBP Telekom im internationalen Vergleich zu Beginn der 90er Jahre auf "eher über als unter 20%".[33]

c) Umsatzkennzahlen

Schließlich erlauben Umsatzkennzahlen Tendenzaussagen über die Produktivität der Telekomanbieter. Sie sind allerdings nur begrenzt aussagefähig, da die Unterschiede im Entwicklungsstadium der Netze sowie in der Fertigungstiefe der verschiedenen Anbieter die direkte Vergleichbarkeit einschränken. Trotz aller methodischen Interpretationsprobleme verdeutlicht die vorliegende Tabelle 5.1 den Abstand, der zwischen Telefongesellschaften auf wettbewerblichen Märkten und der Telekom AG besteht .

---

30 Also Australien, Großbritannien, Japan, Kanada, Neuseeland, Schweden, USA.

31 Vgl. BMPT (1993c), S.12f.

32 BMPT (1993c), S.14. Der relativ günstige Wert beim "Telefonumsatz je Input" wurde dabei im wesentlichen auf die hohen Tarife der DBP-Telekom zurückgeführt.

33 Auch bei Betrachtung der Produktivitätszuwächse schnitt die DBP-Telekom relativ schlecht ab; Im Zeitraum von 1985 bis 1990 erzielte sie jahresdurchschnittlich 3 Prozent Produktivitätszuwachs; ihre internationalen Konkurrenten kamen dagegen auf rund 5 Prozent. Vgl. BMPT (1993c), S. 14.

PTO	Mitarbeiter	Umsatz je Mitarbeiter in DM	Gewinn je Mitarbeiter in DM	Umsatzrendite in Prozent
AT&T	304.500	400.000	24.906	6,2
Deutsche Telekom AG	225.000	272.000	5.777	2,1
France Telecom	167.882	248.000	8.184	3,3
BT	137.000	252.000	31.445	12,5
MCI	40.667	532.000	31.696	6,0
Sprint	51.600	398.000	27.907	7,0

Tab 5.1: Umsatz und Gewinn je Mitarbeiter internationaler Telefongesellschaften im Jahr 1994
Quelle: "Allianzen öffnen den Telekommunikationsunternehmen neue Märkte" in: FAZ vom 23.06.1995, S. 24.

Um Anschluß an die Produktivität der weltweit führenden Telefongesellschaften zu erhalten, hat die Deutsche Telekom bereits Maßnahmen zum Stellenabbau ergriffen. Im November 1995 gab die Telekom AG ihre Absicht bekannt, durch den konzernweiten Abbau von 60.000 der derzeit 225.000 Arbeitsplätze bis zum Jahr 2000 den Pro-Kopf-Umsatz von derzeit gut DM 270.000 auf DM 400.000 bis 500.000 zu erhöhen.[34]

d) Bedeutung für die künftige Universaldienstlast in der Bundesrepublik

Die künftige Universaldienstlast in der Bundesrepublik ist von den zu erwartenden Produktivitätssteigerungen der Deutschen Telekom gleich zweifach betroffen. Die gestiegene Produktivität senkt einerseits die Bereitstellungskosten und wirkt andererseits über Tarifsenkungen in den einzelnen Marktsegmenten auf die Umsätze der betroffenen Universaldienstkunden und -regionen. Damit ändern sich mittelfristig die Rahmendaten für "vermeidbare Kosten" und "entgangene Umsätze" bei Nichtbedienung, die in das Kalkül der finanziellen Universaldienstlast einfließen.

Das bereits zitierte Gutachten über die Universaldienstlast in Großbritannien hat versucht, den Einfluß des Produktivitätsfortschritts auf die Höhe der finanziellen Universaldienstlast zu quantifizieren. Bei Annahme eines jährlichen Produktivitätsfortschrittes von BT in Höhe von 5 Prozent und zusätzlichen Annahmen über die Preiselastizität der Nachfrage auf vier Teilmärkten quantifiziert das Gutachten eine Senkung der Universaldienstlast unökonomischer Kunden von £ 68 Mio. im Jahr 1994 und auf £ 21 Mio. im Jahr 1998. Die Universaldienstlast unökonomischer Regionen würde entsprechend von £ 21 Mio. im Jahr 1994 auf £ 3 Mio. im Jahr 1998 zurückgehen.[35] Der Gutachter kommt zu der abschließenden Einschätzung:

---

34 Vgl. "Deutsche Telekom AG verzichtet auf betriebsbedingte Kündigungen" in: FAZ vom 7.11.1995, S. 17.
35 Vgl. Analysys (1995), S. 46ff.

161

"Modest efficiency gains reduce the financial cost of universal service provision by more than 60% (for uneconomic residential customers), and by over 75% (for uneconomic areas)."[36]

Überträgt man dieses Ergebnis auf die Verhältnisse in der Bundesrepublik, wo mittelfristig mit signifikanten Produktivitätsfortschritten der Deutschen Telekom zu rechnen ist, kann angesichts der Tarifvorgaben für die Deutsche Telekom AG[37] davon ausgegangen werden, daß die künftige Universaldienstlast in Deutschland zumindest mittelfristig auf ein vergleichbar niedriges Niveau sinken wird. Die Berücksichtigung der sonstigen kostenrelevanten Faktoren für die Bundesrepublik bestätigt diesen Eindruck.

3. Sonstige kostenrelevante Faktoren

a) Gleichmäßige Besiedelungsdichte der Bundesrepublik

Da bei der Produktion von Telekommunikationsleistungen Dichtevorteile bestehen, sind die Bereitstellungskosten in Ballungsgebieten in der Regel niedriger als in ländlichen Regionen. Die Universaldienstlast "unökonomischer Regionen" stellt sich - beim derzeitigen Stand der Übertragungstechnik - daher im Grunde nur in Ländern mit einer ausgeprägten regionalen Ungleichverteilung der Bevölkerungsdichten.[38]

Wie bereits in Kapitel 4 Abschnitt C. 4. angesprochen, läßt die regional ausgeglichene Bevölkerungsverteilung innerhalb der Bundesrepublik nur geringe Kostenunterschiede und entsprechend geringe Lasten für diesen Aspekt der Universaldienstverpflichtung erwarten. Die Deutsche Telekom rechnet mit einem Abbau der derzeit noch in den neuen Bundesländern bestehenden regionalen Versorgungsdefizite innerhalb der nächsten fünf bis sieben Jahre. Hinzu kommt, daß die Versorgungskosten dünnbesiedelter Regionen durch den Einsatz funkbasierter Technologien künftig eher weiter abnehmen werden.

b) Kommerzielles Interesse der Telekom AG an universaler Dienstbereitstellung

Die Versorgung unwirtschaftlicher Kunden stellt gegenüber der Versorgung unwirtschaftlicher Regionen eine anteilig noch wichtigere Komponente der Universaldienstlast dar.[39] Weiter oben wurde bereits darauf hingewiesen, daß die Deutsche Telekom einen großen Teil dieser unwirtschaftlicher Kunden versorgt, indem sie Einkommensschwachen und Behinderten günstige Sozialtarife einräumt.[40] Für die hiermit verbundenen Mindereinnahmen von jährlich rund DM 300 Mio. erhält sie von der öffentlichen Hand keine Erstattung.

---

36 Analysys (1995), S. 47.

37 Vgl. Kapitel 2 Abschnitt c 3 a (1) "Tarifregulierung".

38 Innerhalb der Europäischen Union ist dies vor allem in Großbritannien, Schweden, Italien und Griechenland der Fall. Vgl. Wissenschaftlicher Beirat beim BMWi (1995), S. 12.

39 Vgl. Kapitel 4 Abschnitt C 4 "Schlußfolgerungen für die Bundesrepublik".

40 Vgl. Kapitel 3 Abschnitt B 4 " Die Gewährung von Sozialanschlüssen" sowie Kapitel 4 Abschnitt B 3 a) "Firmenimage in der Öffentlickeit".

Die Bereitschaft der Deutschen Telekom, diese von der DBP übernommene Verpflichtung ohne staatliche Entschädigungszahlungen weiterzuführen, kann zum einen damit erklärt werden, daß die Deutsche Telekom in der Gewährung von Monopolrechten bis Ende 1997 auch für diese Mindereinnahmen eine ausreichende Kompensation sieht. Dann ist jedoch die Zukunft der Sozialanschlüsse nach dem Wegfall der verbliebenen Monopole 1998 ungewiß, und die Regulierungsinstanz wird nach neuen Fördermöglichkeiten für Kunden mit marginaler Zahlungsbereitschaft suchen müssen.

Die Bereitschaft der Deutschen Telekom zur Beibehaltung der Sozialanschlüsse kann andererseits motiviert sein durch ihr kommerzielles Interesse, das in Kapitel 4, Abschnitt B 3 untersucht wurde. Liegt ein derartiges kommerzielles Interesse vor, dann ist mit der Beibehaltung dieses Förderinstrumentes auch für die Zeit nach 1998 zu rechnen. In diesem Fall würde das Telefonangebot für Kunden mit marginaler Zahlungsbereitschaft ebenfalls durch Marktkräfte erbracht, was den Handlungsbedarf für die Universaldienstpolitik der Regulierungsinstanz weiter reduziert.

Die zweite Interpretation erscheint dabei wahrscheinlicher zu sein. Es ist davon auszugehen, daß die Deutsche Telekom auch nach dem Wegfall der verbliebenen Monopole im Jahr 1998 aus kommerziellem Interesse heraus an dieser Praxis festhalten wird, da sie hiermit das eigene Firmenimage, wie auch die Beziehungen zu ihren Kunden und der Regulierungsinstanz verbessern kann. Diese Annahme wird gestützt durch die Tatsache, daß die Deutsche Telekom die Tarife für Sozialanschlüsse zum 1. Januar 1996 freiwillig von bislang monatlich DM 19,60 auf DM 9,- (bzw. auf 5,- DM für Schwerbehinderte) gesenkt hat.

Ein weiteres Indiz für das vermutete kommerzielle Interesse der Deutschen Telekom an der Gewährung von Sozialanschlüssen ist schließlich die Weigerung eines ihrer Mitarbeiter, Angaben über die sozio-demographische Struktur derzeitiger Nichtkunden der Telekom zu geben. Zur Begründung wies er ausdrücklich auf den Wert derartiger Informationen für die kommerzielle Erschließung dieses Marktpotentials hin.[41]

Da freiwillig erbrachte Leistungen qua definitione nicht der Universaldienstlast zuzurechnen sind, senkt die Sozialanschluß-Praxis der Deutschen Telekom die Universaldienstlast in der Bundesrepublik um einen weiteren, nicht unerheblichen Anteil.

c) Marktwachstum

Das Wachstum des Telekommunikationssektors beeinflußt das **relative** Gewicht der Universaldienstlast am Gesamtumsatz des Telekommunikationssektors. Je stärker der Markt wächst, desto "unmerklicher" können die Finanzierungsbeiträge für die Universaldienstlast innerhalb des Sektors erhoben werden.

In der jüngsten Vergangenheit ist der Telekommunikationssektor weltweit deutlich schneller gewachsen als die übrige Wirtschaft. Im Jahr 1993 belief sich der gesamte Umsatz für Telekommunikationsdienste in der Europäischen Union - trotz fallender Prei-

---

41 Fernmündliche Auskunft eines Angestellten der Deutschen Telekom AG aus dem Bereich "Hauptanschlußprognosen".

se in dem Sektor - auf rund ECU 120 Mrd. Die nominale Wachstumsrate lag dabei in den letzten fünf Jahren bei 7% pro Jahr.[42]

Für die Zukunft werden noch höhere Wachstumsraten prognostiziert. Eine vorsichtige Prognose des holländischen Marktforschers "A&R Heel" rechnet damit, daß der **westeuropäische Markt** für Telekommunikationsdienste von US$ 149 Mrd. im Jahr 1995 um 20,9% auf US$ 180,2 Mrd. im Jahr 1998 wachsen wird.[43] Die größten Zuwächse werden für den Mobilfunkmarkt prophezeit, dessen Umsatzvolumen von US$ 18,4 Mrd in 1995 auf über US$ 30 Mrd. in 1998 ansteigen soll (Zuwachs um knapp 70%). Der klassische Telefondienst soll im gleichen Zeitraum von US$ 103,3 Mrd. auf US$ 118,4 Mrd. steigen (Zuwachs um 15%).

Für die Bundesrepublik sehen die Prognosen ein jahresdurchschnittliches Umsatzwachstum um rund 10% von derzeit (Stand: Februar 1996) knapp DM 80 Mrd. auf über DM 110 Mrd. im Jahr 2000 voraus. Mehr als die Hälfte dieses Umsatzes sollen auf das Telefongeschäft entfallen. Auch gehen Experten davon aus, daß die Deutsche Telekom auf längere Sicht einen Marktanteil von gut 75% wird behaupten können.[44]

Untersuchungen der OECD haben darüber hinaus belegt, daß im liberalisierten Ausland von diesem Wachstum vor allem die ehemaligen Monopolanbieter profitiert haben.[45] Bereits 1991 kam die OECD bezogen auf die Entwicklung in den USA und Kanada zu der Einschätzung:

"Certainly North American experience does not point to any dramatic erosion of the dominant network operators ability to deliver universal affordable service."[46]

Das mit der Marktliberalisierung zu erwartende verstärkte Marktwachstum wird somit dazu beitragen, den Anteil der Universaldienstkosten an den gesamten Telekommunikationsumsätzen zu senken.

4. Gesamteffekt der sonstigen Faktoren

Im Ergebnis stützen die drei kostensenkenden Faktoren Marktwachstum, ausgeglichene Besiedelungsdichte und kommerzielles Eigeninteresse der Deutschen Telekom die Einschätzung des Wissenschaftlichen Beirats beim BMWi, der davon ausgeht, *"daß in Deutschland der Markt das Problem des Universaldienstangebotes aus eigenen Kräften zu lösen vermag".*[47]

Das Grünbuch der Europäischen Kommission zur Liberalisierung der Telekommunikationsinfrastruktur zitiert eine Studie, derzufolge der Anteil der Universaldienstlast am

---

42   Vgl. Europäische Kommission - Grünbuch Teil. II (1994a), S. 17.

43   Vgl. "Deutsche Telekom im Rückstand" in: Hbl. vom 31.10.1995, S. 23.

44   Vgl. "Viag und RWE gemeinsam gegen Deutsche Telekom" in: FAZ vom 8.2.1996, S. 13f.

45   Vgl. OECD (1995a), S. 17.

46   OECD (1991), S. 85f.

47   Wissenschaftlicher Beirat beim BMWi (1995), S. 15.

Gesamtumsatz in der Bundesrepublik im Jahre 1992 auf weniger als 2% geschätzt wird.[48] Die oben geschilderten Einflußfaktoren werden diesen geschätzten Anteil inzwischen weiter gesenkt haben.

Blankart schließlich geht davon aus, daß angesichts der regional ausgeglichenen Bevölkerungsverteilung in der Bundesrepublik gute Chancen bestehen, daß der Markt flächendeckende Versorgung selbst bewerkstelligen kann, ohne daß es zu stark divergierenden Tarifen kommt. In diesem Fall wäre der Staat mit seinem "schwerfälligen Instrumentarium" gar nicht gefordert.[49]

Die Regulierungsinstanz hat angesichts der konkreten bundesdeutschen Marktverhältnisse daher allen Grund zur Annahme, daß das Ziel einer umfassenden Marktöffnung mit der Aufrechterhaltung von Universaldienstleistungen sogar ohne die vorsorgliche Etablierung eines Lastenausgleichsystems vereinbar ist. Der folgende Abschnitt stellt dieser Diagnose die sich abzeichnende gesetzliche Lösung in der Bundesrepublik gegenüber.

---

48   Vgl. Europäische Kommission - Grünbuch Teil II (1994a), S. 94.
49   Vgl. Blankart (1995), S. 357.

B. Die sich abzeichnende gesetzliche Regelung für die Bundesrepublik

1. Der deutsche Telekommunikationsmarkt im Jahr 1995

Seit den beiden Postreformen von 1989 und 1994 ist die Liberalisierung des deutschen Telekommunikationsmarktes gut vorangekommen. Noch vor der Öffnung der gesetzlich geschützten Monopolbereiche Sprachtelefondienst und Festnetz zum 1. Januar 1998 ist die Liberalisierung auf anderen Märkten (Datenkommunikation, Mehrwertdienste und Endgeräte) bereits vollzogen worden.

Inzwischen sind über 700 private Anbieter von Telekommunikationsdiensten auf dem deutschen Markt präsent. Im Bereich des zellularen Mobilfunks wurden mit der Mannesmann Mobilfunk GmbH (D2-Netz) und der E-Plus Mobilfunk GmbH (E1-Netz) zwei private Konkurrenten zur Telekom-eigenen DeTeMobil (D1-Netz) zugelassen.[50]

Lizenzen wurden auch in den Bereichen Satellitenfunk, Bündelfunk, mobile Datenkommunikation, Paging und terrestrisches Flugtelefonnetz an private Netzbetreiber vergeben. Bereits 1993 wurden die sogenannten "Corporate Network Anwendungen" (Vermittlung von Sprache für andere in Unternehmensverbünden) aus dem Sprachtelefondienstmonopol der Deutschen Telekom herausgelöst.

Im Oktober 1995 beschloß das BMPT auf Druck der Europäischen Kommission[51] die Herauslösung alternativer Netzinfrastrukturen aus dem Netzmonopol der Deutschen Telekom zum 1. Juni 1996. Dieser Liberalisierungsschritt wurde von der Kommission als notwendige Voraussetzung zur Genehmigungsfähigkeit der Gemeinschaftsprojekte "Atlas" (Deutsche Telekom und France Telecom) und "Global One", vormals "Phoenix", (Deutsche Telekom, France Telecom und Sprint Corporation) eingefordert.[52] Mit diesem weiteren Liberalisierungsschritt stehen ab Mitte 1996 die bereits existierenden Netze der deutschen Energieversorger und der Deutschen Bahn, die bislang nur intern genutzt werden durften, für alle Formen der Datenkommunikation für die Öffentlichkeit - mit Ausnahme des Sprachtelefondienstes - zur Verfügung. Dieser Liberalisierungsschritt stellt einen erheblichen Tempogewinn gegenüber der bis dato vorgesehenen Verleihungsordnung dar, die eine Öffnung alternativer Netze für Datenkommunikationszwecke für die Öffentlichkeit nur in Ausnahmefällen mit Genehmigung des BMPT vorsah.[53]

---

50   Vgl. Booz·Allen & Hamilton (1995) und Ickenroth (1995), S. 58ff.

51   Die Kommission legte auf Grundlage des Art. 90, Abs. 3 EUVertrag im Juli 1995 einen Richt-
      linienentwurf zur Öffnung "alternativer Netze" vor. Ziel des Entwurfs ist es, die bislang nur für
      interne Zwecke genutzten Infrastrukturen zu öffnen, d. h. den Anbietern von EU-weit bereits libe-
      ralisierten Telekommunikationsdiensten zur Verfügung zu stellen. Vgl. "Brüssel bricht die
      Monopole der Telekom-Behörden" in: Hbl. vom 20.7.1995, S. 1 und 11.

52   Vgl. "EU gibt grünes Licht für Atlas" in: taz vom 17.10.1995, S. 6 und "Projekt 'Phoenix' steigt zu
      'Global One' auf" in: Hbl. vom 2./3.2.1996, S. 17.

53   Der BMPT kann gemäß TVerleihV die Erlaubnis zur Marktöffnung alternativer Netze dann ertei-
      len, wenn sie sich auf inhaltlich, zeitlich und räumlich begrenzte Projekte mit innovativem Cha-
      rakter beziehen oder wenn die Deutsche Telekom AG ihren Leistungspflichten bei der Erbringung
      von Monopolleistungen nach Art, Qualität und Preis nicht angemessen nachkommt. Vgl.
      Kapitel 2 Abschnitt C 3 a (3) "Marktregulierung".

Angesichts der jüngsten Liberalisierungsschritte wurden die Prognosen für das Wachstum des deutschen Telekommunikationsmarktes in den kommenden Jahren nach oben korrigiert. Eine Prognose vom Frühjahr 1996 sagt ein jahresdurchschnittliches Umsatzwachstum des Gesamtmarktes um rund 10% von derzeit (Februar 1996) knapp DM 80 Mrd. auf über DM 110 Mrd. im Jahr 2000 voraus.[54]

Diese Prognose berücksichtigt bereits den sich abzeichnenden Regulierungsrahmen für den deutschen Telekommunikationsbereich, dessen Vorgaben für die künftige Universaldienstpolitik im folgenden Abschnitt dargestellt werden.

2. Ziele und Inhalte des künftigen Universaldienstes in Deutschland

a) Das Gesetzgebungsverfahren

Nach der Einigung des Europäischen Ministerrates auf die vollständige Aufhebung der verbliebenen Monopole im Telekommunikationssektor im November 1994 und der Verabschiedung des Europäischen Grünbuchs im Dezember 1994 hat das BMPT im März 1995 ein Eckpunktepapier über den künftigen Regulierungsrahmen im bundesdeutschen Telekommunikationsbereich veröffentlicht.[55]

Die Stellungnahmen interessierter Unternehmen und Verbände zu diesem Eckpunktepapier fanden Eingang in den am 8. August vorgelegten Referentenentwurf für das künftige Telekommunikationsgesetz[56] und die Verordnung über die Erbringung von Universaldienstleistungen.[57] Im Januar 1996 einigten sich Koalition und SPD auf den abschließenden Gesetzesentwurf, der am 29. Januar 1996 vom Bundeskabinett verabschiedet und am 1. Februar in erster Lesung im Bundestag beraten wurde. Das Telekommunikationsgesetz (TKG) soll nach dem Willen der Bundesregierung am 1. Juli 1996 in Kraft treten und so den beteiligten Unternehmen die nötige Planungssicherheit im Vorfeld der Marktliberalisierung geben.[58]

Nach dem TKG-Entwurf soll von 1998 an für die gesamte Telekommunikation das Prinzip des freien Marktzugangs gelten. Für das Angebot von Diensten im sogenannten lizenzpflichtigen Bereich (Netz- und Telefondienste für die Öffentlichkeit sowie Satelliten- und Mobilfunkkommunikation)[59] muß jedem Antragsteller, der die erforderliche Fachkunde und Leistungsfähigkeit besitzt, eine Lizenz erteilt werden. Ausnahmen gelten, wenn nur eine beschränkte Zahl von Frequenzen zur Verfügung steht (vgl. unten).

---

54   Vgl. "Viag und RWE gemeinsam gegen Deutsche Telekom" in: FAZ vom 8.2.1996, S. 13f.
55   Vgl. BMPT (1995a).
56   Vgl. BMPT (1995b).
57   Vgl. BMPT (1995c).
58   Vgl. "Grünes Licht für mehr Wettbewerb" in: Hbl. vom 31.1.1996, S. 5 sowie "In der Telekommunikation soll freier Marktzugang herrschen" in: FAZ vom 29.01.1996, S. 11.
59   Vgl. § 6 TKG-Entwurf.

b) Ziele der Universaldienstpolitik

Das BMPT war bei der Formulierung der künftigen Universaldienstpolitik an die Vorgaben der Europäischen Union (Grünbuch)[60] sowie an den 1994 geänderten Art 87 f GG gebunden, der ihn dazu verpflichtet, "im Bereich der Telekommunikation flächendeckend angemessene und ausreichende Dienstleistungen zu gewährleisten, die im Wettbewerb erbracht werden sollen."

Der Gesetzesentwurf für das deutsche Telekommunikationsgesetz entspricht diesen Vorgaben, indem er Universaldienstleistungen definiert als "ein Mindestangebot an Telekommunikationsdienstleistungen für die Öffentlichkeit, für die eine bestimmte Qualität festgelegt ist und zu denen alle Nutzer unabhängig von ihrem Wohn- oder Geschäftsort zu einem erschwinglichen Preis Zugang haben müssen."[61]

Die genaue Definition bestimmter Telekommunikationsdienstleistungen als Universaldienstleistungen soll die Bundesregierung dabei im Zuge einer Rechtsverordnung vornehmen. Durch die Festlegung in einer Rechtsverordnung soll - im Vergleich zur höheren Hürde der gesetzlichen Festlegung - die Zukunftsoffenheit des Universaldienstes gewährleistet werden.[62]

c) Definition von Universaldienstleistungen

In der Begründung zur Grundgesetzänderung durch die Postreform II wurde bereits darauf hingewiesen, daß mit "flächendeckenden angemessenen und ausreichenden Dienstleistungen" lediglich eine Grundversorgung gemeint ist (Seite 9).[63] Das Presseorgan des BMPT, die "Post-Politische Informationen", führt diesen Gedanken in der August-Ausgabe 1995 (S.2) noch weiter mit der Feststellung:

"Beim Universaldienst muß es sich um einen Mindestdienst handeln, außerdem dürfen die Regelungen zum Universaldienst den Wettbewerb nicht beschränken. Es kann sich also beim Universaldienst nicht um ein Luxusangebot handeln, für das noch gar keine Nachfrage besteht, das flächendeckend zu erbringen ist und auch solchen Wettbewerbern zur Auflage gemacht wird, die am Markt erst Fuß fassen müssen."

Der Verordnungsentwurf über die Erbringung von Universaldienstleistungen im Telekommunikationsbereich (UnvV) vom 6. Oktober 1995 nennt in § 1 folgende Leistungen als Bestandteil der universalen Grundversorgung:

1. Sprachtelefondienst (analoger Anschluß) mit den von der Regulierungsbehörde festgelegten und in ihrem Amtsblatt veröffentlichten Maßgrößen für Lieferzeit und Dienstequalität.

---

60 Die Mitgliedstaaten der EU haben sich in einer Entschließung des Ministerrates darauf geeinigt, jeweils auf nationaler Ebene einen ordnungspolitischen Rahmen zu schaffen, um einen Universaldienst sicherzustellen. Vgl. Europäische Kommission - Grünbuch Teil II (1994a).

61 Vgl. auch Bötsch (1995), S. 349.

62 Vgl. PPI, Heft 8/95, S. 2.

63 Vgl Kapitel 2 Abschnitt B 2 a) "Grundgesetzliche Verankerung der hoheitlichen Aufgaben beim Bund." Zum politischen Hintergrund dieser Interpretation vgl. Scherer (1994), S. 421.

2. Einige nicht lizenzpflichtige Telekommunikationsdienstleistungen, die im unmittelbaren Zusammenhang mit dem Sprachtelefondienst stehen:

- Erteilen von Auskünften über Rufnummern,
- Herausgabe von Teilnehmerverzeichnissen,
- Bereitstellen öffentlicher Telefonstellen,
- Bereitstellen einer Notrufmöglichkeit in öffentlichen Telefonstellen.

3. Bereitstellen von Übertragungswegen mit den von der Regulierungsbehörde festgelegten (...) Maßgrößen für Lieferzeit und Dienstequalität.

Die künftige Grundversorgung enthält damit im wesentlichen die Dienste, zu deren Angebot die Deutsche Telekom AG schon bislang verpflichtet gewesen ist. Auch die Definition "erschwinglicher" Tarife dieser Grunddienste orientiert sich an den regulativen Preisvorgaben, denen die Deutsche Telekom AG schon bislang aufgrund ihrer Monopolrechte unterlag.

d) Preisvorgaben für Universaldienste

§ 2 Universaldienstleistungsverordnung (UnvV) definiert für jede Komponente der Grundversorgung, welche Tarife jeweils als "erschwinglich" im Sinne des TKG-Entwurfs gelten.

Der **Tarif für Sprachtelefondienst** gilt demnach dann als erschwinglich, "wenn er den realen Preis für die durchschnittliche Nachfrage nach Telefondienstleistungen eines Privathaushalts außerhalb von Städten mit mehr als 100.000 Einwohnern zum Zeitpunkt des 31. Dezember 1997 nicht übersteigt." Das Tarifniveau von Ende 1997 stellt damit die künftige Obergrenze für erschwingliche Telefontarife dar. Das Tarifniveau der Telekom AG wird gemäß den Vorgaben des Ministeriums Ende 1997 mindestens 5% unter dem Tarifniveau von Anfang 1996 liegen.[64] Diese Obergrenze rechtfertigte das BMPT mit der aktuellen hohen Ertragskraft der Telekom AG und den künftig zu erwartenden Produktivitätssteigerungen.

Die **Tarife für telefonbezogene Zusatzdienste** wie Rufnummernauskunft, Teilnehmerverzeichnisse und Telefonzellen (mit Notrufmöglichkeit) gelten als erschwinglich, wenn sie sich "an den Kosten der effizienten Bereitstellung" orientieren. Sie sind zwar weiterhin genehmigungspflichtig, eine konkrete Obergrenze wie beim Sprachtelefondienst ist für sie jedoch nicht vorgesehen (§ 2 UnvV Satz 2).

Auch die **Tarife für die Bereitstellung von Übertragungswegen (Mietleitungen)** werden an keine konkrete Obergrenze gebunden, um als erschwinglich zu gelten. Erschwinglichkeit ist für sie dann gegeben, wenn sie von der Regulierungsbehörde gemäß § 24 Abs. 1 TKG genehmigt wurden (§ 2 UnvV Satz 3).

Die rechtlichen Vorgaben für die künftigen Obergrenzen der Telefontarife entsprechen damit den theoretischen Überlegungen zu anreizkompatiblen Preisvorgaben, wie sie in Kapitel 4 Abschnitt A 2 b) angestellt wurden. Die Möglichkeit zur Preisdiskriminierung unterhalb vorgegebener Obergrenzen erlaubt der Telekom AG das Setzen niedrigerer

---

64 Noch im Jahr 1993 hatte das BMPT geplant, bis Ende 1997 eine Tarifsenkung um über 10 Prozent gegenüber 1995 einzufordern. Vgl. Kapitel 2 Abschnitt C 3 a (1) "Tarifregulierung".

Preise in Ballungsgebieten im Vergleich zu ländlichen Gebieten und gibt damit einen wesentlichen Anstoß zur Entfaltung positiver Wettbewerbswirkungen Für ländliche Gebiete stellen die Preisobergrenzen gleichzeitig sicher, daß die Kostenorientierung nicht zu "unsinnig hohen" Tarifen und entsprechenden Abmeldungen vom Netz führt, wie es im Wortlaut des Grünbuchs der Europäischen Union heißt.[65]

Die künftigen Universaldienstleistungen werden gemäß Art. 87f. GG[66] als privatwirtschaftliche Leistungen erbracht, weshalb die Regulierungsbehörde erst dann intervenieren darf, wenn Defizite bei ihrer privatwirtschaftlichen Bereitstellung bekannt werden. Wichtige Formen der Intervention sind die Zuweisung der Universaldienstverpflichtung sowie die Etablierung eines Finanzierungsinstruments für die Universaldienstlasten.

3. Universaldienstverpflichtung und -finanzierung

a) Zuweisung der Universaldienstverpflichtung

Das Eckpunktepapier vom März 1995 sah vor, alle Anbieter mit einem Marktanteil von über 25% zum Angebot von Universaldienstleistungen zu verpflichten. Gegen diese automatische Verpflichtung richtete sich während der Konsultationsphase massive Kritik.[67]

Der Haupteinwand lautete, daß die Verpflichtung der bzw. des marktbeherrschenden Anbieters mit über 25 Prozent Marktanteil[68] die sofortige Etablierung eines komplizierten Ausgleichsinstrumentariums erforderlich mache. Dieses sollte jedoch nach Ansicht der Kritiker frühestens dann errichtet werden, wenn der Wettbewerb bei der flächendeckenden Versorgung versagt. Eine abwartende Strategie sei um so mehr zu befürworten, als das zu erwartende Rate-restructuring (steigende Anschlußtarife, sinkende Fernsprechtarife) zusammengenommen keinen Nachfrageeinbruch vor allem bei Kunden in ländlichen Regionen erwarten läßt.[69]

Zur Begründung wurde auch auf die unerwünschten Nebenwirkungen der automatischen Verpflichtung nach Maßgabe des Marktanteils verwiesen; sie würde das Verhalten der Wettbewerber verzerren, die angesichts der bevorstehenden Flächendeckungsinvestitionen gar nicht in den Markt eintreten oder aber ständig unter der 25 Prozentmarke zu

---

65 Das EU-Grünbuch von 1994 konkretisiert den Terminus "erschwinglich" mit dem Negativbeispiel von Anschlußteilnehmern auf dem Lande, die sich deshalb vom Netz abmelden, "weil sie nicht gewillt sind, unsinnig hohe Preise für den Basistelekommunikationsdienst zu akzeptieren oder zu bezahlen." Europäische Kommission - Grünbuch Teil II (1994a), S. 46f.

66 Sowie konform mit der Entschließung des Ministerrates vom 7.2.1994.

67 Vgl. Blankart (1995), S. 357f.; Stüwe (1995): Wissenschaftlicher Beirat beim BMWi (1995), S. 13 und "Einzigartig und riskant" In: Die ZEIT vom 5.5.1995, S. 28.

68 "Das ist die absolut falsche Marke. Das heißt doch im Klartext: Nur die Telekom muß überall vertreten sein. Ich kann mir nämlich überhaupt nicht vorstellen, daß irgendeiner der sich abzeichnenden Konkurrenten in absehbarer Zeit in diese Größenordnung hineinwächst." "Interview mit dem Aufsichtsratsvorsitzenden der Telekom AG, Rolf-Dieter Leister" in: Der Spiegel 14/1995 vom 3.4. 1995, S. 116.

69 "Für sie [die Bevölkerung auf dem Lande, C.G.] mag der Nachteil höherer Anschlußgebühren durch den Vorteil geringerer Fernsprechtarife mehr als aufgewogen werden." Blankart (1995), S. 357.

bleiben versuchen würden. Beide Strategien würden letzlich zu einer aus wettbewerbs-politischer Sicht unerwünschten Stärkung der Marktposition der Telekom AG führen.

Der BMPT hat daraufhin den Gesetzesentwurf (Stand Januar 1996) dahingehend abge-ändert, daß zunächst davon ausgegangen wird, daß die in der Universaldienstleistungs-verordnung festgelegten Mindestdienstleistungen im Wettbewerb ausreichend erbracht werden, ohne daß zwingende Vorgaben seitens der Regulierungsinstanz erforderlich sind. Erst wenn sich abzeichnen sollte, daß eine Dienstleistung nicht in genügender Qualität oder zu erhöhten Preisen angeboten wird, kann die Regulierungsbehörde durch die Verpflichtung eines oder mehrerer marktbeherrschender Unternehmen reagieren.[70] Das heißt konkret, daß für die Zeit nach dem Wegfall des Monopols **keinem Anbieter, nicht einmal der etablierten Telekom AG eine Universaldienstverpflichtung auf-erlegt wird.**[71]

Einen Sonderfall stellen in diesem Zusammenhang die naturbedingt knappen Frequenzen für den Aufbau funkbasierter Ortsnetze auf der Grundlage des DECT-Standards dar. Der TKG-Entwurf sieht vor, daß diese knappen Frequenzen bevorzugt an solche Telefonge-sellschaften vergeben werden sollen, die als bundesweite Anbieter tätig werden. Hiermit soll erreicht werden, daß ein integrierter Verbund möglichst flächendeckend verbreiteter funkbasierter Ortsnetze und kein regionales Flickwerk verschiedener Lizenznehmer ent-steht. Im Gegenzug ist im TKG-Entwurf vorgesehen, daß die bei der Funklizenzvergabe bevorzugten national tätigen Telefongesellschaften ihrerseits Auflagen für einen Univer-saldienst erhalten, der für einen noch zu bestimmenden Anteil der Wohnbevölkerung innerhalb eines bestimmten Zeitraums bereitzustellen ist.[72]

Interessanterweise ist die eventuell später erforderlich werdende Zuweisung der Univer-saldienstverpflichtung nicht automatisch mit der Etablierung eines entsprechenden Finanzierungssystems verknüpft. Die generelle Vorgehensweise ist gemäß § 18 Abs. 3 TKG-Entwurf die Zuweisung der Universaldienstverpflichtung ohne Kompensations-zahlungen.

Erst wenn der nominierte Universaldienstanbieter begründet darlegen kann, daß ihm aus der Verpflichtung ein Defizit entsteht (vgl. unten), schaltet sich die Regulierungsbehörde erneut ein. Sie kann dann entweder das - vom Anbieter nachzuweisende - Defizit aus-gleichen oder die Universaldienstleistung ausschreiben und an denjenigen Bewerber ver-geben, "der sich als fachkundig erweist, die Universaldienstleistung zu erbringen, und der den geringsten finanziellen Ausgleich dafür verlangt." (§ 18 Abs. 3 TKG-Entwurf)

Auf diese Weise soll der etablierte Universaldienstanbieter davon abgehalten werden, beliebig überhöhte Subvention für das Angebot von defizitären Leistungen zu verlangen.

---

70 Die Zuweisung erfolgt gemäß § 18 TKG erst dann, wenn der Regulierungsbehörde Tatsachen bekannt werden, "die erwarten lassen, daß eine (...) Universaldienstleistung auf einem räumlich relevanten Markt nicht ausreichend erbracht wird."

71 Vgl. § 18 Abs. 1 und 2 Telekommunikationsgesetz iVm § 3 UnvV.

72 Diese Bestimmung ist allerdings noch Gegenstand verfassungsrechtlicher Auseinandersetzungen, da sie einen unbestimmten Eingriff in die Berufsfreiheit darstellt. Auch halten einige diese Be-stimmung für überflüssig, da ein flächendeckender Telefondienst ohnehin gewährleistet sei. Vgl. "In der Telekommunikation soll freier Marktzugang herrschen" in: FAZ vom 29.01.1996, S.11 und "Große Telefongesellschaften erhalten Funkfrequenzen" in: HBl vom 10./11.11.1995, S. 6.

b) Höhe der Ausgleichszahlungen

Die Höhe des Ausgleichs ist bei einer Ausschreibung der Leistung mit dem Ausschreibungsergebnis identisch. In diesem Fall ist die Regulierungsinstanz von der Aufgabe befreit, die "richtige" Ausgleichshohe anhand der betrieblichen Daten des Universaldienstanbieters zu bestimmen.[73]

Erfolgt keine Ausschreibung, wird die Höhe der erstattungsfähigen Belastung anhand der "langfristigen zusätzlichen Kosten der effizienten Bereitstellung der Dienstleistung einschließlich eines angemessenen Gewinns abzüglich der mit der Universaldienstleistung erzielten Erträge" ermittelt (§ 19 Abs. 2 Satz 2 TKG-Entwurf).

Diese Formulierung entspricht inhaltlich weitgehend dem in Kapitel 4 B 2 b) vorgestellten langfristigen Inkrementalkosten-Ansatz, wenngleich zu seiner Operationalisierung die Rechtsbegriffe "langfristige zusätzliche Kosten", "effiziente Bereitstellung" und "angemessener Gewinn" noch konkretisiert werden müssen. Auch steht die Klärung aus, ob die Berechnung dienste- oder kundenspezifisch erfolgen soll.

Mit der Wahl dieses Verfahrens kann erstens vermieden werden, daß die Lastermittlung auf Basis vergangenheitsorientierter Daten (historische Anschaffungskosten) erfolgt, und zweitens, daß der Universaldienstleistung von ihr nicht verursachte Gemeinkosten zugerechnet werden.

c) Finanzierung der Ausgleichszahlungen

Ohne tatsächliche Erwähnung des entsprechenden Begriffs schlägt der Referentenentwurf zur Finanzierung des Universaldienstes das Konzept eines bei der Regulierungsbehörde geführten Universaldienstfonds vor. Demzufolge erfolgt der Ausgleich von Universaldienstlasten durch Zahlungen aller Lizenznehmer, die auf dem Markt der betreffenden lizenzpflichtigen Telekommunikationsdienstleistung tätig sind und einen Mindestanteil von 5 Prozent des Gesamtumsatzes dieses Marktes aufweisen. Sie zahlen nach Ablauf eines Kalenderjahres, für das ein Ausgleich gewährt wird, nach Maßgabe ihres relativen Marktanteils eine Universaldienstleistungsabgabe an die Regulierungsbehörde. Diese Regelung streut die Finanzierungslast auf mehrere Anbieter, ohne gleichzeitig kleine und neu zugetretene Wettbewerber zu belasten.[74]

Die zur Abgabe verpflichteten Unternehmen werden versuchen, die Belastungen an ihre Kunden weiterzugeben, was von der Wirkung her einer Steuer auf diese Umsätze gleichkommt. Mit der Höhe der Ausgleichszahlungen wird damit gleichzeitig die Merklichkeit dieser Steuer und auch das Ausmaß allokativer Verzerrungen dieser Steuer determiniert. Die Tatsache, daß allein die Umsätze in den lizenzierten Bereichen des Telekommunikationsmarktes mit der Abgabe belastet werden, spricht somit für das Vertrauen des BMPT, daß zukünftig keine hohen Ausgleichszahlungen anfallen werden.

---

73   Vgl. Kapitel 4 Abschnitt A 3 c) "Wettbewerbliche Ausschreibung von Regionen".

74   Vgl. Ickenroth (1995), S. 64. S.a. Bötsch (1995), S. 349.

C. Fazit

Obwohl derzeit noch keine empirischen Untersuchungen über das Ausmaß der künftigen Universaldienstlast der Deutschen Telekom vorliegen, stützen die in Abschnitt A angestellten Überlegungen die Vermutung, daß diese Last verhältnismäßig gering ausfallen wird. Diese Vermutung stützt sich auf folgende Überlegungen:

- Die Grundversorgung für die Bundesrepublik wird weitgehend den traditionellen Telefondienst enthalten, der bereits heute flächendeckend verfügbar ist und daher keine erheblichen Flächendeckungsinvestitionen erforderlich macht,

- die Ausschöpfung der Produktivitätsreserven der Deutschen Telekom AG in Höhe von rund 20% im Vergleich zu internationalen Telefongesellschaften wird die Universaldienstlast mittelfristig weiter senken,

- auch für die Zeit nach Abschaffung der restlichen Monopole ist die Rentabilität des de facto Monopolisten Telekom AG hinreichend groß, um die flächendeckende Versorgung finanziell abzusichern,[75]

- die Siedlungsdichte ist in der Bundesrepublik ausgesprochen gleichmäßig, erhebliche regionale Kostenunterschiede (wie etwa in Portugal oder Griechenland) sind gar nicht zu erwarten,

- die Telekom AG und andere Netzanbieter haben ein betriebswirtschaftliches Interesse an der Bedienung "unwirtschaftlicher" Kunden und Regionen, denn

- die Bedienung "unökonomischer Randregionen" wird mittel- bis langfristig aufgrund des kostensenkenden technischen Fortschritts ein immer geringeres Problem darstellen.

Die Analyse der konkreten Voraussetzungen für die Universaldienstbereitstellung in der Bundesrepublik stützt damit die Einschätzung des Wissenschaftlichen Beirats BMWi, *"daß in Deutschland der Markt das Problem des Universaldienstangebotes aus eigenen Kräften zu lösen vermag".*[76]

Der in Abschnitt B untersuchte Ansatz des BMPT zur Sicherstellung des Universaldienstes in einem künftig liberalisierten deutschen Telekommunikationsmarkt wird weitgehend den in Kapitel 4 formulierten Anforderungen an eine ökonomisch rationale Universaldienstpolitik gerecht. Dies gilt insbesondere in Hinblick auf die Entscheidung des Gesetzgebers:

- Zunächst eine abwartende Strategie zu verfolgen, d. h. nach dem Wegfall der restlichen Monopole der Deutschen Telekom AG keinem Anbieter ex ante eine Universaldienstverpflichtung aufzuerlegen,

- falls nötig, die Universaldienstverpflichtung nicht exklusiv der etablierten Deutschen Telekom AG zuzuweisen,

- die Höhe der Erstattungszahlungen falls möglich im Rahmen eines Ausschreibungsverfahrens zu ermitteln,

---

75 Vgl. Verband der Postbenutzer (1995), S. 2, der in seinem Statement darauf hinweist, daß der Reingewinn im Telefondienst derzeit bei ca. 30% des Umsatzes liegt und durch die eingeleiteten Kostensenkungsmaßnahmen eher zunehmen als sinken wird.

76 Wissenschaftlicher Beirat beim BMWi (1995), S. 15.

- überall dort, wo kein Ausschreibungsverfahren erfolgen kann, die Höhe der Universaldienstlast anhand des Konzepts der langfristig vermeidbaren Kosten zu ermitteln (und nicht anhand eines auf historischen Anschaffungskosten basierenden Vollkosten-Ansatzes) sowie für die Entscheidung,

- die Lasten der Universaldienstverpflichtung mit Hilfe einer umsatzabhängigen Abgabe in einen Fonds anstatt mit Hilfe von Access Charges zu finanzieren.

Mit dem Inkrafttreten dieser gesetzlichen Vorgaben wird der deutsche Telekommunikationsmarkt nach Aussagen von BMPT Wolfgang Bötsch "einer der liberalsten in Europa".[77] Tatsächlich räumen die staatlichen Spielregeln den privaten Telefonanbietern wirtschaftliche Freiheitsrechte ein, die ihresgleichen nicht nur in Europa, sondern auch in anderen Bereichen der deutschen Wirtschaftspolitik suchen.

Die sich abzeichnende gesetzliche Regelung in Deutschland ist "liberal" im ursprünglichen Sinne, da sie im Vertrauen auf die Wettbewerbskräfte den Marktakteuren Freiheit von prozeßpolitischen Eingriffen in Aussicht stellt. Im Vergleich zum symbiotischen Verhältnis zwischen Regierung und Bundespost, das noch vor einem Jahrzehnt den deutschen Fernmeldesektor prägte, sind diese Änderungen revolutionär.

---

77   Vgl. "Große Telefongesellschaften erhalten Funkfrequenzen" in: Hbl. vom 10./11.11.1995, S. 6.

SCHLUSSBEMERKUNG

Die Postreformen aus den Jahren 1989 und 1994 haben eine historische Veränderung für den deutschen Telekommunikationssektor gebracht. Die seit über fünf Jahrhunderten unter dem Schutz des Monopols gewachsenen Strukturen im Post- und Fernmeldewesen wurden erstmals partiell dem Wettbewerb geöffnet. Der Wegfall der verbleibenden Monopole bis spätestens zum Beginn des Jahres 1998 ist auf europäischer Ebene bereits beschlossen. Um die Tragweite dieser Veränderung abschätzen zu können, wurden in dieser Arbeit Entstehung und Abschaffung des staatlichen Fernmeldemonopols sowie die Argumentationsebenen im Reformprozeß erörtert. Hierbei wurde der Wandel der technischen, ökonomischen und politischen Rahmenbedingungen der Telekommunikation dokumentiert, deren genaue Kenntnis Grundlage für die Neukonzeption von Universaldienstauflagen in einem liberalisierten Umfeld ist.

Desweiteren wurde die Anpassung des rechtlichen und institutionellen deutschen Regulierungsrahmens an die geänderten technischen und ökonomischen Marktcharakteristika behandelt. Dabei wurde deutlich, wie stark in der Bundesrepublik die Bedeutung strukturkonservierender Interessen war. Dem Kurswechsel eines Supertankers ähnlich, vollzog sich der Wandel der rechtlichen und institutionellen Ausgestaltung der Regulierung nur zögerlich und unter weitgehender Beibehaltung tradierter Anschauungen von der Funktionsweise des ehemaligen Staatsmonopols der DBP und des von ihr geprägten Fernmeldewesens.

Bei der Analyse der Universaldienstidee, die überall auf der Welt ein traditionell vordringliches Anliegen der Regulierungsinstanz war, wurden die Ziele des Universaldienstes von seinen traditionellen Implementierungsstrategien getrennt. Mittels der analytischen Trennung von Zielen und Instrumenten konnte das Hauptargument der Liberalisierungsgegner entkräftet werden. Diese lehnten die Einführung von Wettbewerb mit der Begründung ab, daß die zu erwartende Kostenorientierung der Tarife die politisch erwünschten Quersubventionen zwischen den Nutzergruppen unmöglich macht und damit den Verzicht auf das Universaldienstziel bedeutet. Tatsächlich fällt mit den Quersubventionen nicht das Ziel, sondern nur das traditionelle Instrumentarium zum Erreichen dieses Ziels weg.

Darüber hinaus kam die Untersuchung des traditionellen Instrumentariums (Kontrahierungszwang, Tarifeinheit im Raum und politisch definierte Gebührenstruktur) zu dem ernüchternden Ergebnis, daß es die proklamierten verteilungs- und raumordnungspolitischen Ziele nur unzureichend bzw. unter Inkaufnahme erheblicher allokativer Verzerrungen erreichte. Der Verzicht auf das traditionelle Instrumentarium erschien vor diesem Hintergrund weniger als Verlust, denn als Chance zu einer dringend notwendig gewordenen Neukonzeption der Universaldienstpolitik.

Zur Beantwortung der Frage, wie das Universaldienstziel in einem wettbewerblichen Umfeld verwirklicht werden kann, wurde anschließend analysiert, von welcher Marktsituation die Regulierungsinstanz nach der Liberalisierung auszugehen hat. Hierzu wurden die wichtigsten Trends auf liberalisierten Auslandsmärkten dargestellt und auf ihre Relevanz für die Bundesrepublik überprüft. Einer der Haupttrends ist die Kostenorientierung der Tarife, die im Vergleich zu den politisch definierten Monopoltarifen zu einer Verteuerung der fixen Gebühren und zu einer Verbilligung der variablen Gesprächsgebühren führt.

Der zu erwartende Anstieg der Anschluß- und Grundgebühren wird angesichts weitgehend geringer Nachfrageelastizitäten nach Telefonanschlüssen lediglich eine Minderheit von Einkommensschwachen und Wenigtelefonierern zur Kündigung ihres Anschlusses motivieren. Damit verlagert sich der Schwerpunkt der Universaldienstpolitik in einem wettbewerblichen Umfeld weg von der pauschalen Subvention aller Anschlußteilnehmer und hin auf die subjektbezogene Förderung der Grenznachfrager. Diese Schwerpunktverlagerung unterstreicht den primär verteilungspolitischen Charakter der neuen Universaldienstpolitik, der früher dem raumordnungspolitischen Auftrag noch gleichgestellt war.

Eine zweite Bedrohung für das Universaldienstziel in einem wettbewerblichen Umfeld ist das ökonomisch motivierte Interesse der Telefonanbieter, bestimmte Kunden oder ganze Regionen vom Netz zu schalten, da ihre Bedienung unrentabel ist. Damit dem Universaldienstanbieter aus der Versorgungspflicht kein finanzieller Wettbewerbsnachteil gegenüber seinen Konkurrenten ohne diese Verpflichtung entsteht, muß die genaue Höhe der Universaldienstlast sowie ein Verfahren zu seiner Finanzierung gefunden werden.

Die Identifizierung der finanziellen Einbußen eines Universaldienstanbieters, die ihm aufgrund der Verpflichtung entstehen, ist mit erheblichen praktischen und methodischen Problemen verbunden. Die Beschreibung der kostenrechnerischen Ermittlung der Universaldienstlast anhand der langfristig vermeidbaren Kosten und der anrechenbaren Umsätze verdeutlichte den erheblichen informatorischen Aufwand, der mit dieser Methode verbunden ist. Hinzu kommt die Schwierigkeit, das kommerzielle Interesse des Universaldienstanbieters an einer flächendeckenden Netzausdehnung angemessen zu berücksichtigen. Die kommerziellen Nutzen der universalen Dienstebereitstellung (Unterstützung des Vertriebs, Aufbau ortsunabhängiger Kundenbeziehungen) können so relevant sein, daß die Telefonanbieter sogar ohne staatliche Auflagen oder zumindest ohne finanzielle Zuschüsse einen Universaldienst anbieten. Die Regulierungsinstanz muß diesen schwer quantifizierbaren kommerziellen Nutzen bei der Bestimmung der Universaldienstlast jedoch berücksichtigen, will sie nicht ihrerseits durch zu hohe Kompensationszahlungen eine Wettbewerbsverzerrung hervorrufen. Einen Ausweg aus diesem informatorischen Dilemma der Regulierungsinstanz bietet die Ausschreibung von Universaldienstregionen, bei der die Telefongesellschaften selber die Kalkulation des Subventionsbedarfs vornehmen müssen.

Zur Beantwortung der Finanzierungsfrage des Universaldienstes wurden zwei sektorspezifische Abgabenkonzepte vorgestellt: Access Charges und ein Universaldienstfonds. Access Charges sind Aufschläge auf die Durchleitungsgebühren des Universaldienstanbieters, die einen Deckungsbeitrag zur Finanzierung der Universaldienstlast enthalten. Der Universaldienstfonds, in den alle Anbieter entsprechend ihrem Marktanteil einzahlen, weist gegenüber der Access Charges-Variante den Vorteil erhöhter Transparenz und Zielgenauigkeit der Subventionsströme auf. Es wurde gezeigt, daß die Regulierungsbehörden im liberalisierten Ausland in jüngster Zeit vermehrt die Acces Charges-Lösung zugunsten der Fondslösung abschaffen. In der Bundesrepublik ist allerdings noch die verfassungsrechtliche Zulässigkeit einer derartigen sektorspezifischen Sonderabgabe (Kohlepfennig-Urteil des BVerfG aus dem Jahr 1994) ungeklärt.

Die Untersuchung der Einflußfaktoren für die Höhe der Universaldienstlast in der Bundesrepublik führte zum Ergebnis, daß die zurückhaltende Formulierung des Grundversorgungskataloges, die gleichmäßige Besiedelungsdichte und die zu erwartende Ausschöpfung erheblicher Produktivitätsreserven der Deutschen Telekom AG in Deutschland eine geringere Universaldienstlast erwarten lassen als in Großbritannien. Die britische Regulierungsbehörde OFTEL hatte für das Jahr 1994 die Universaldienstlast von BT (vormals British Telecom) auf weniger als ein Prozent des Gesamtumsatzes von BT geschätzt. Die entsprechende Handlungsempfehlung aus ökonomischer Sicht lautete daher, für die Bereitstellung eines Universaldienstes in der Bundesrepublik nicht von vorneherein ein aufwendiges Ausgleichsinstrumentarium zu errichten, sondern zunächst abzuwarten, ob der Deutschen Telekom AG aus der Universaldienstverpflichtung überhaupt eine tatsächliche Last entsteht.

Es konnte gezeigt werden, daß der im Januar 1996 vom Bundeskabinett verabschiedete Entwurf eines Telekommunikationsgesetzes dieser Handlungsempfehlung weitgehend folgt. Im Vertrauen darauf, daß die Marktkräfte den Universaldienst (der im wesentlichen den Telefonsprachdienst und das Angebot von Mietleitungen enthält) sicherstellen werden, verpflichtet die Regulierungsbehörde zunächst keinen Anbieter zur Universaldienstbereitstellung. Erst wenn sich herausstellen sollte, daß der Marktprozeß bestimmte räumlich relevante Märkte nicht ausreichend versorgt, kann die Regulierungsbehörde Unternehmen mit einem Marktanteil von mehr als 25% (also in absehbarer Zukunft nur die Deutsche Telekom AG) zum Angebot eines Universaldienstes verpflichten. Fordert der verpflichtete Universaldienstanbieter eine Kompensationszahlung für seine nachweislich entstandenen Verluste, steht der Regulierungsinstanz zunächst die Möglichkeit offen, durch ein Ausschreibungsverfahren der betreffenden Universaldienstregion einen günstigeren Anbieter zu suchen. Werden schließlich Kompensationszahlungen tatsächlich notwendig, erhebt die Regulierungsinstanz von allen Anbietern im lizenzierten Bereich eine Abgabe nach dem Universaldienstfonds-Modell.

Die sich abzeichnende gesetzliche Regelung für die Bundesrepublik ist gekennzeichnet von einem im internationalen Vergleich bislang beispiellosen Vertrauen in die Ergebnisse des Marktprozesses. Hält man sich vor Augen, daß die Befürworter des Fernmeldemonopols noch vor wenigen Jahren zur Sicherstellung des "öffentlichen Auftrags" im Telekommunikationsbereich den politischen Zugriff auf die Schalthebel der Regulierung institutionell verankern konnten, erscheint dieses Vertrauen in die Marktprozesse geradezu revolutionär.

Ob dieses Vertrauen gerechtfertigt ist, hängt vom Erfolg der Regulierung beim Ingangsetzen chancengleichen Wettbewerbs in der Telekommunikation ab. Die Erfahrung aus dem liberalisierten Ausland zeigt, daß die Aufhebung der Monopole nicht automatisch zu funktionsfähigem Wettbewerb führt und für eine Übergangsfrist eine besondere Regulierung der Marktstrukturen und des Marktverhaltens notwendig ist. Die zu lösenden

Hauptprobleme in der Bundesrepublik sind die Marktmacht der Deutschen Telekom AG und strukturelle Eintrittshemmnisse der Konkurrenten aufgrund weiterhin existierender Irreversibilitäten und Größenvorteile im Bereich der kabelgebundenen Ortsnetze.[1] Die Telekom AG könnte beispielsweise ihre Marktmacht dazu mißbrauchen, mit überhöhten Durchleitungspreisen für die Nutzung ihres Ortsnetzes den Markteintritt konkurrierender Netzanbieter zu erschweren oder zu verhindern. Das allgemeine Wettbewerbs- und Kartellrecht, mit dem in Wettbewerbsmärkten das Entstehen von marktbeherrschenden Positionen verhindert werden soll, könnte derartigen Mißbrauch nicht verhindern. Potentielle Newcomer fordern angesichts dieser Ausgangslage eine aktive Rolle der Regulierung beim Aufbrechen der Marktstrukturen, etwa durch die Entflechtung der Deutschen Telekom AG in getrennte Gesellschaften in jeweils unterschiedlichem Besitz. In diesem Zusammenhang wird vor allem gefordert, daß die Telekom AG ihr KabelTV-Netz im Wert von rund 17 Mrd. DM veräußern soll, damit dieses Netz von einem Konkurrenzunternehmen betrieben werden kann.[2]

Der deutsche Gesetzgeber entschied sich entgegen dieser Forderung für eine eher abwartende Strategie bei der Marktstrukturpolitik. Die sich abzeichnende gesetzliche Lösung läßt die Entstehungsseite der Marktmacht unberührt und versucht lediglich, den Mißbrauch von Marktmacht mit dem Instrument der Verhaltensregulierung (Tarifvorgaben) zu verhindern. In dieser Vorgehensweise spiegelt sich vielleicht die tradierte Anschauung der Regulierungsinstanz von der Funktionsweise des Telekommunikationssektors wider, bei der die Regulierung des marktbeherrschenden Unternehmens Vorrang genießt gegenüber der Gestaltung der Marktstruktur. Vielleicht muß die abwartende Haltung des deutschen Gesetzgebers bei der Marktstrukturpolitik aber auch als Vorsichtsmaßnahme interpretiert werden, um die Entwicklung im ausgesprochen dynamischen Telekommunikationssektor nicht durch verfrühte Interventionen in falsche Bahnen zu lenken. Die Deregulierungspolitik im liberalisierten Ausland liefert in diesem Zusammenhang zahlreiche Beispiele für verfehlte und kostspielige staatliche Eingriffe in die Marktprozesse.

Die veraltete bzw. vorsichtige Vorgehensweise des deutschen Gesetzgebers zeigt sich in der unterschiedlichen Genauigkeit zwischen den regulatorischen Vorgaben für Endkundentarife der Deutschen Telekom AG und den Vorgaben über die Zulässigkeit von Zusammenschaltungsvereinbarungen.

Während für die Leistungen der Deutschen Telekom AG an Endverbraucher bereits eine konkrete im Zeitablauf sinkende, Obergrenze definiert wurde, bleiben die regulatorischen Vorgaben für die wettbewerbspolitisch hoch relevanten Zusammenschaltungsvereinbarungen eher vage. Der TKG-Entwurf verpflichtet grundsätzlich alle Anbieter öffentlicher Telekommunikationsnetze, ihre Netze auch konkurrierenden Netzbetreibern zu öffnen. Ein konkretes Beurteilungskriterium für die Wettbewerbskompatibilität der Zusammenschaltungsvereinbarungen liefert der Gesetzentwurf nicht. So heißt es in § 36 TKG (Wettbewerbsbeschränkende Vereinbarungen) lediglich: *"Vereinbarungen über Zusam-*

---

1   Zum Thema "Ingangsetzung funktionstüchtigen Wettbewerbs in der Bundesrepublik" vgl. Burr (1995), Klodt et al. (1995) und Krüger/Tetens/Voß (1995).

2   Vgl. Broß (1995), S. 22.

menschaltungen (...) sind unwirksam, soweit sie geeignet sind, die Wettbewerbs-
möglichkeiten anderer Unternehmen auf einem Markt der Telekommunikation ohne
sachlich gerechtfertigten Grund zu beeinträchtigen." Eine materiellrechtliche
Konkretisierung der Anforderungen an Zusammenschaltungsbedingungen in Form einer
Rechtsverordnung steht derzeit (Frühjahr 1996) noch aus.

Hinsichtlich der Ingangsetzung funktionstüchtigen Wettbewerbs in der deutschen
Telekommunikation wies die Monopolkommission in ihrem Sondergutachten vom Januar
1996 auf eine weitere Gefahr hin. Sie warnte vor der Ablösung des hergebrachten Monopols durch ein enges Oligopol öffentlicher Anbieter.[3] Denn vor allem die im Besitz der
öffentlichen Hand befindlichen Stromversorgungsunternehmen und die Deutsche Bahn
AG mit ihren ausgedehnten unternehmensinternen Telekommunikationsnetzen kommen
als potentielle Wettbewerber auf der Netzebene in Betracht. Um die "Rückverstaat-
lichung des Telekommunikationssektors"[4] zu vermeiden, schlägt die Monopolkommission im Interesse der Ingangsetzung funktionstüchtigen Wettbewerbs vor, allen Unternehmen eine Netzlizenz zu verweigern, an denen öffentliche Anteilseigner in einem
Umfang beteiligt sind, der einen Zusammenschluß im Sinne des Kartellgesetzes begründet. Ein anderer Vorschlag zur Auflösung dieses wettbewerbspolitischen Dilemmas ist
das Aufbrechen der öffentlichen Strommonopole, wozu erste Ansätze auf europäischer
Ebene bereits seit Mitte des Jahres 1995 diskutiert werden.

Ein praktisches Problem für die Ingangsetzung funktionstüchtigen Wettbewerbs wirft
schließlich die institutionelle Verortung der Marktaufsicht über den Telekommunikationssektor auf. Der TKG-Entwurf sieht für diese Aufgabe eine neu zu schaffende
"Regulierungsbehörde für Telekommunikation und Post" vor, die den Status einer
oberen Bundesbehörde erhält und dem Bundeswirtschaftsministerium zugeordnet wird.
Die sektorspezifische Aufsicht wird begründet mit dem Hinweis, daß eine nachträgliche
Mißbrauchsaufsicht nicht ausreiche. Kritiker dieser Regelung geben jedoch zu bedenken,
daß aus der parallelen Zuständigkeit der neuen Aufsichtsbehörde und des Kartellamtes
Probleme erwachsen können. Joachim Ernst Mestmäcker und Wernhard Möschel
verwiesen bei einer Anhörung des Bundestagspostausschusses im März 1996 auf die
Zuständigkeiten des Kartellamtes in Bereichen, für die keine Lizenzen erteilt werden,
sowie bei der Anwendung des europäischen Wettbewerbsrechts.[5] Durch das Nebeneinander der beiden Instanzen drohe ein "kaum lösbares Tohuwabohu" (Möschel) sowie das
"Abdriften der Telekommunikation aus der allgemeinen Wettbewerbsordnung" (Kartell-
amtspräsident Dieter Wolf).[6]

Die sich abzeichnende gesetzliche Regelung für den deutschen Telekommunikationssektor ist damit von einem starken Vertrauen in die Kräfte des Wettbewerbs gekennzeichnet. Der Gesetzgeber sieht die Zulassung von Wettbewerb als Garant dafür an, daß die
Marktkräfte die flächendeckende Bereitstellung von Universaldiensten sogar ohne

---

3   Vgl. "Warnung vor Oligopol in Telekommunikation" in: FAZ vom 30.01.1996, S. 13.

4   Möschel (1996), S. 6.

5   Vgl. "Telekom befürchtet Überregulierung auf dem Weg in den Wettbewerb", in: FAZ vom
    13.03.1996, S. 19.

6   Vgl. ebd.

explizite staatliche Auflage sichern. Darüber hinaus verzichtet der Gesetzgeber auf eine aktive strukturverändernde Rolle der Regulierungsinstanz für die Schaffung funktionstuchtigen Wettbewerbs. Fur die Zukunft des Universaldienstes in einem wettbewerblichen deutschen Telekommunikationsmarkt bleibt daher zu hoffen, daß das Konzept des BMPT aufgeht, bzw. flexibel genug gehandhabt wird, um sich abzeichnende wettbewerbspolitische Fehlentwicklungen rechtzeitig zu korrigieren.

AT&T (1976), An Econometric Study of Returns to Scale in the Bell System. Bell Exhibit 60, FCC Docket 20003.

AT&T (1994), Comments in the Matter of Amendment of Part 36 of the Commission's Rules and Establishment of a Joint Board. FCC Docket No. 80-286. New Jersey.

ALBON, Robert (1994), Interconnection Pricing - An Analysis of the Efficient Component Pricing Rule. In: Telecommunications Policy, 18, 5, S. 414-420.

ANALYSYS (1995), The Costs, Benefits and Funding of Universal Service in the UK - Final Report for OFTEL. Report No. 95200, Cambridge.

ANTONELLI, C. (1990), The International Diffusion of Advanced Telecommunications: Opportunities for Developing Countries. Paris.

ANTONELLI, C. (ed.) (1992), The Economics of Information Networks. Amsterdam.

ARNOLD, Franz (Hrsg.) (1981), Endeinrichtungen der öffentlichen Fernmeldenetze. Heidelberg - Hamburg.

ARROW, Kenneth (1963), Social Choice and Individual Values. 2. Aufl., New Haven and London.

BMPF (1988), Reform des Post- und Fernmeldewesens in der Bundesrepublik Deutschland: Konzeption der Bundesregierung zur Neuordnung des Telekommunikationsmarktes. Heidelberg.

BMPT (1992), Regulierungen zum Telefondienstmonopol des Bundes. Informationsserie zu Regulierungsfragen. Heft 8, Bonn.

BMPT (1993a), Regulierungen zum Netzmonopol des Bundes. Informationsserie zu Regulierungsfragen. Heft 4, Bonn.

BMPT (1993b), Grundsätzliche Überlegungen zum Kostenmaßstab für die Genehmigungsfähigkeit von Monopoltarifen. Informationsserie zu Regulierungsfragen. Heft 10, Bonn.

BMPT (1993c), Genehmigungskonzept des BMPT für die Entwicklung von Telefontarifen der DBP-Telekom. Informationsserie zu Regulierungsfragen. Heft 11, Bonn.

BMPT (1994a), Postreform II - Text und Einführung. Bonn.

BMPT (1994b), Mitteilungen über die vom BMPT erteilten Tarifgenehmigungen zur Strukturreform der Telefondiensttarife im Jahr 1996. Abl. BMPT S.989f.

BMPT (1995a), Eckpunkte eines künftigen Regulierungsrahmens im Telekommunikationsbereich. Bonn, 27. März 1995.

BMPT (1995b), Referentenentwurf für ein Telekommunikationsgesetz vom 06.10.1995. Bonn.

BMPT (1995c), Entwurf einer Verordnung über die Erbringung von Universaldienstlei-stungen im Telekommunikationsbereich - Universaldienstleistungsverordnung (UnvV), Stand: 6.10.1995.

BT (1995), Effective Universal Service Provision - Response To Effective Competition: Framework for Action. 22. September 1995.

BTCE, Bureau of Transport and Communication Economics (1989), The Cost of Telecom's Community Service Obligations, Report 64, Canberra.

BAGGEHUFWUDT, Nils von (1993), Konsequenzen für die deutsche Telekom-munikationspolitik. In: Witte, Eberhard (Hrsg.), Telekommunikation auf der Schwelle zum Europäischen Binnenmarkt. Heidelberg S. 40-45 Heidelberg.

BALLARD, C.L./J.B. Schoven und J. Whalley (1985), General equilibrium computa-tions of the marginal welfare costs of taxes in the United States. In: American Economic Review, Band 75, Heft 3, S. 128-138.

BAUER, Brigitte (1992), Quality and Quality Regulation. In: Klaver, Franca / Paul Slaa: Telecommunication - New Signposts to old roads. Amsterdam et al. S. 101-112.

BAUER, Brigitte (Hrsg.) (1992), Telekommunikationspolitik in Deutschland. Perspekti-ven für die Zukunft. Bonn.

BAUMOL, William (1983a), Minium and Maximum Pricing Principles for Residual Regulation. In: Danielsen A. und Kamerschen, D. (ed.), Current Issues in Public Utility Economics. Lexington.

BAUMOL, William (1983b), Some Subtle Pricing in Railroad Regulation. In: Internatio-nal Journal of Transport Economics, Jg. 10, S. 341-355.

BAUMOL, William / Gregory Sidak (1994), Toward Competition in Local Telephony. Boston MA.

BAUMOL, William / John Panzar / Robert Willig (1982), Contestable Markets and the Theory of Industry Structure. New York.

BERGER, Heinz (1993), Zwischen Postreform I und Postreform II. In: ZögU, Band 16, Heft 1, S. 80-95.

BERGER, Heinz / Charles B. Blankart und Arnold Picot (Hrsg.) (1990), Lexikon der Telekommunikationsökonomie. Heidelberg.

BERGER, Heinz / Hubert Schöttner (1991a), Auswirkungen der Poststruktur-Reform auf Telekommunikation und Information - Teil 1. In: ZögU, Band 14, Heft 2, S. 223-234.

BERGER, Heinz / Hubert Schöttner (1991b), Auswirkungen der Poststruktur-Reform auf Telekommunikation und Information - Teil 2. In: ZögU, Band 14, Heft 4, S.329-345.

BERKE, Jürgen / Dietmar Student (1992), Sorgsam ausgebrütet. In: Wirtschaftswoche, Nr. 21, 15. Mai, S. 27-36.

BLACKMAN, Colin R. (1995), Universal Service: obligation or opportunity? In: Telecommunications Policy, Vol 19, No. 3, S. 171-176.

BLANKART, Charles B. (1983), Öffentliche Unternehmen aus der Sicht der Gemeinwirtschaftslehre und der Neuen Politischen Ökonomie. in: ZögU, Band 6, Heft 1, S. 18-29.

BLANKART, Charles B. (1990), Strategies of Regulatory Reform - An Economic Analysis with some Remarks on Germany, in: Giandomenico, Majone (ed.), Deregulation or Re-regulation? New York, S. 211-222.

BLANKART, Charles B. (1994), Öffentliche Finanzen in der Demokratie: eine Einführung in die Finanzwissenschaft, 2. Auflage, München.

BLANKART, Charles B. (1995), Was bringt das neue Telekommunikationsgesetz? In: Wirtschaftsdienst, Heft 7, S. 355-358.

BLANKART, Charles B. / Knieps, Günter (1988), Grenzen der Deregulierung im Telekommunikationsbereich? - Die Frage des Netzwettbewerbes. Diskussionspapier 127, TU Berlin.

BLANKART, Charles B. / Knieps, Günter (1992), Netzökonomik. In: Jahrbuch für Neue Politische Ökonomie, Band 11, Ökonomische Systeme und ihre Dynamik. Tübingen, S.73-87.

BLANKART, Charles B. / Günter Knieps (1993), Das Konzept der Universaldienste im Bereich der Telekommunikation. Diskussionsbeitrag Nr. 8, Institut für Verkehrswissenschaft und Raumpolitik, Freiburg.

BOOZ, Allen & Hamilton (1995), Zukunft Multimedia - Grundlagen, Märkte und Perspektiven für Deutschland. Frankfurt am Main.

BÖRNSEN, Arne (1995), Wettbewerb soweit wie möglich - Regulierung soweit wie nötig. In: Wirtschaftsdienst, Heft 7, S. 350-353.

BORROWS, John D. / Phyllis A. Bernt / Raymond W. Lawton (1994), Universal Service in the United States: Dimensions of the Debate. WIK Diskussionsbeiträge Nr. 124, Bad Honnef.

BÖTSCH, Wolfgang (1995), Liberalisierung der Telekommunikation nach 1998. In: Wirtschaftsdienst, Heft 7, S. 347-350.

BRAEUTIGAM, Ronald (1988), Optimal Policies for natural monopolies, in: Schmalensee, Richard / Robert Wittig (ed.), Handbook of Industrial Organiszation, Vol. II, Amsterdam, S. 1289-1346.

BROCK, Gerald W. (1981), The Telecommunications Industry: The Dynamics of the Market Structure, Cambridge, MA.

BROCK, Gerald W. (1986), Universal service with extensive competition. In: Miller, James (ed.), S. 205-212.

BROCKWAY, N. / R. Colton (1994), Necessary steps to the Achievement of Universal Service. NARUC Advanced Regulatory Studies Program, Williamsburg, Virginia.

BROSS, Peter (1995), Telekommunikation: Marktöffnung reicht nicht. In: FAZ vom 5.10.1995, S 22.

BROWN, S. / D. Sibley (1986), The Theory of Public Utility Pricing. Cambridge MA.

BURR, Wolfgang (1995), Netzwettbewerb in der Telekommunikation. Wiesbaden.

BUSCH, Berthold (1992), Standortindikator Telfonkosten, in: IW-Trends, 2/1992, S. 55-61.

CAVE, Martin (1994), Franchising Universal Service Obligations. Presented at "USO in a Competitive Telecoms Environment - Expert Symposium". Magdalena College, Cambridge UK, 12. Dezember.

CAVE, Martin / Claire Milne und Mark Scanlan (1994), Meeting Universal Service Obligations in a Competitive Telecommunications Sector. Bericht an die DG IV, Brüssel.

COX, Helmut (1988), Ja zur Postreform, aber kein Abbau öffentlicher Leistungen. In: Gesellschaft für öffentliche Wirtschaft (Hrsg.): Postreform - Marktorientierung und öffentlicher Auftrag. Baden-Baden, S. 37-50.

COX, Helmut (1993), Die Unternehmen der Deutschen Bundespost als juristische Personen des öffentlichen Rechts. In: ZögU, Band 16, Heft 2, S. 195-202.

CRANDALL, Robert W. (1990), Entry, Divestiture and the Continuation of Economic Regulation in the US-Telecommunications Sector. In: Majone, Giandomenico (Hrsg.) Deregulation or Re-regulation? Amsterdam S. 59-71.

DBP-Telekom (1994), Ein Unternehmen im Wandel - Das Geschäftsjahr 1993. Bonn.

DALLMEYER, Martin (1977), Quellen zur Geschichte des Europäischen Postwesens 1501-1806. Band 1, Bern.

DIETRICH, H. et al. (Hrsg.) (1987), Die deutsche Bundespost im Spannungsfeld der Wirtschaftpolitik, Heidelberg.

DOBELL, Rodney A. et al. (1972), Telephone Communications in Canada: Demand, Production and Investment Decisions. In: Bell Journal of Economics and Management Science 3, (1) S. 175-219.

DORDICK, H.S. / M.D. Fife (1991), Universal Service in Post-Divestiture USA. In: Telecommunications Policy, Heft 4, S. 119-128.

DOWNS, Anthony (1957), An Economic Theory of Democracy. New York.

EGAN, Bruce (1994), Funding the Public Telecommunications Infrastructure. Communications Policy Working Paper No. 4, Benton Foundation, Washington D.C.

EGAN, Bruce / John T. Wenders (1986), The Implications of Economic Efficiency for US Telecomunications Policy. In: Telecommunications Policy, Jg. 10, Heft 1, S. 33-40.

EHLERMANN, Claus Dieter (1993), Europäisches Wettbewerbsrecht und Tele-kommunikation. In: Witte, Eberhard (Hrsg.), Telekommunikation auf der Schwelle zum Europäischen Binnenmarkt. Heidelberg, S. 84-94.

EINHORN, Michael (1994), Recovering Network Subsidies without Distortion. Communications Policy Working Paper No. 5, Benton Foundation, Wahington D.C.

EINHORN, Michael (1995), Universal Service, Realities and reforms, Vortragsmanu-skript, Mailand.

EUROPÄISCHE KOMMISSION (1987), Grünbuch über die Entwicklung des gemein-samen Marktes für Telekommunikationsdienste und -endgeräte. Dokument KOM (87) 290 endg.

EUROPÄISCHE KOMMISSION (1987), Grünbuch über die Entwicklung des gemein-samen Marktes für Telekommunikationsdienste und -geräte. Dokument KOM (87) 290 endg. Brüssel.

EUROPÄISCHE KOMMISSION (1994a), Grünbuch über die Liberalisierung der Telekommunikationsinfrastruktur und der Kabelfernsehnetze - Teil 2. COM (94), 682, 12. Dezember, Brüssel.

EUROPÄISCHE KOMMISSION (1994b), Grünbuch über ein gemeinsames Konzept für Mobilkommunikation und Personal Communications in der Europäischen Union. KOM (94) 145 endg. Brüssel.

EUROPÄISCHE KOMMISSION, Generaldirektion XIII (1995), Konsultation zum Grünbuch über die Liberalisierung der Telekommunikationsinfrastruktur und der Kabelfernsehnetze. Brüssel, 95/XIII. 41.

FANGMANN, Helmut (1988), Verfassungsrechtliche Rahmenbedingungen der Tele-kommunikation, RDV, S. 53-62.

FOCHLER, William S. (1979), Lifeline: welfare pricing of local telephone services. In: Trebing, H. M. (ed.): Assessing New Pricing Concepts in Public Utilities, Michigan.

FORSTHOFF, Ernst (1958), Lehrbuch des Verwaltungsrechts. Erster Band - Allgemei-ner Teil. München und Berlin.

FRITSCH, Michael / Thomas Wein / Hans-Jürgen Ewers (1993), Marktversagen und Wirtschaftspolitik - Mikroökonomische Grundlagen staatlichen Handelns, Mün-chen.

FUEST, Clemens (1992), Weltweiter Privatisierungstrend in der Telekommunikation. Beiträge zur Wirtschafts- und Sozialpolitik, Institut der deutschen Wirtschaft, Heft 196, Köln.

FUSS, Melvyn / Leonhard Waverman (1977), Multi-Product Multi-input Cost Functions for a Regulated Utility: The Case of Telecommunications in Canada. NBER Conference on Public Regulation. Washington D.C.

GARFINKEL, Lawrence (1993), The Growth of Competition in the US Long-Distance Industry. In: Telecommunications Policy, Juli 1993, S. 323-330.

GESELLSCHAFT FÜR ÖFFENTLICHE WIRTSCHAFT (Hrsg.) (1988), Postreform: Marktorientierung und öffentlicher Auftrag. Baden-Baden.

GESELLSCHAFT FÜR ÖFFENTLICHE WIRTSCHAFT (Hrsg.) (1992), Die Unternehmen der Deutschen Bundespost als juristische Personen des öffentlichen Rechts - Stellungnahme des Wissenschaftlichen Beirats der GÖW. Heft 9 , Berlin.

GILLIS, Malcom, Glenn Jenkins und Jim Leitzel (1986), Social goals and basic needes: Telephone access. In: Miller, James (ed.) S. 213-230.

GODEHARDT, Birgit / Norbert Wißing / Matthias Stoetzer (1995), Stand und Perspektiven von Corporate Networks in deutschen Unternehmen. WIK-Diskussionsbeitrag Nr. 156. Bad Honnef.

GOMEZ, Peter (1994), Unternehmerischer Wandel, München.

GRANDE, Edgar, (1989), Vom Monopol zum Wettbewerb? Die neokonservative Reform der Telekommunikation in Großbritannien und der Bundesrepublik Deutschland. Wiesbaden.

GREWLICH, Klaus W. (1993), Kooperation und Wettbewerb - Die europäischen Betreiber. In: Witte, Eberhard (Hrsg.), Telekommunikation auf der Schwelle zum europäischen Binnemarkt, Heidelberg, S. 46-54.

GSCHEIDLE, Kurt (1980), Die Deutsche Bundespost im Spannungsfeld der Politik. In: Jahrbuch der DBP, S. 9-40.

HARING, J. / K. Gordon (1984), The Effects of Higher Telephone Prices on Universal Service, Working Paper 10, Office of Plans and Policy, Federal Communications Commission. Washington D.C.

HATFIELD ASSOCIATES INC. (1994), The Cost of Basic Universal Service. Boulder, Colorado.

HAUSMAN, J. / T. Tardif und A. Belinfante (1993), The Effects of the Breakup of AT&T on Telephone Penetration in the United States. In: American Economic Review, Mai 1993, S. 178-84.

HENNEMANN, Gerhart (1984), Eine Gigant rekelt sich. In: Neue Medien, Juni 1984, S. 70-77.

HERRMANN, Ernst (1986), Die Deutsche Bundespost - Kommunikationsunternehmen zwischen Staat und Wirtschaft. Baden-Baden.

HEUERMANN, Arnulf / W. Neu (1985), Die Liberalisierung des britischen Telekommunikationsmarktes. Berlin.

HEUERMANN, Arnulf / Werner Neu (1988), Ein Regulierungsrahmen für das Unternehmen DBP-Telekom. WIK Diskussionsbeiträge Nr 43, Bad Honnef.

HIGHAM, Nicholas (1993), Open Network Provision in the EC: a step-by step approach to competition. In: Telcommunications Policy, Volume 17, Number 4, May/June 1993, S. 242-249.

HUBER, Peter W. / Michael K. Kellog / John Thorne (1993), The Geodesic Network II: 1993 Report on competition in the telephone industry. 2. Auflage. Washington D.C.

ICKENROTH, Bernd (1995), Die Finanzierung des Universaldienstes im Wettbewerb - Erfahrungen im Ausland und Implikationen für Deutschland. WIK Diskussionsbeitrag Nr. 154, November 1995, Bad Honnef.

INHUBER, Annette (1990), Eine Zwischenübersicht über wirtschaftliche Auswirkungen der Privatisierung von British Telecom. In: ZögU, Band 13, Heft 4, S. 369-385.

INSTITUT DER DEUTSCHEN WIRTSCHAFT (1992), Zahlen zur wirtschaftlichen Entwickung der Bundesrepublik Deutschland 1992. Köln.

JÄGER, Bernd (1994), Postreform I und II, Die gradualistische Telekommunikationspolitik in Deutschland im Lichte der Positiven Theorie staatlicher Regulierung und Deregulierung. Köln.

JOHNSON, L.L. (1988), Telephone Assistance Programs for Low-Income Households: A Preliminary Assessment. (Rand Corporation), Kalifornien.

KAHN, Alfred E. (1970/71), The Economics of Regulation: Principles and Institutions. 2 Bände, New York 71

KALT, Helga Gabriele (1995), Das Postmonopol vor dem Fall. In: FAZ vom 4.2.1995, S. 11.

KASERMAN, David / Mayo, John W. / Flynn, Joseph E. (1990), Cross- Subsidization in Telecommunications: Beyond the Universal Fairy Tale. In: Journal of Regulatory Economics, Heft 2, S. 231-249.

KAUPP, Peter (1991), 500 Jahre Post. In: Archiv für das Post- und Fernmeldewesen, Jg. 43, Heft 3, S. 332-342.

KLODT, Henning / Claus Friedrich Laaser, Jens Oliver Lorz und Rainer Maurer (1995), Wettbewerb und Regulierung in der Telekommunikation. Tübingen.

KNIEPS, Günter (1987), Entstaatlichung und Wettbewerb im nationalen Telekommunikationsbereich. In: Windisch, Rupert (Hrsg.), Privatisierung natürlicher Monopole im Bereich von Bahn, Post und Telekommunikation. Tübingen.

KNIEPS, Günter (1990), Deregulation in Europe: Telcommunications and Transportation. In: Majone, Giandomenico, (Hrsg.): Deregulation or Re-regulation?, New York, S. 72-100.

KNIEPS, Günter (1993), Europäische Telekommunikationspolitik. Diskussionspapier der Albert-Ludwigs-Universität Freiburg i. Br., Dezember.

KNIEPS, Günter (1995), Die Ausgestaltung des zukünftigen Regulierungsrahmens für die Telekommunikation in Deutschland. Diskussionbeitrag Nr. 22, Institut für Verkehrswissenschaft und Regionalpolitik, Freiburg.

KNIEPS, Günter / J Müller / C.-Chr. von Weizsäcker (Hrsg.), (1981), Die Rolle des Wettbewerbes im Fernmeldebereich. Baden-Baden.

KNIEPS, Günter / Carl-Christian von Weizsäcker (1989), Telekommunikation In: Oberender, Peter (Hrsg.) Makroökonomik. München, S. 453-490.

KÖNIGSHOFEN, Thomas (1994a), Private Netze aus fernmelderechtlicher Sicht. In: Archiv für Post und Telekommunikation, Heft 1/94, S. 39-54.

KÖNIGSHOFEN, Thomas (1994b), Neuer telekommunikationsspezifischer Datenschutz für Europa? In: Archiv für Post und Telekommunikation. Heft 3/1994, S. 198-212.

KÖNIGSHOFEN, Thomas (1995), Die Deutsche Telekom im Spannungsfeld der Ordnungspolitik. In: Archiv für Post und Telekommunikation Heft 2/1995, S. 112-128.

KRONBERGER KREIS (1987), Mehr Markt in der Telekommunikation. Schriftenreihe des Frankfurter Instituts für wirtschaftspolitische Forschung e.V. Band 15. Heidelberg.

KRÖNES, Gerhard (1992), Reform der Postreform - Überlegungen zur Unternehmensverfassung der Deutschen Bundespost. In: ZögU, Band 15, Heft 4, S. 392-406.

KRÜGER, Reinald / Gönke Tetens / Axel Voß (1995), Markteintrittsmöglichkeiten und ordnungspolitische Alternativen für deutsche Telekommunikationsnetzmärkte. Baden-Baden.

KUBICEK, Herbert (Hrsg.) (1993), Daten- und Verbraucherschutz bei Telekommunikationsdienstleistungen in der EG. Baden-Baden.

KUBICEK, Herbert (1995a), "Sorge um die Habenichtse" in: Die ZEIT vom 16.06.1995, S.7.

KUBICEK, Herbert (1995b), Duale Informationsordnung als Sicherung des öffentlichen Zugangs zu Informationen. In: Computer im Recht (CR), Heft 6, S. 370 - 379

KUBICEK, Herbert, Jörn-Rasmus Mohr, Josef Falke (1993), Daten- und Verbraucherschutz in der Postreform II - Argumente und Vorbilder für neue gesetzliche Reglungen. In: Kubicek (Hrsg.), S. 213-228.

KÜLP, Bernhard / Norbert Berthold / Ulrich Roppel et al. (1984), Sektorale Wirtschaftspolitik. Berlin, Heidelberg, New York, Tokio.

LAFFONT, Jean-Jaques / Jean Tirole (1993), Access Pricing and Competition. In: Dossier - Charges d'Acces, France Telecom und Institut d'Economie Industrielle, Toulouse, Dezember 1993.

LAUXMANN, Frieder (1991), Die besondere Verantwortung des Staates im Hinblick auf seine Teilnahme an der Wirtschaft - Das Beispiel Post. In: Archiv für Post und Telekommunikation, Heft 2, S. 210-213.

LEIGHTON, W. (1994), Telecommunications Subsidies: Reach Out and Fund Someone. Citizens for a Sound Economy Foundation. Washington D.C.

LIEBOWITZ, S. J. / Stephen E. Margolis (1994), Network Externality, An uncommon Tragedy. In: Journal of Economic Perspectives Vol. 8, No. 2, S. 133-150.

LIPMAN, A. D. / R. M. Blau (1993), Petition of Metropolitan Fiber Systems Communications Company Inc. for a Notice of Inquiry in the Matter of Inquiry into Policies and Programs to Assure Universal Telephone Service in a Competiti ve Market Environment. Washington D.C.

LITTLECHILD, Stephen C. (1975), Two-part tariffs and consumption externalities. In: Bell Journal of Economics and Management Science, 4. Jg., Bd. 2, S. 515-25.

LITTLECHILD, Stephen C. (1977), The Role of Consumption Externalities in the Pricing of Telephone Service. In: Wenders, John T. (ed): Pricing in Regulated Industries: Theory and Application. Denver, S. 38-46.

LÜTGE, Gunhild (1992), Vor der Zerreißprobe. In: Die ZEIT Nr.8 vom 14. Februar 1992, S. 28.

MCI Communications Corporation (1994), Defining and Funding Basic Universal Service. Washington D.C.

MAHER, Maria E. (1993), Acess Costs and Entry in the local Telecommunications Network: A Case for Deaveraged Rates. DAE Working Paper No 9315, University of Cambridge (UK).

MAKAREWICZ, T.U.J. (1991), The Effectiveness of Low-Income Telephone Assistance Programs. In: Telecommunications Policy, Heft 3, S. 223-240.

MC CARREN, V. Louis (1986), Social Equity: The Evolving Role of State Regulatory Commissions. In Miller, James (ed.), S. 196-204.

MESTMäCKER, Ernst-Joachim (1980), Kommunikation ohne Monopole - über Legitimation und Grenzen des Fernmeldemonopoles. Baden-Baden.

MEYER J.R. / R.W. Wilson / A. Baughcum / E. Burton / L. Caoulette (1980), The Economics of Competition in the Telecommunications Industry, Cambridge, MA.

MIHATSCH, Peter (1992), Private Netzbetreiber im Spannungsfeld zwischen Lizenzgeber, Nutzern und Wettbewerbern. In: Bauer, Brigitte (Hrsg.), Telekommunikationspolitik in Deutschland - Perspektiven für die Zukunft. Bonn.

MILLER, James (1985), Telecommunications and Equity: Policy Research Issues. Proceedings of the 13th Annual Telecommunications Policy Research Conference Airlie House, VA, 21-24 April 1985, North Holland.

MITCHELL, Bridger / Ingo Vogelsang (1994), Interconnection of Telecommunications Networks in the USA. WIK Diskussionsbeitrag Nr. 138. Bad Honnef.

MONOPOLKOMMISSION (1991), Zur Neuordnung der Telekommunikation. (Sondergutachten Nr. 20). Baden-Baden.

MONSON, C.S. / J.H. Rohlfs (1993), The $20 Billion Impact of Local Competition in telecommunications. Strategic Policy Research, Bethesda, Maryland.

189

MÖSCHEL, Wernhard (1989), Postreform im Zwielicht. In WiSt, Jg 18, Heft 4, April 1989, S. 173-179.

MÖSCHEL, Wernhard (1996), Das Netz der alten Monopole. In. FAZ vom 3. Januar 1996, S. 11.

MUELLER, Milton (1993), Universal service in telephone history a reconstruction. In: Telecommunications Policy, Bd 17, Heft 5, S. 352-369.

MÜLLER, Jürgen (1992), Strukturwandel im europäischen Fernmeldewesen: Auf dem Weg zu einer europäischen Telekommunikationsordnung. In. DIW-Vierteljahreshefte zur Wirtschaftsforschung, S 147-163

MÜLLER, Jürgen / Ingo Vogelsang (1979), Staatliche Regulierung. Baden-Baden.

MÜLLER, Petra (1995), Telekommunikation in der Europaischen Union - Innovative Kommunikationstechnologien im Spannungsfeld von staatlicher Regulierung und Marktdynamik. Freiburg i.Br.

NTIA - National Telecommunications and Information Administration (1994), The National Information Infrastructure: Agenda for Action. Washington D.C.

NADIRI, Ishaq / Shankerman, Marc (1981), Production, Technological Change and Productivity in the Bell System. In. Productivity Measurement in Regulated Industries, Cowing Thomas / Stevenson, Rodney (ed.) New York, S. 219-48.

NEUMANN, Karl Heinz (1983), Gebuhrenpolitik im Telekommunikationsbereich. Baden-Baden.

NEUMANN, Karl Heinz (1983b), Das Prinzip der Tarifeinheit als Grundlage der Gebührenpolitik öffentlicher Unternehmen. In: ZögU, Band 6, Heft 4, S. 393-405.

NEUMANN, Karl-Heinz (1984), Ökonomische Begründung des wettbewerblichen Ausnahmebereichs Fernmeldewesen. WIK-Diskussionsbeiträge Nr. 4, Bad Honnef.

NEUMANN, Karl-Heinz (1988), Gesamtwirtschaftliche Aspekte der Reform des Post- und Fernmeldewesens. In: Gesellschaft für öffentliche Wirtschaft (Hrsg.) (1988) S. 22-36.

NEUMANN, Karl-Heinz (1991), Ökonomische Ziele der Regulierung der Telekommunikationsmärkte. In: BMPT (Hrsg.), Regulierung und Wettbewerb in der Telekommunikation. Bonn.

NEUMANN, Karl-Heinz (1993), Zum Stand der europäischen Telekommunikationspolitik, in: Witte, Eberhard, (Hrsg.) Telekommunikation auf der Schwelle zum europäischen Binnenmarkt. Heidelberg. S. 103-108.

NEUMANN, Karl-Heinz / U. Schweizer / C. Christian von Weizsäcker (1982), Tarifpolitik im Telekommunikationsbereich - Eine Wohlfahrtsanalyse. Zeitschrift für die gesamte Staatswissenschaft, Bd. 138, S. 185-204.

NEUMANN, Karl-Heinz / Bernhard Wieland (1986), Competition and Social Objectives: The Case of West German Telecommunications. In: Telecommunications Policy, Nr 10, Juni 1986, S. 121-131.

NOAM, Eli (1992), Telecommunications in Europe. Oxford, New York.

OECD (1990), Performance Indicators for Public Telecommunications Operators. Paris.

OECD (1991), Universal Service and rate restructuring in telecommunications. Paris.

OECD (1993), Communications outlook 1993. Paris.

OECD (1995a), Telecommunication Infrastrucure - The benefits of competition. Paris.

OECD (1995b), Communications Outlook 1995. Paris.

OECD (1995c), Universal Service Obligations: Their Provision in a Competitive Telecommunications Environment. Paris

OECD (1995d), Price Caps for Telecommunications - Policies and experiences. Paris.

OFTEL (1994), Effective Competition: Framework for Action, Consultative Document. London, Dezember 1994.

OFTEL (1995a), Effective Competition: Framework for Action. Statement. Juli 1995.

OFTEL (1995b), Universal Telecommunications Services. London, Dezember 1995.

PARKER, E.B. / H.E. Hudson / D.A. Dilman und A.D. Roscoe (1989), Rural America in the Information Age: Telecommunications Policy for Rural Development, Lanham, MD.

PERL, Lewis J. (1984), A new Study of Economic and Demographic Determinants of Residential Demand for Basic Telephone Service, Telecommunications Policy Research Conference, Airlie House, Virginia.

PERL, Lewis J. (1986), The Consequences of Cost-based Telephone Pricing. In: Miller, James (ed.)(1986), S. 231-244.

PFEIFFER, Günter /Bernhard Wieland (1990), Telecommunications in Germany - An Economic Perspective. Berlin et al.

PICOT, Arnold / Wolfgang Burr (1996), Regulierung der Deregulierung im Telekommunikationssektor. In: Zeitschrift für betriebswirtschaftliche Forschung. Jg. 48, Heft 2/96, S. 173-200.

PLAGEMANN, J. (1988a), Gemeinwirtschaftliche Auflagen der Deutschen Bundespost in Monopol- und Wettbewerbsbereichen, WIK-Diskussionsbeitrag Nr. 35, Bad Honnef.

PLAGEMANN, Jürgen (1988b), Ansätze zur Konkretisierung der gemeinwirtschaftlichen Aulagen d er Deutschen Bundespost. In: ZögU, Band 11, Heft 4, S. 383-400.

PRESSLER, Larry / Kevin V. Schieffer (1993), A Proposal for Universal Telecommunications Service. In: Federal Communications Law Journal, Bd 40, Heft 3.

REGIERUNGSKOMMISSION FERNMELDEWESEN (1987), Neuordnung der Telekommunikation. Heidelberg.

REHFELD, Dieter (1990), Neustrukturierung der DBP. Berlin.

RICHTER, Wolfram / Wolfgang Wiegard (1993), Zwanzig Jahre "Neue Finanzwissenschaft" Teil I: Überblick und Theorie des Marktversagens, in: Zeitschrift für Wirtschafts- und Sozialwissenschaften (ZWS) 113 (1993), Berlin, S 169-224.

RIEHMER, Klaus W. (1995), Organisation und Regulierung der Telekommunikation in Deutschland. In: Mestmäcker, Ernst-Joachim (Hrsg.), S. 369-395.

RIESS, Joachim (1993), Datenschutz und Telekommunikation in der Europäischen Gemeinschaft. In. Kubicek (Hrsg.), Daten und Verbraucherschutz bei Telekommunikationsdienstleistungen in der EG. Baden-Baden, S. 37-78

ROSEN, Harvey S. (1992), Finanzwissenschaft. München, Wien.

SACHVERSTÄNDIGENRAT - SVR (1986), Jahresgutachten 1985/86. BT-Drucksache 10/4295, S 160ff.

SCHADOW, Helmut (1991), Neues Datenschutzrecht und Poststrukturgesetz. In Archiv PF, Heft 4, S. 444ff.

SCHÄFER, Gabriele (1993), Ökonomie und Politik: Die Deregulierung der Telekommunikation. Augsburg.

SCHEMENT, Jorge Reina (1993), Beyond Universal Service: Characteristics of Americans without Telephones, 1980-1993. Communications Policy Paper No. 1, Benton Foundation. Washington D.C.

SCHERER, Joachim (1993), Rechtliche Instrumente und Verfahren zur Regulierung der DBP Telekom vor und nach der Privatisierung, in: Archiv für Post und Telekommunikation, Heft 3/93, S. 262-268.

SCHERER, Joachim (1994), Beurteilung der Postreform II. In: Computer und Recht, Heft 7/94 S. 418-424.

SCHNÖRING, Thomas (1988), Telekommunikationsgebühren und Raumordnung. In: Archiv PF, 40. JgNr. 2/88, S. 138-147.

SCHNÖRING, Thomas (1993), Entwicklungstrends auf den europäischen Telekommunikationsmärkten, in: Witte, Eberhard (Hrsg.), Telekommunikation auf der Schwelle zum Europäischen Binnenmarkt. Heidelberg, S. 55-83.

SCHÖN, H. (1986), ISDN und Ökonomie. In: Jahrbuch der Deutschen Bundespost, 37. Jg., S. 9-49.

SCHUBERT, Alexandra (1995), Netzwettbewerb im digitalen zellularen Mobilfunk. Europäische Hochschulschriften, Reihe V, Band 1.786. Frankfurt am Main

SCHULTE, Josef (1982), Endgerätekonzeption im Fernsprechdienst der Deutschen Bundespost. In: Elias, Dietrich (Hrsg.), Telekommunikation in der Bundesrepublik Deutschland. Heidelberg. S. 319-348.

SCHULZ, Bettina (1995), Ein gehärteter Konkurrent der Telekom. In: FAZ vom 10.2.1995, S. 15.

SELWYN, L. L. (1992), Telecommunications Regulation and Infrastructure Development: Alternative Models for the Public/Private Partnership. Vortragsmanuskript anläßlich des Europe Telecom Forum 1992 der ITU in Budapest.

SERAFINI, S. / M. Andrieu (1980), The Information Revolution and its Implications for Canada. Ottawa Supply and Services.

SHEPHERD, William (1983), Concepts of Competition and Efficient Policy in the Telecommunications Sector. In: Noam, Eli (ed.), Telecommications Today and Tomorrow. New York S. 79-120.

SIEGELE, Ludwig (1996), Anschluß für alle. In: DIE ZEIT vom 12.01.1996, S. 25-26.

SIEGER, H. / H.P. Canibol / C. Garding (1995), Telefon-Monopoly. In: Focus, Heft 3/95, S. 157 - 159.

SIEMENS AG (1993), 1993 National Telephone Tariffs - Worldwide study including detailed comparison. München.

SOLTWEDEL, Rüdiger et al. (1986), Deregulierungspotentiale in der Bundesrepublik. Tübingen.

SONDHOF, Harald (1994), Telekommunikation nach der Privatisierung: Liberalisierung und Wettbewerb. In: Wirtschaftsdienst, Heft 10/1994, S. 527-533.

STATISTISCHES BUNDESAMT (1984), Einkommens- und Verbrauchsstichprobe 1983. Fachserie 15, Heft 1: Langlebige Gebrauchsgüter privater Haushalte. Wiesbaden.

STATISTISCHES BUNDESAMT (1994), Einkommens- und Verbrauchsstichprobe 1993. Fachserie 15, Heft 1: Langlebige Gebrauchsgüter privater Haushalte. Wiesbaden.

STEPHAN, Heinrich von (1859), Geschichte der Preussischen Post von ihrem Ursprung bis auf die Gegenwart. Berlin.

STIGLER, G.J. (1971), The Theory of Economic Regulation. In: Bell Journal of Economics, Jg. 2, Nr. 1, S. 3-21.

STIHL, Hans Peter (1995), Die Öffnung der Telekommunikationsmärkte aus Sicht der Wirtschaft. In: Wirtschaftsdienst, Heft 7, S. 353-355.

STÜWE, H. (1995), "Auf dem Weg in den Wettbewerb" in: FAZ, 31.3.1995, S. 17.

THIEMEYER, Theodor (1970), Gemeinwirtschaftlichkeit als Ordnungsprinzip. Berlin.

THIEMEYER, Theodor (1973), "Gemeinwirtschaft" in: Wörterbuch zur politischen Ökonomie, hrsg. vom Gert von Eynern, Opladen, S. 116ff.

THIEMEYER, Theodor (1975), Wirtschaftslehre öffentlicher Betriebe. Hamburg.

THIEMEYER, Theodor (1983), Deregulierung aus der Sicht der Deutschen Gemeinwirtschaftslehre. In: Zeitschrift für die gesamte Staatswissenschaft, Band 139,
November, S. 405-418.

THIEMEYER, Theodor / Carl Böhret / Gerhard Himmelmann (Hrsg.) (1983), Öffentliche Bindung von Unternehmen - Beiträge zur Regulierungsdebatte. Schriftenreihe der Gesellschaft für öffentliche Wirtschaft und Gemeinwirtschaft, Heft 22.

TYLER, Michael (1994), Technical and organisational requirements for the construction
of alternative networks in Germany: what can be learned from international
experience? Presentation to Euroforum (Bad Honnef) 18.01.

UNGERER Herbert (1993), Einführung in die EG-Telekommunikationspolitik. In:
Kubicek, Herbert (Hrsg.): Daten- und Verbraucherschutz bei Telekommunikationsdienstleistungen in der EG. 1. Aufl., Baden-Baden, S. 23-31.

UNGERER, Herbert (1989), Telekommunikation in Europa. Freie Wahl für den Benutzer im europäischen Binnenmarkt des Jahres 1992. Brüssel, Luxemburg.

USTA - United States Telephone Association (1994), USTA and Universal Service:
Meeting Customer Requirements into the 21. Century. Washington D.C.

VERBAND DER POSTBENUTZER e.V. (1995), Statement zur Anhörung beim BMPT
am 31. Januar 1995. Bonn.

VOLKERS, Frank (1994), Telekommunikationsinfrastruktur und Wettbewerb: Pflichtlei-
stungsverordnungen für die DBP-Telekom. Baden-Baden.

WIK/EAC (1994), Network Interconnection in the Domain of ONP, Study for DG XIII
of the European Commission. Final Report. Bad Honnef, 1994.

WEBBER, Douglas (1986), Die ausbleibende Wende bei der Deutschen Bundespost. In:
Politische Vierteljahreszeitschrift, 27. Jg. Heft 4, S. 397-414.

WEGMANN, German (1964), Die gemeinwirtschaftlichen Grundsätze in der Tarifpolitik
der Deutschen Bundespost. Heidelberg.

WEINKOPF, Marcus (1994), Regulierung und Markteintrittsliberalisierung im US-
amerikanischen Telekom-Bereich, WIK Diskussionsbeiträge Nr. 132, Bad
Honnef.

WEISMANN, Dennis L. (1994), Asymmetrical Regulation - Principles for emerging
competition in local service markets. In: Telecommunications Policy, 18, S.
499-505.

WEITZEL, G. Arnold / R. Ratzenberger (1983), Post- und Fernmeldegebühren in
ausgewählten Wirtschaftsbereichen. Info-Studie zur Verkehrswissenschaft, Bd.
15, München.

WENDERS, John T. (1985), Equity and Politics in the U.S. Telecommuications
Industry. In: Miller, James (ed.), S. 53-60.

WENDERS, John T. (1987), The Economics of Telecommunications - Theory and
Policy. Cambridge, MA.

WERLE, Raymund (1990), Telekommunikation in der Bundesrepublik Deutschland. Frankfurt am Main.

WICHMANN, Stefan (1993), Postreform - völlige Illusion. In: Wirtschaftswoche vom 12.3.1993 S. 24-28.

WIELAND, Bernhard (1985), Die Entflechtung des amerikanischen Fernmeldemonopols. Berlin

WIELAND, Bernhard (1988), Regulierung der Telekommunikation, in: Krakowski, Michael (Hrsg.) Regulierung in der Bundesrepublik Deutschland. Hamburg, S. 195-279.

WILLIG, R. D. (1979), The Theory of Network Access Pricing. In: Trebing, H.M. (Hrsg.): Issues in Public Utility Regulation. Michigan State University, Public Utilities Papers.

WINDISCH, Rupert (Hrsg.) (1987), Privatisierung natürlicher Monopole im Bereich von Bahn, Post und Telekommunikation. Tübingen.

WINKEL, Olaf / Franz Büllingen (1995), Sicherheit in der Telekommunikation - Soziale, institutionelle und organisatorische Voraussetzungen der Implementation von Sicherheit in telematischen Netzwerken. WIK-Diskussionsbeitrag Nr. 153, Bad Honnef.

WISSMANN, R. (Hrsg.) (1988), Die neuen Medien, Heidelberg.

WISSENSCHAFTLICHER BEIRAT BEIM BMWI (1995), Orientierungen für eine Postreform III, Positionspapier vom 8.3.1995, Bonn.

WITTE, Eberhard (1994a), Regulierungsaufgaben nach der Privatisierung, in: Bauer, Brigitte / K.-H. Neumann, (Hrsg.), Privatisierung der Telekom - Beiträge der gleichnamigen WIK-Konferenz in Bonn am 23.02.1994, Bad Honnef.

WITTE, Eberhard (1994b), Kulturwandel in der Telekommunikation. In: Gomez, Peter et al. (Hrsg.), Unternehmerischer Wandel. Wiesbaden, S. 361-376.

WOROCH, Glenn A. (1990), On The Stability of Efficient Networks. Waltham MA: GTE Labs. Mimeo.

ZVEI (1983), Kommunikationstechnik in der Bundesrepublik Deutschland. Frankfurt.

Deutscher Universitäts Verlag

GABLER · VIEWEG · WESTDEUTSCHER VERLAG

Aus unserem Programm

Hans-H. Bleuel
Wirtschaftspolitik der Systemtransformation
1996. XVI, 232 Seiten, Broschur DM 89,-/ ÖS 650,-/ SFr 81,-
GABLER EDITION WISSENSCHAFT
ISBN 3-8244-6393-8
Die Wirtschaftspolitiken der Systemtransformation in den mittel- und
osteuropäischen Ländern weisen grundlegende Defizite auf, die eine
positivere Wirtschaftsentwicklung verhindern. Der Autor deckt diese
Defizite auf und entwickelt Vorschläge für eine konsistentere
Transformationsstrategie.

Wolfgang Burr
Netzwettbewerb in der Telekommunikation
Chancen und Risiken aus Sicht der ökonomischen Theorie
1995. XVII, 221 Seiten, Broschur DM 89,-/ ÖS 650,-/ SFr 81,-
"Markt- und Unternehmensentwicklung", hrsg. von Prof. Dr. Arnold
Picot, Prof. Dr. Dr. h.c. Ralf Reichwald
GABLER EDITION WISSENSCHAFT
ISBN 3-8244-6172-2
In der Telekommunikation sind weltweit Deregulierungstendenzen
erkennbar. Wolfgang Burr untersucht auf ökonomisch-theoretischer
Grundlage das Potential und die Auswirkungen des Netzwettbe-
werbs für den Telekommunikationssektor der Bundesrepublik
Deutschland.

Ulrich Cordes
Das öffentliche Rechnungswesen
Datenquelle für den Staatssektor der Volkswirtschaftlichen
Gesamtrechnung
1996. XIV, 214 Seiten, Broschur DM 89,-/ ÖS 650,-/ SFr 81,-
GABLER EDITION WISSENSCHAFT
ISBN 3-8244-6292-3
Was sind die Auswirkungen einer grundlegenden Neugestaltung des
öffentlichen Rechnungswesens auf die Volkswirtschaftliche
Gesamtrechnung (VGR) und die Finanzstatistik? Leistet ein neues
Rechnungsmodell einen Beitrag zur Verbesserung der Datenbasis?

Deutscher Universitäts Verlag
GABLER·VIEWEG·WESTDEUTSCHER VERLAG

Martin Deckert
Liberalisierung in südostasiatischen Volkswirtschaften
Glaubwürdigkeit als kritischer Erfolgsfaktor in der Deregulierung von Finanzsystemen
1996. XVI, 260 Seiten, Broschur DM 98,-/ ÖS 715,-/ SFr 89,-
GABLER EDITION WISSENSCHAFT
ISBN 3-8244-6378-4
Der Autor untersucht anhand einer detaillierten Bestandsaufnahme der einzelnen Finanzsysteme die Gründe der erfolgreichen Liberalisierungsstrategien und gibt einen Überblick über den gegenwärtigen Stand der Deregulierung.

Thorsten Feix
Räumliche Wirtschaftsstruktur und Industriepolitik
1996. XVIII, 188 Seiten, Broschur DM 89,-/ ÖS 650,-/ SFr 81,-
GABLER EDITION WISSENSCHAFT
ISBN 3-8244-6306-7
Der Autor zeigt, wie die moderne Volkswirtschaftslehre die räumliche Wirtschaftsstruktur erklärt und welchen bedeutenden Einfluß die Industriepolitik spielt.

Hermann-Josef Kiel
Dienstleistungen und Regionalentwicklung
Ansätze einer dienstleistungsorientierten Strukturpolitik
1996. XXIII, 258 Seiten, Broschur DM 98,-/ ÖS 715,-/ SFr 89,-
GABLER EDITION WISSENSCHAFT
ISBN 3-8244-6438-1
Der Autor stellt einen Ansatz vor, der die Dienstleistungen stärker in den Mittelpunkt der regionalen Entwicklungspolitik rückt. Eine dienstleistungsorientierte Strukturförderung eröffnet neue Chancen zur Belebung der Wirtschaftsentwicklung im ländlichen Raum.

Richard Reuter
Dumping aus marktökonomischer Sicht
1996. XX, 287 Seiten, Broschur DM 98,-/ ÖS 715,-/ SFr 89,-
GABLER EDITION WISSENSCHAFT
ISBN 3-8244-6329-6
Kern der Arbeit ist die Klärung des Phänomens "Dumping" mit umfassenden marktökonomischen Argumenten. Die Bedingungen für Dumping werden herausgearbeitet, so daß sein Auftreten auf bestimmten Märkten prognostiziert werden kann.

Deutscher Universitäts Verlag

GABLER · VIEWEG · WESTDEUTSCHER VERLAG

Martina Schaad
Nonprofit-Organisationen in der Ökonomischen Theorie
Eine Analyse der Entwicklung und der Handlungsmotivation der
Freien Wohlfahrtspflege
1995. XXXVI, 206 Seiten, Broschur DM 98,-/ ÖS 715,-/ SFr 89,-
GABLER EDITION WISSENSCHAFT
ISBN 3-8244-6102-1
Als Fazit dieser Analyse läßt sich festhalten, daß eine gehaltvolle
ökonomische Theorie nichterwerbswirtschaftlicher Organisationen
eine evolutive Betrachtung ein-binden und die Handlungsanreize im
Nonprofit-Sektor berücksichtigen muß.

Jürgen Schneider
Die Privatisierung der Deutschen Bundes- und Reichsbahn
Institutioneller Rahmen - Wertkettenorientiertes Synergiekonzept -
Analyse der Infrastrukturgesellschaft
1996. XXI, 345 Seiten, Broschur DM 118,-/ ÖS 861,-/ SFr 105,-
GABLER EDITION WISSENSCHAFT
ISBN 3-8244-6262-1
Jürgen Schneider vereint die volks- und betriebswirtschaftliche Sicht
und zeigt auf, daß betriebswirtschaftliche und volkswirtschaftliche
Effizienz wechselseitig voneinander abhängen.

André Schulz
**Die Telekommunikation im Spannungsfeld zwischen Ordnungs-
und Finanzpolitik**
1995. XVIII, 272 Seiten, Broschur DM 98,-/ ÖS 715,-/ SFr 89,-
GABLER EDITION WISSENSCHAFT
ISBN 3-8244-6163-3
André Schulz untersucht im historischen Kontext, welchen Einfluß
bei den telekom-munikationspolitischen Entscheidungen finanz-
politische Interessen auf ordnungspolitische Regulierungen hatten.

Die Bücher erhalten Sie in Ihrer Buchhandlung!
Unser Verlagsverzeichnis können Sie anfordern bei:

Deutscher Universitäts-Verlag
Postfach 30 09 44
51338 Leverkusen

GPSR Compliance
The European Union's (EU) General Product Safety Regulation (GPSR) is a set
of rules that requires consumer products to be safe and our obligations to
ensure this.

If you have any concerns about our products, you can contact us on

ProductSafety@springernature.com

In case Publisher is established outside the EU, the EU authorized
representative is:

Springer Nature Customer Service Center GmbH
Europaplatz 3
69115 Heidelberg, Germany

www.ingramcontent.com/pod-product-compliance
Lightning Source LLC
Chambersburg PA
CBHW071424050326

40689CB00010B/1978